继往开来

红色文化资源研学课程设计

李 颖 著

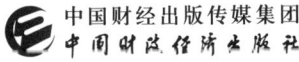

图书在版编目（CIP）数据

继往开来：红色文化资源研学课程设计 / 李颖著.
北京 ：中国财政经济出版社，2025. 4. -- ISBN 978-7
-5223-3773-9

Ⅰ．D642

中国国家版本馆CIP数据核字第2025D8T972号

责任编辑：贾延平　　　　　责任校对：胡永立
封面设计：陈宇琰　　　　　责任印制：党　辉

继往开来：红色文化资源研学课程设计
JIWANG KAILAI: HONGSE WENHUA ZIYUAN YANXUE KECHENG SHEJI

中国财政经济出版社 出版

URL：http://www.cfeph.cn
E-mail：cfeph@cfeph.cn

（版权所有　翻印必究）

社址：北京市海淀区阜成路甲 28 号　邮政编码：100142
营销中心电话：010-88191522　编辑部电话：010-88190957
天猫网店：中国财政经济出版社旗舰店
网址：https://zgczjjcbs.tmall.com
涿州汇美亿浓印刷有限公司印刷　各地新华书店经销
成品尺寸：170mm×240mm　16 开　16.5 印张　244 000 字
2025 年 4 月第 1 版　2025 年 4 月河北第 1 次印刷
定价：92.00 元
ISBN 978-7-5223-3773-9
（图书出现印装问题，本社负责调换，电话：010-88190548）
本社质量投诉电话：010-88190744
打击盗版举报热线：010-88191661　QQ：2242791300

山东省职业教育教学
改革重点项目研究成果

目 录

绪论 红色文化在当代社会的重要性 ………………………………… （1）

第一章 红色文化概述 ………………………………………………… （5）
第一节 红色文化的内涵 …………………………………………… （5）
一、红色文化的概念 …………………………………………… （5）
二、红色文化资源的特征和社会价值 ………………………… （8）
第二节 红色文化资源样态 ………………………………………… （10）
一、红色文化物质样态 ………………………………………… （10）
二、红色文化精神样态 ………………………………………… （14）
第三节 红色文化的影响与传承 …………………………………… （18）
一、红色文化对当时社会的影响 ……………………………… （18）
二、红色文化对现代文化的影响 ……………………………… （19）
三、红色文化的传承方式与途径 ……………………………… （20）

第二章 研学旅行的发展研究 ………………………………………… （21）
第一节 研学旅行的概念与发展 …………………………………… （22）
一、研学旅行的起源 …………………………………………… （22）
二、研学旅行在国内外的发展现状 …………………………… （23）
三、研学旅行的未来趋势 ……………………………………… （26）
第二节 教育学视角下的研学旅行 ………………………………… （27）
一、建构主义视角下的研学旅行 ……………………………… （27）
二、情境学习视角下的研学旅行 ……………………………… （28）
三、体验学习视角下的研学旅行 ……………………………… （29）

第三节　红色文化研学旅行的特殊性 （31）
一、红色文化研学旅行的目标设定 （31）
二、红色文化研学旅行的实施路径 （31）
三、红色文化研学旅行的内容选择 （32）
四、红色文化研学旅行的实施方式 （33）

第四节　红色文化资源研学旅行的社会意义 （34）
一、红色文化研学旅行对学生的影响 （34）
二、红色文化研学旅行对学校的影响 （35）
三、红色文化研学旅行对社会的影响 （36）
四、红色文化研学旅行未来发展的建议 （38）

第三章　红色文化资源研学课程设计的理论依据 （39）

第一节　研学课程设计的教育学理论依据 （40）
一、教育教学基本理念 （40）
二、研学课程设计的教育教学原则 （41）
三、教育学理论指导下的研学课程设计 （42）

第二节　研学课程设计的课程与教学论理论依据 （45）
一、课程与教学论的基本原理 （45）
二、红色文化资源的课程特点 （47）
三、教学论在研学课程设计中的应用 （48）

第三节　体验学习理论与研学课程设计 （49）
一、体验学习理论的内涵 （49）
二、体验学习在课程设计中的应用 （50）
三、体验学习与红色文化研学的契合点 （52）

第四节　情境学习理论与研学课程设计 （53）
一、情境学习理论的内涵 （53）
二、情境学习在课程设计中的应用 （54）
三、情境学习与红色文化研学的融合策略 （55）

第五节　心理学视角下的课程设计 （56）
一、心理学在课程设计中的作用 （56）
二、心理学理论指导下的课程设计原则 （58）

三、心理学在红色文化研学课程中的具体应用 …………………（59）
　第六节　社会学视角下的课程设计 ……………………………………（60）
　　　一、社会学在课程设计中的作用 ………………………………（60）
　　　二、社会学理论对课程设计的启示 ……………………………（61）
　　　三、社会学视角下的红色文化研学课程评价 …………………（62）
　第七节　文化遗产保护与传承理论视域中的研学课程设计 …………（63）
　　　一、文化遗产保护与传承的基本概念 …………………………（63）
　　　二、文化遗产保护与传承在研学课程中的意义 ………………（64）
　　　三、文化遗产保护与传承理论在研学课程中的实践应用 ……（64）
　　　四、红色文化资源作为文化遗产的重要性 ……………………（65）
　　　五、研学课程在红色文化资源保护与传承中的作用 …………（66）

第四章　红色文化资源研学课程需求现状分析 …………………………（68）
　第一节　国内外研学课程设计的研究进展 ……………………………（69）
　　　一、国外研学课程设计的研究 …………………………………（69）
　　　二、国内研学课程设计的研究 …………………………………（70）
　　　三、国内外研学课程设计的比较分析 …………………………（72）
　第二节　红色文化资源研学课程设计的现状分析 ……………………（73）
　　　一、红色文化资源研学课程的类型与特点 ……………………（73）
　　　二、红色文化资源研学课程价值目标认同的分析 ……………（74）
　　　三、研学活动利用红色文化资源的调查分析 …………………（77）
　　　四、红色文化研学实践教育传播力调查分析 …………………（78）
　第三节　红色文化资源研学课程设计存在的问题 ……………………（80）
　　　一、课程内容缺乏创新 …………………………………………（80）
　　　二、教学方法单一 ………………………………………………（81）
　　　三、师资队伍建设不足 …………………………………………（81）
　　　四、评价标准不科学 ……………………………………………（83）
　第四节　红色文化资源研学课程设计的未来趋势 ……………………（84）
　　　一、课程内容多样化 ……………………………………………（84）
　　　二、教学方法多元化 ……………………………………………（86）
　　　三、师资队伍建设梯队化 ………………………………………（86）

四、评价标准体系化 …………………………………………（87）
第五章　红色文化资源研学课程设计探索 …………………………（88）
　第一节　红色文化资源研学课程设计的原则 ………………………（88）
　　一、以深挖红色资源内涵深度和实践体验度为导向 ……………（88）
　　二、以赋能青少年校外实践教育广度与深度为目标 ……………（89）
　　三、以构建立体多维红色教育内容体系为载体 …………………（91）
　　四、以发掘体现红色文化资源特色精神为要义 …………………（92）
　第二节　研学课程体系建构 …………………………………………（93）
　　一、课程体系的主题 ………………………………………………（94）
　　二、有机融入学校教育课程 ………………………………………（95）
　　三、课程体系内容横向架构 ………………………………………（97）
　　四、课程体系内容纵向架构 ………………………………………（102）
　第三节　红色文化资源研学课程内容的开发 ………………………（106）
　　一、资源整合与筛选 ………………………………………………（106）
　　二、课程内容设计与组织 …………………………………………（107）
　　三、辅助教学资源开发 ……………………………………………（108）
　　四、制定区域性研学课程标准 ……………………………………（110）
　　五、安全保障机制 …………………………………………………（112）
　第四节　红色文化资源研学课程教学方法 …………………………（113）
　　一、探究式学习 ……………………………………………………（113）
　　二、体验式学习 ……………………………………………………（115）
　　三、小组合作学习 …………………………………………………（116）
　　四、Steam 教学法 …………………………………………………（117）
　第五节　红色文化资源研学课程评价体系的构建 …………………（118）
　　一、评价体系构建的原则 …………………………………………（118）
　　二、评价内容与指标 ………………………………………………（120）
　　三、多元评价方法 …………………………………………………（121）
　　四、评价结果的反馈和改进 ………………………………………（122）

第六章　促进红色文化资源研学课程实施的策略 …………………（126）
　第一节　政策支持与资源整合 ………………………………………（126）

一、政策支持与资金投入 …………………………………… (126)
　　二、资源整合与课程开发 …………………………………… (129)
　　三、统筹规划与规范管理 …………………………………… (132)
第二节　师资队伍建设与专业发展 ………………………………… (134)
　　一、师资队伍现状 …………………………………………… (134)
　　二、师资队伍建设策略 ……………………………………… (135)
　　三、研学指导师专业发展途径 ……………………………… (137)
　　四、师资队伍建设与专业发展的关系 ……………………… (137)
第三节　学生需求分析与个性化课程设计 ………………………… (138)
　　一、学生需求分析 …………………………………………… (138)
　　二、个性化课程设计 ………………………………………… (139)
　　三、个性化课程设计原则 …………………………………… (141)
　　四、课程内容与方法创新 …………………………………… (142)
　　五、学生需求与课程设计的关系 …………………………… (143)
第四节　家校社合作与社区参与 …………………………………… (144)
　　一、家校社合作的意义 ……………………………………… (144)
　　二、家校社合作的模式 ……………………………………… (145)
　　三、社区参与的途径 ………………………………………… (146)
　　四、家校社合作与社区参与的保障机制 …………………… (147)
第五节　利用现代信息技术提高课程实施效果 …………………… (148)
　　一、现代信息技术在课程实施中的应用 …………………… (148)
　　二、信息技术提高课程效果的具体策略 …………………… (149)
　　三、信息技术与传统教学方式的融合 ……………………… (150)
　　四、信息技术应用面临的挑战与对策 ……………………… (151)

第七章　红色文化资源研学课程设计案例研究
　　　　——以山东省为例 ………………………………………… (153)
第一节　山东省红色文化资源分布 ………………………………… (154)
　　一、山东红色文化资源时间分布 …………………………… (154)
　　二、山东红色文化资源的空间分布 ………………………… (161)
　　三、山东红色文化资源的主题分布 ………………………… (165)

第二节　山东红色文化资源研学课程开发环境分析 …………（171）
　　一、PEST-SWOT 模型理论及其在研学课程开发中的
　　　　作用 ……………………………………………………（172）
　　二、山东红色文化资源研学实践开发 PEST-SWOT
　　　　分析 ……………………………………………………（175）
　　三、山东省红色资源研学实践开发策略 …………………（186）
第三节　山东红色文化资源课程设计实践 ……………………（192）
　　一、研学资源的类型 ………………………………………（192）
　　二、山东红色文化资源研学课程设计实践案例 …………（193）
　　三、典型案例及分析 ………………………………………（199）
　　四、反思和改进 ……………………………………………（232）

附　　录 …………………………………………………………（236）

参考文献 …………………………………………………………（249）

后　　记 …………………………………………………………（253）

绪论

红色文化在当代社会的重要性

红色文化，作为中国共产党领导下的革命文化，是中华民族宝贵的精神财富，它不仅蕴含着丰富的历史内涵和深厚的文化底蕴，还体现了崇高的价值观念。在当代社会，红色文化不仅是连接过去与未来的桥梁，更是弘扬爱国主义精神、传承中华优秀传统文化、培育和践行社会主义核心价值观的重要载体。它激励着人们不忘初心、牢记使命，为实现中华民族伟大复兴的中国梦贡献力量。本书旨在阐述红色文化在当代社会特别是教育领域中的重要性，探索研学旅行作为中小学生新型的学习方式，对传承红色文化、培养学生爱国情怀和社会主义核心价值观的独特作用。

一、教育领域中的红色文化传承

在教育领域，红色文化的传承尤为重要。红色文化教育可以引导学生树立正确的世界观、人生观和价值观，培养他们的爱国情怀和社会责任感。红色文化中的英雄事迹、革命精神以及集体主义观念，对塑造学生的品格、激发他们的奋斗精神具有不可替代的作用。因此，将红色文化融入教育教学，是新时代教育工作的必然要求。

二、研学旅行：传承红色文化的新方式

研学旅行体验作为一种新型的学习方式，凭借其独特的实践性和体验性，在传承红色文化、培养学生爱国情怀和社会主义核心价值观方面发挥着独特作用。组织学生亲临现场参观革命遗址、纪念馆、博物馆等红色文

化场所，可以让学生身临其境地体验革命历史。红色文化研学课程可以丰富红色文化资源的情景性、体验性和实践性，增强学生的个体体验，促使学生深刻理解和感受革命先烈的英勇事迹和崇高精神，激发他们对红色文化的理解和认同，培养学生的吃苦耐劳、迎难而上的坚强意志，帮助学生树立正确的世界观、人生观和价值观。此外，研学旅行以班级为单位的集体出行和集体食宿这种组织形式，还能锻炼学生的团队协作能力、独立思考和解决问题的能力，促进他们全面发展。

  本书在研究红色文化内涵和实存样态的基础上，探讨了红色文化资源研学课程设计对研学旅行发展的重要意义，并在此基础上进行红色文化资源研学课程设计的理论依据、需求现状分析、设计的方法、实施策略和个案案例的研究，以期在保持红色文化原真性的同时，创新研学活动教学模式，提高学生的学习兴趣和参与度，提高红色文化教育成效。具体而言，本书将致力于解决以下几个关键问题：如何根据红色文化的特点和教育目标，设计科学合理的研学课程；如何运用现代教学手段和方法，提升红色文化研学课程的教学效果；如何通过对研学课程的实施和效果评估，不断优化和完善课程设计。

  本书将围绕红色文化研学课程的设计展开深入探讨。首先是界定红色文化的内涵及范畴，为研学课程设计划定研学课程资源的开发与利用范畴，梳理支撑红色文化资源研学课程设计的理论架构，并以教育学理论为指导、课程与教学论理论为基础，结合体验教育与实践教育理论、文化遗产保护理论、心理学与社会学理论，形成适应红色文化资源研学课程设计的理论体系架构。其次是在对红色文化资源研学课程需求现状分析的基础上，探索红色文化研学课程的设计原则、方法，包括课程体系建构、课程内容的选取与整合、研学课程教学方法与手段以及研学课程评价体系的构建。再次，本书又探索了促进研学旅行活动的实施策略。研学活动是学校、社会企业、政府三方协作促进学生全面发展的校外实践活动，离不开国家政策的支持与资金的投入，资源整合也需要地方性政策的推动。另外，师资队伍建设与专业发展、学生需求分析与个性化课程设计、家校社合作与社区参与、现代信息技术的融入等也是促进红色文化资源研学课程实施必须考虑的方面。最后，本书以山东省红色文化资源为基础，提供了红色文化研学课程设计的实践案例。通过案例分析揭示了课程设计中的成功经验和存在的问题，并构建了红色文化资源研学课程设计的评估体系。

本书采用了多种方法相结合的方式进行深入研究，以确保研究结果的全面性和准确性。

- 文献研究法：通过查阅国内外关于红色文化、研学旅行、课程设计等方面的文献，梳理相关理论成果和实践经验，为本书的研究奠定了坚实的理论基础。
- 实地调研法：深入红色文化研学基地和学校等一线场所，进行实地考察和调研，了解学生的认知特点和心理需求，红色文化研学课程的实施现状、存在的问题以及师生的研学意向，为课程设计提供了实践依据。
- 案例分析法：选取具有代表性的红色文化研学课程案例进行深入剖析，通过对比分析不同案例的优劣，可提炼出课程设计中的成功经验和创新点。
- 问卷调查法：设计问卷并对参与红色文化研学课程的学生、教师及家长进行调查，收集他们对课程设计的意见和建议，可以了解课程设计的实际效果和存在的问题。
- 专家访谈法：邀请红色文化研究、教育学等领域的专家学者进行访谈，听取他们对红色文化研学课程设计的看法和建议，为本书的研究提供权威指导。

本书的资料来源广泛，主要包括以下几个方面。

- 文献资料：国内外关于红色文化、研学旅行、课程设计等方面的书籍、期刊论文、会议论文、学位论文等。
- 网络资源：利用互联网搜索引擎、学术数据库等平台，可收集相关领域的最新研究成果、政策文件、新闻报道等。
- 实地调研资料：通过实地调研获取的关于红色文化研学课程实施现状、师生需求等方面的第一手资料。
- 案例资料：红色文化研学课程的设计方案、学生作品、活动记录等。
- 问卷和访谈资料：通过问卷调查和专家访谈收集的数据和意见。

通过综合运用以上研究方法和资料来源，本书将全面深入地探讨红色文化研学课程的设计原则、方法、案例分析及效果评估，为解决如何在保持红色文化原真性的同时，创新教学模式，提高学生的学习兴趣和参与度的问题提供有益的参考和借鉴。通过本书的研究，我们期望能够为教育工作者和研学行业从业者提供一套科学、实用的红色文化研学课程设计指南，帮助他们更好地将红色文化融入教育教学，为培养具有爱国情怀、社会责任感和创新精神的新时代人才贡献力量。

红色文化概述

红色文化,是时代语境下的概念,它与中华优秀传统文化、革命文化、社会主义先进文化的内涵及外延交叉但不完全重叠。进入21世纪以来,随着红色旅游产业的升温以及爱国主义、革命传统、中国梦、社会主义核心价值观教育的深入推进,红色文化研究受到学界的重视。特别是随着我国社会主义核心价值体系的概念和中国共产党作为百年大党的伟大建党精神的提出,围绕红色文化的概念内涵、功能价值、开发利用、创新发展等研究得以不断拓展和深化。

第一节 红色文化的内涵

一、红色文化的概念

红色是中华民族崇尚和喜爱的颜色。随着世界和我国无产阶级革命运动的兴起,"红色"一词开始用来代表无产阶级的力量,特别是大革命失败后,与"白色恐怖"形成了鲜明对比。"红色革命根据地""红色政权""红色割据""红军"等专有名词的出现,使红色成为中国革命的代表色彩。2021年,习近平总书记在中共中央政治局第三十一次集体学习时指出:"红色是中国共产党、中华人民共和国最鲜亮的底色。"

"文化"起源于拉丁语"cultura",原意为农耕和栽培农作物,指代人类物质生产活动的收获和结果。到欧洲文艺复兴时期,"文化"的含义已经包括道德、艺术、信仰、音乐等多个要素。中文的"文化"一词来自《周易》中"观乎天文，以察时变；关乎人文，以化成天下"，周公此时认为"文化"即为"教化"。民国时期，梁启超对"文化"做出了解释，认为文化是人的"心能"创造出来的人类独有物。梁漱溟则认为："文化就是吾人生活所依靠之一切"①，意在指示人们，文化是极其实在的东西，文化之本义，应在经济、政治，乃至一切无所不包。《辞海》中，"文化"定义有广义和狭义之分，广义指人类社会历史实践过程中所创造的物质财富和精神财富的总和。狭义指社会的意识形态，以及与之相适应的制度和组织机构，是一种历史现象。每一社会都有与其相适应的文化，并随着社会物质生产的发展而发展。作为意识形态的文化，是一定社会的政治和经济的反映，又作用于一定社会的政治和经济。在有阶级的社会中，它具有阶级性。随着民族的产生和发展，文化具有民族性，通过民族形式的发展，形成民族的传统。文化的发展具有历史的连续性，社会物质生产发展的历史连续性是其发展历史连续性的基础②。由此可见，文化不能脱离一定历史时期的社会政治、经济，是社会实践的产物。

红色文化虽由"红色"和"文化"两个词构成，但内涵绝不是两个概念的简单相加，要在把握二者关系的基础上将"红色"的深刻寓意融入中国革命的历史、政治、经济和思想发展中进行解读，从而厘清红色文化的内涵。

红色文化研究自兴起已近20年，但学界尚未形成规范、统一且广泛共识的学术概念。红色文化研究发端于2004年刘寿礼《苏区"红色文化"对中华民族精神的丰富和发展研究》（《求实》，2004年第7期）。该文章概述了红色文化的地域概念、时间跨度及精神内涵。从产生地域角度，该文章认为"红色文化从很大范围来说就是指第二次国内革命战争时期诞生于井冈山和瑞金为核心的中央苏区'红土地'之上的人民大众反帝反封建的革命文化"；从时间跨度角度，该文章认为"苏区'红色文化'是革命战争年代中国共产党人、苏区人民和进步人士共同创造、积淀的重要文化遗产"；从精神内涵角度，该文章认为"在革命斗争中所形成的井冈山精神和苏区光荣革命传统，正是'红色文化'中最核心和最精华的部分。红色文

---

① 梁漱溟. 东西文化及其哲学[M]. 北京：商务印书馆，2005：19.
② 《辞海》[M]. 北京：商务印书馆，1989：1731.

化是在新民主主义红色革命时期,在中国共产党领导下,由中国共产党人、一切先进分子和人民群众共同创造的、具有中国特色的先进文化①"。这代表了一部分早期研究红色文化的学者本体论意义上对红色文化的概念界定。

随着学术界对红色文化关注度的提高,研究范围逐渐扩大和深入。罗洪春(2012)对红色文化的内容和形式进行了细分界定,"红色文化在内容和形式上具有特定的物质载体和丰富的精神指向,具体地说,红色文化是指中国共产党在革命战争年代形成的革命文献、文物、文学作品和革命遗址、纪念地以及凝结在其中的革命精神、革命传统和红色风情以及体现中国共产党的政治、经济、文化形态的思想等"②。沈成飞和连文妹(2018)提出的红色文化概念的时间跨度更大,涉及的物质精神内容更加宽泛。"红色文化概念的内核是中国共产党领导全国人民在革命、建设和改革开放时期实现民族独立和国家富强过程中凝聚的、以中国化马克思主义为核心的红色遗存和红色精神;就其概念外延而言,是近代中国开国以来历代仁人志士自强不息、救国拯民、反对内外强权压迫过程中形成的革命解放基因和中华民族复兴的伟大精神③。"

以上几种对红色文化概念的界定较有代表性,几种定义均肯定了红色文化载体范畴既包含红色物质遗存,也包括精神思想传统;红色文化的实践主体是中国共产党。争论焦点则主要集中于红色文化历史时间跨度的范畴界定上,一种观点认为,红色文化是指中国共产党在新民主主义革命时期革命实践中的红色物质遗存和精神思想传统;另一种观点则认为,红色文化是指中国共产党在新民主主义革命时期革命实践、社会主义革命和社会主义现代化建设中创造的物质遗存和精神财富的总和。

红色文化载体的主要呈现形式是红色资源,红色资源具有资源基本属性特征,即稀有性和可用性。习近平总书记在十九届中央政治局第三十一次集体学习时指出:"红色资源是不可再生、不可替代的珍贵资源④。"由

---

① 王以第. 红色文化的价值内涵 [J]. 理论界, 2007 (8).
② 罗洪春. 论弘扬红色文化对廉政文化构建的支持 [J]. 福建党史月刊, 2012 (4).
③ 沈成飞, 连文妹. 论红色文化的内涵、特征及其当代价值 [J]. 教学与研究, 2018 (1).
④ 习近平. 用好红色资源 赓续红色血脉 努力创造无愧于历史和人民的新业绩 [J]. 求是, 2021 (19).

此可见，红色资源具有特定的历史时代性、不可再生性、不可替代性，这可以为红色文化概念内涵的下限时间做大致推断。据此，本书对红色文化的概念内涵做如下界定：红色文化主要是指中国共产党领导中国人民在革命斗争实践中创造的，凝聚中国共产党的思想道德、理想信念、革命传统、工作作风的文化资源与载体。红色文化既涵盖各种革命战争遗址、遗物、纪念碑、纪念馆、文献、文件等实物性样态资源，又包含革命人物事迹、革命战争事件、红色文艺作品等反映优秀道德品质和精神风貌的精神样态资源。

二、红色文化资源的特征和社会价值

红色文化的形成可以追溯到中国共产党领导的革命时期。它是在中国共产党领导下，通过长期的革命斗争和社会主义建设实践中逐步形成和发展起来的[1]。这一文化形态不仅吸收了中华优秀传统文化的精髓，还融合了马克思主义科学理论，形成了具有中国特色社会主义文化[2]。

红色文化具有鲜明的政治性、先进性、革命性、人民性和发展性特征[3]。它体现了革命理想主义、革命英雄主义、革命乐观主义和革命集体主义的精神内核[4]。这些特征使红色文化在中国社会中具有重要的地位和作用。

（一）历史价值

红色文化资源以革命年代历史遗存"物"的状态记录历史的"人"与"事"，使后人可以超越时空感知历史，体会其存在性，见证社会主义道路的先进性和必然性。历史不可以重演，但可以被铭记：只有中国共产党才能带领中国人民走向革命胜利、实现国家解放、民族独立、社会繁荣和人民富足。红色文化资源是残酷而珍贵的历史见证和马克思主义真理在中国

---

[1] 韩丽雯. 红色文化的渊源与价值研究[J]. 北京印刷学院学报，2018（10）.
[2] 宋良，林姝妤. 红色文化的理论溯源、内涵旨趣与时代价值[J]. 大连大学学报，2024（4）.
[3] 张红英，何志敏. 论红色文化的基本特征及其当代价值[J]. 毛泽东思想研究，2020（9）：127-134.
[4] 罗永宽，李燕. 红色文化的精神内核与当代价值[J]. 文化软实力研究，2017（2）.

取得革命成功的实证。历史的荣光,正是真理的光辉闪现。

(二) 政治价值

红色文化资源作为革命战争年代理想信念、革命精神、艰苦奋斗的精神载体在社会主义建设时期得以创新发展,具有新的社会价值意义。党的十八大提出了社会主义核心价值观,从国家、社会、个人三个层面立体构建了我国公民意识形态领域的核心价值追求。红色文化资源为公民自觉维护和践行社会主义核心价值观提供了科学且有说服力的素材,是全民精神引领和公民道德素养提高的优秀资源,具有积极的社会价值意义。

(三) 教育价值

红色资源是对青少年开展思想政治教育最有效的载体,具有极强的针对性。通过发掘区域红色资源的内涵,探索红色文化资源进教材、进课堂、进头脑的路径,丰富教育形式,创新教育方式方法,将理想信念、爱国主义、高尚品格、职业素养以青少年喜闻乐见的形式浸润到青少年思想教育中,实现思想政治教育"盐溶于水"的效果,使他们真正成为具有时代担当的新人,肩负起社会主义建设者和接班人的历史使命。

(四) 经济价值

红色文化资源旅游开发对于拉动资源所在地的经济发展具有重要意义。21世纪以来,我国红色旅游开发进入全面发展时期,在《2004—2010年全国红色旅游发展规划纲要》中,已经记录了12个重点红色旅游区、30条红色旅游精品线路、100个红色旅游景区的培育和规划开发,带动了当地经济发展。2011年和2016年,中共中央办公厅、国务院办公厅又连续颁布两期《全国红色旅游发展规划纲要》,提出重点建设130个红色旅游经典景区,形成全面反映4个历史时期的红色旅游经典景区体系。2017年,国家发展改革委正式印发《全国红色旅游经典景区三期总体建设方案》,共确定228个全国红色旅游经典景区基础设施建设项目,为红色旅游健康发展提供良好基础条件。三期建设使全国红色旅游经典景区基础设施进一步完善,重要革命历史文化遗存和纪念设得到有效保护,群众参与积极性、满意度显著提高,红色文化和革命精神得到有效传承和弘扬,一些革命老区地处偏远山区，交通闭塞，经济比较落后，三期红色旅游发展规划纲要的颁布推动了这些地区的经济结构调整，由此带动当地商贸服务行业、交通电信、城乡建设等相关行业的发展，扩大就业、增加收入的作用。红色旅游的开发成为促进革命老区经济发展的新增长点，使很多地区得以脱贫致富。

（五）艺术价值

红色文化中的许多艺术形式，如红色歌曲、红色电影等，具有很高的艺术价值和感染力。红色文化通过多种载体，如红色人物、历史事件、革命精神、革命遗址及红色歌谣等，传达出壮美和崇高的情感体验。革命英雄展现出的坚定斗争信念、无畏英勇行为和意志，与风云变幻的历史事件、辽阔的革命战场、沧桑的革命遗址，以及激昂向上的革命歌谣和诗词文学，共同构成了强烈的感官冲击与心灵触动。这些元素以其宏大的感性形式、刚强的内在品质及强大的力量特点，激发了人们的激情、勇气与力量，带来了深刻而震撼的美感体验。

在红色文化的审美过程中，人的情感得到升华，内心的热情与能量被唤醒，促进了积极健康情感的培养。正如"感人心者，莫先乎情"，许多艺术家深受红色文化感染，将满腔激情融入创作中，而那些历久弥新的红色经典作品，更充分展现了红色文化的强大感染力与魅力。

第二节　红色文化资源样态

红色文化资源实存目前呈现两种形式样态，即物质样态和精神样态。红色文化作为中国共产党领导革命斗争的历史见证以及中华民族的精神瑰宝，物质样态与精神样态共同构成其丰富且深刻的内涵。

一、红色文化物质样态

物质样态主要指以实物形式留存至今，能被观察和体验的红色文化资源样态，其载体是物质实体，能够被感官接触，提供生动教材的实践教育教学基地，主要包括红色遗址遗迹类、红色建筑和设施类①。

革命遗址与纪念地、革命文物与艺术品、革命标语与出版物等物质样态的遗存，表现了红色文化在物质层面的多样性。革命遗址，如孟良崮战役旧址、湖南浏阳秋收起义会师旧址等，不仅保存了革命历史痕迹，而且通过生动的场景再现激发了人们的奋进精神；革命文物，如抗日战争中使用过的武器装备、生活用品等，通过展览与陈列，直观展现了革命斗争的艰辛与胜利的来之不易；革命标语，如'红军不怕远征难'等，以简洁而有力的语言传达了革命者的坚定信念；红色出版物作为一种文艺创作形式，凝练了时代革命精神，鼓舞了人民斗志，如《红色中华》《苦菜花》等为革命斗争提供了强有力的思想武器。

（一）革命遗址与纪念地

革命遗址与纪念地，作为红色文化传承的载体，深刻见证了中国共产党和广大人民群众在革命斗争中的英勇与牺牲。这些遗址和纪念地不仅承载着厚重的历史价值，而且在红色文化的传承与革命精神的弘扬中发挥着举足轻重的作用。

革命遗址，通常涵盖了革命事件或活动的发生地、革命领袖及名人的故居，以及革命老区和根据地等。这些遗址通过真实再现革命历史事件的场景，有效地激发了人们的奋进精神，从而成为弘扬革命传统教育和爱国主义教育不可或缺的资源。例如，江西永新县王湾改编旧址，作为历史见证，让人们深刻感受到了革命军队在艰难困苦中的坚守与转变；湖南省浏阳县秋收起义会师旧址，则展现了革命火种在广大农村地区的燎原之势；而山西灵丘县平型关大捷遗址，更是彰显了抗日战争时期中国军队的英勇与胜利。这些革命遗址如同一部部生动的历史教科书，让后人得以真切地触摸到革命斗争的艰辛历程和胜利果实的来之不易。

纪念地在红色文化传承中也占据着重要地位。烈士陵园、革命纪念馆或博物馆，以及墓祠等，都是纪念地的主要形式。烈士陵园，如百色起义烈士陵园和井冈山革命烈士陵园，不仅是对英勇烈士的缅怀之地，更是进行爱国主义教育的重要场所。这些陵园通过庄严肃穆的氛围和丰富的陈列

---

① 张泰城.论红色文化资源的分类［J］.中国井冈山干部学院学报，2017（4）.

展览,让人们在缅怀先烈的同时,更加珍视和平、热爱祖国。而革命纪念馆或博物馆,如中国人民抗日战争纪念馆和中国人民革命军事博物馆,则通过大量珍贵的革命文物和历史资料的展示,让人们能够更加直观地了解革命历史的全貌,深刻感受革命精神的伟大力量。通过短视频、直播等新型传播方式,这些红色文化资源得以更加广泛、深入地触达年轻一代,激发他们的爱国热情和历史责任感。例如,利用AR技术重现革命历史场景,可以让观众在身临其境的体验中感受革命先烈的英勇事迹;而线上展览和互动活动,又可以让人们足不出户地领略红色文化的魅力。这些创新实践不仅丰富了红色文化的传播样态,也为革命遗址与纪念地注入了新的时代内涵和活力[1]。革命遗址与纪念地作为红色文化传承的重要载体,不仅承载着厚重的历史价值,更在传承红色文化、弘扬革命精神方面发挥着不可替代的作用。通过加强保护利用和创新传播方式,我们能够更好地传承和发扬这些宝贵的红色文化资源,为新时代中国特色社会主义事业提供强大的精神动力和文化支撑。

(二) 革命文物与艺术品

革命文物与艺术品作为红色文化物质样态的两大核心,共同构筑了人们对革命历史的深刻记忆与崇高敬仰。它们不仅承载着革命斗争的艰辛历程,更通过具体可感的形态,向世人展现了革命者们的英勇无畏与牺牲精神[2]。

革命文物,作为历史的见证者,其种类繁多,涵盖了武器装备、生活用品以及珍贵的文件资料等。这些文物,每一件都承载着深厚的历史内涵,是红色文化传承的宝贵财富。例如,红军长征时期遗留下来的枪支、弹药和水壶,它们见证了那段艰苦卓绝的岁月,也象征着革命者们不屈不挠的斗争精神。这些文物的保存与展示,不仅使人们能够直观地感受到历史的脉络,更在潜移默化中传递着革命的火种,激励着后人不断奋进。

艺术品在红色文化的传承中也扮演着举足轻重的角色。革命时期,众多艺术家深受革命精神的感召,纷纷以画笔、雕塑刀等艺术工具为武器,

---

[1] 毕鑫贝. 短视频时代红色文化传播新样态建构的路径研究 [J]. 西部广播电视,2023 (2).
[2] 刘月彤. 新时期红色文化资源传播的样态及创新实践 [J]. 中国广播电视学刊,2022 (4).

创作出了一幅幅震撼人心的艺术作品。这些作品以革命斗争为主题，生动地再现了革命战场上的英勇场景，塑造了无数令人敬仰的革命英雄形象。例如，鲁迅美术学院收藏的《红军不怕远征难》版画作品，便以其独特的艺术语言和深刻的主题内涵，成为红色文化中的经典之作。这些艺术品的存在与流传，不仅丰富了红色文化的表现形式，而且以其独特的艺术魅力感染着每一位观众，让红色精神在艺术的殿堂里熠熠生辉。

革命文物与艺术品的保存与传承工作至关重要。随着时间的推移，许多珍贵的革命文物逐渐面临损毁和失传的风险。因此，加强文物的保护修复工作，建立完善的文物档案和数据库，以及推动文物资源的合理利用与开发等举措势在必行。同时，我国对红色文化艺术品的传承与创新也应给予足够的重视，可以通过举办艺术展览、开展艺术教育活动等方式，让更多的人有机会亲身感受红色文化的魅力，从而在全社会范围内形成传承红色文化的浓厚氛围。

革命文物与艺术品作为红色文化物质样态的重要组成部分，它们在记录革命历史、传承红色精神方面发挥着不可替代的作用。我们应当珍视这些宝贵的文化遗产，通过科学有效的手段加以保护和利用，让红色文化在新时代焕发出更加绚丽的光彩。

（三）革命标语与出版物

革命标语与出版物，作为红色文化物质样态的两大重要元素，在革命时期扮演了举足轻重的角色。它们不仅是革命思想的传播工具，更是激发民众斗志、凝聚革命力量的有力武器。

革命标语，以其简洁明了、富有感染力的特点，深入人心。在革命斗争的各个阶段和领域，标语以简洁明了、通俗易懂的形式鼓舞士气，振奋民心。刻在墙壁上、绣在旗帜上，或张贴于宣传品上的标语，以独特的方式向世人宣告着革命者的信念和决心。例如，"打倒日本帝国主义""解放全中国"等标语，字字铿锵，句句有力，犹如战斗的号角，激励着无数革命志士奋勇向前。这些标语不仅在当时起到了极大的宣传和鼓舞作用，更在后世成为红色文化的经典符号，被一代代人传颂和铭记。

红色出版物是革命思想的集大成者。它们通过报纸、杂志、书籍等多种形式，全面深入地传播了革命理念和斗争精神。这些出版物不仅及时报道了革命斗争的最新动态和胜利成果,还通过刊登革命领袖的著作、革命战士的英勇事迹以及各类文艺作品,为民众提供了丰富的精神食粮。例如,《红星照耀中国》等书籍,就以真实、生动的笔触,描绘了革命根据地的艰苦斗争和红军将士的英勇风采,使中国革命赢得了广大读者的支持。这些出版物在革命时期起到了重要的思想引领和舆论支持作用,为革命事业的胜利奠定了坚实的基础。

革命标语与出版物在传播革命思想、激发民众斗志的同时,也为我们留下了宝贵的历史见证。这些革命物质遗存记录了革命斗争的艰辛历程和辉煌成就,展现了革命者的英勇形象和崇高精神。在今天,这些珍贵的红色文化遗产依然闪耀着璀璨的光芒,激励着我们在新的历史征程中继续奋勇前行。

革命标语与出版物也见证了历史的荣耀。它们不仅是进行爱国主义教育和革命传统教育的重要资源,也是弘扬社会主义核心价值观、增强民族凝聚力和向心力的重要载体。通过深入挖掘和研究这些红色文化遗产,我们可以更好地传承红色基因、赓续红色血脉,为实现中华民族伟大复兴的中国梦提供强大的精神动力和文化支撑。

革命标语与出版物作为红色文化物质样态的重要组成部分,在革命时期发挥了不可或缺的重要作用。它不仅是革命思想的传播者和民众斗志的激发者,更是红色文化的传承者和历史事件的记录者。在今天,我们应该更加珍视和保护这些宝贵的红色文化遗产,让它们在新时代焕发出新的光彩。

二、红色文化精神样态

红色文化精神样态,是指在革命斗争中,英雄的中国人民对思想道德、民族精神、革命信念和伦理价值的崇高追求凝聚形成的革命精神、革命思想、革命传统等,典型的红色文化精神样态有井冈山精神、长征精神、延安精神、西柏坡精神、沂蒙精神等。红色文化精神通常以红色人文活动实录和红色文艺创作形式呈现,主要通过红色人物事迹、红色事件记录和红色艺术作品创作等展现。这些记录革命领袖在艰苦斗争环境的成长历史、活动轨迹的实录,以及以此为素材创作的反映战斗英雄和重大历史政治事件的具有鼓舞人心作用的文艺作品已成为红色文化资源的精神样态载体。

红色文化作为革命精神、革命信仰与革命道德的载体，承载着在精神层面的强大生命力和感召力。革命精神，作为红色文化精神样态的核心，体现了革命者在革命斗争中展现出的英勇无畏、坚定信念、自强不息等高尚品质，激励着革命者不断前行，进而推动了革命斗争的深入发展。革命信仰与革命道德则进一步丰富了红色文化的精神内涵，为革命者提供了强大的精神支柱与道德指引。

（一）革命精神

革命精神是红色文化精神样态的精髓所在，它深深植根于中国共产党领导人民所开展的伟大革命实践中，集中体现了革命者们在艰苦环境下所展现的英勇无畏、坚定信念以及自强不息的精神风貌。这种精神不仅为革命者提供了不竭的力量源泉，也在广大民众中播下了革命的火种，推动了革命事业的蓬勃发展。

在漫长的革命岁月里，无数革命先辈用他们的行动诠释了革命精神的深刻内涵。例如，在井冈山斗争时期，毛泽东、朱德等领导人以身作则，展现了坚定的革命信念和英勇的斗争精神。他们在极端困难的条件下，领导红军战士与敌人进行了殊死搏斗，为中国的革命事业奠定了坚实基础。这种精神品质，不仅在当时激励了广大红军战士奋勇杀敌，也为后来的革命者树立了光辉的榜样。

在抗日战争和解放战争中，革命精神也得到了进一步的传承和发扬。无数革命先烈抛头颅、洒热血，为了民族的解放和人民的幸福英勇奋斗。他们的英勇事迹和崇高精神，成为激励一代又一代中国人不断前行的强大动力。这种精神力量，不仅推动了中国革命事业的最终胜利，也为中华民族伟大复兴注入了不竭的精神动力。

革命精神的核心在于爱国主义和革命英雄主义。爱国主义是革命精神的基础，它体现了革命者对国家和民族的深厚感情和忠诚。在革命斗争中，无数革命先烈为了国家的独立和民族的解放，不惜牺牲自己的生命，展现了高尚的爱国情操。而革命英雄主义则是革命精神的重要体现，它彰显了革命者在面对困难和危险时所展现的英勇无畏和牺牲精神。这种精神品质，不仅为革命事业提供了强大的精神支撑，也塑造了中华民族不屈不挠、自强不息的民族品格。

革命精神是红色文化的重要组成部分,它是中国共产党和人民群众在革命斗争取得胜利的精神源泉,承载着人类获得自由和解放的崇高精神追求。这种精神不仅具有深刻的历史意义,更在当下时代具有重要的现实意义。它激励着我们不断前行,为实现中华民族伟大复兴而努力奋斗。

(二) 革命信仰

革命信仰是革命时期红色文化精神样态的深层支撑,它凝聚了广大革命者的共同理想和坚定信念,为革命事业的蓬勃发展提供了源源不断的精神动力。革命信仰的内涵丰富而深刻,主要包括对马克思主义理论的坚信、对共产主义远大理想的追求以及对革命必胜的坚定信念。这些信仰元素相互交织、相辅相成,共同构成了革命信仰的完整体系。

革命信仰对革命事业的推动作用是多方面的。首先,革命信仰为革命者提供了明确的方向指引。在纷繁复杂的革命形势中,革命者凭借坚定的信仰,能够准确判断形势、明确斗争目标,从而制定出正确的战略和策略。其次,革命信仰激发了革命者的奋斗精神。面对艰苦卓绝的革命环境和凶残的敌人,革命者正是凭借对信仰的坚守,才能够勇往直前、不怕牺牲,为革命事业奋斗到底。最后,革命信仰还促进了革命队伍的团结统一。共同的信仰使革命者之间形成了深厚的情感纽带,他们彼此支持、互相鼓励,共同为革命事业而奋斗,这种团结精神是革命事业取得成功的重要保障。

在革命时期,无数革命者用自己的实际行动诠释了革命信仰的伟大力量。他们坚信马克思主义理论的科学性和真理性,将其作为指导革命实践的行动指南;他们追求共产主义远大理想,将其视为人类社会的最高境界和奋斗目标;他们坚定革命必胜的信念,无论面临多大的困难和挫折,都始终保持着乐观向上的精神状态。这些革命者的信仰和行动,不仅推动了革命事业的不断发展,也为后人留下了宝贵的精神财富。

革命信仰是革命时期红色文化精神样态的重要组成部分,它为革命事业提供了强大的精神支撑和动力源泉。在当今时代,我们仍然需要继承和发扬革命信仰的伟大精神,将其转化为推动社会主义现代化建设的强大力量。

(三) 革命道德

革命道德，作为红色文化精神样态的重要组成部分，是指在革命斗争中形成并发展起来的，以共产主义为核心，以集体主义为原则，以爱国主义为重点的一系列道德规范的总和。它在革命斗争中发挥了重要的精神支撑和道德引领作用，不仅激励着革命者英勇奋斗，更在广大人民群众中传播了革命思想，推动了革命事业的发展。

革命斗争中的革命道德首先体现在革命者对党和人民事业的无限忠诚上。这种忠诚不是空洞的口号，而是具体体现在革命者的实际行动中。他们为了党和人民的利益，不惜牺牲个人的一切，甚至献出宝贵的生命。例如，在抗日战争时期，无数革命先烈为了民族的解放和独立，英勇抗敌，浴血奋战，用鲜血和生命谱写了一曲曲壮丽的英雄赞歌。他们的忠诚和牺牲精神，成为革命道德的光辉典范。

革命道德还体现在革命者之间的团结友爱、互帮互助上。在革命斗争中，革命者之间形成了深厚的战友情谊，他们互相支持、互相鼓励，共同面对困难和挑战。这种团结友爱的精神，不仅增强了革命队伍的凝聚力和战斗力，更在广大人民群众中树立了革命者的良好形象，赢得了广泛的支持和拥护。

革命道德所蕴含的社会价值同样不容忽视。第一，它为中国特色社会主义道德建设提供了宝贵的资源。革命道德所倡导的集体主义、爱国主义等价值观念，与社会主义核心价值观高度契合，成为新时代道德建设的重要基石。第二，革命道德对于培养人们的道德品质、提高社会道德水平具有重要的促进作用。通过学习革命先烈的英勇事迹和崇高精神，人们可以受到深刻的道德教育和熏陶，从而提升自身的道德素养和社会责任感。

革命道德不仅具有深远的历史意义，更具备重要的时代价值。它不仅是中国革命历史的重要组成部分，更是中华民族宝贵的精神财富。在新的历史时期，我们需要继续传承和弘扬革命道德，使其在新时代背景下焕发出更加绚丽的光彩。同时，我们也需要将革命道德与时代精神相结合，赋予其新的时代内涵和表现形式，以更好地满足人民群众的精神文化需求，推动社会主义文化的繁荣和发展。

革命道德是红色文化精神样态中不可或缺的重要组成部分。它在革命斗争中发挥了重要的精神支撑和道德引领作用，并且具有深远的社会价值和历史意义。在新的历史时期，我们需要继续传承和弘扬革命道德，为推进中国特色社会主义伟大事业提供强大的精神动力和道德支撑[①]。同时，我们也应该深入挖掘革命道德的时代价值，使其在新时代焕发出新的活力，为中华民族伟大复兴贡献力量。

第三节　红色文化的影响与传承

一、红色文化对当时社会的影响

革命时期的红色文化对当时社会产生了深远且广泛的影响，这种影响不仅体现在动员群众参与革命、推动革命进程方面，更深刻地塑造了人们的思想观念和精神风貌。

在动员群众方面，红色文化通过丰富的艺术形式和宣传手段，如革命歌曲、戏剧、标语等，深入田间地头、城市街巷，激发了广大人民群众的革命热情。这些艺术作品和宣传活动以通俗易懂的方式传播着革命思想，唤醒了民众的民族意识和阶级觉悟，使他们纷纷投身到革命的洪流中去。例如，许多地方通过上演红色戏剧，让观众在感动与震撼中认识到革命的必要性和紧迫性，从而积极加入革命队伍。

在推动革命方面，红色文化为革命斗争提供了强大的精神动力。革命者们在艰苦卓绝的斗争环境中，正是凭借着坚定的革命信仰和崇高的革命精神，才能够克服重重困难，取得最终的胜利。红色文化中的英雄形象、斗争故事以及革命理论，都为革命者们提供了宝贵的经验和启示，指引着他们不断前进。同时，红色文化还通过揭露敌人的罪恶行径和腐朽本质，激发了人民群众对敌人的仇恨和对革命的渴望，从而推动了革命形势的不断发展。

---

① 宋辰. 新媒体视域下南京红色文化沉浸式短剧的传播样态［J］. 中国民族博览，2023(4).

红色文化在塑造人们的思想观念和精神风貌时也发挥了举足轻重的作用。革命时期的红色文化强调集体主义、爱国主义和无私奉献等价值观，这些价值观在广大人民群众中深入人心，形成了积极向上、团结奋进的社会氛围。红色文化中的革命精神和道德风范，也成了人们学习的榜样和追求的目标，引领着社会风尚的向好向善发展。

革命时期的红色文化对当时社会产生了全方位且深层次的影响。它不仅动员了广大群众投身革命，为革命斗争提供了强大的精神支持，还深刻地改变了人们的思想观念和精神世界，为新中国的诞生奠定了坚实的文化基础。

二、红色文化对现代文化的影响

革命时期红色文化在现代文化传承中占据着举足轻重的地位，发挥着不可替代的作用。这种影响不仅局限于历史的记忆，更深刻地渗透到了对现代社会的价值观塑造、艺术创作以及教育普及等多个层面。

红色文化为现代文化的发展提供了丰富的历史资源和深厚的精神滋养。革命时期的英勇事迹、崇高精神以及革命者的智慧与勇气，都成为现代文艺创作的重要灵感来源。无论是影视作品、文学作品，还是音乐舞蹈，红色元素都以其独特的魅力深深吸引着观众，让人们在欣赏艺术的同时，能够深刻体会到革命精神的伟大力量。

红色文化对现代社会的价值观塑造产生了深远影响。革命时期所倡导的爱国主义、集体主义、无私奉献等精神品质，在当今社会依然具有重要的指导意义。这些价值观不仅激励着人们为国家和民族的繁荣富强而努力奋斗，更在引导人们正确处理个人与集体、利益与责任之间的关系上发挥着重要作用。

红色文化在现代教育普及中也发挥着举足轻重的作用。将红色文化融入教育体系，让青少年一代深入了解革命历史、学习革命精神，不仅有助于培养他们的爱国主义情怀和历史责任感，更能激发他们的学习热情和进取心。这种教育方式的推广和实施，对于培养新时代的有理想、有道德、有文化、有纪律的公民具有重要意义。

革命时期红色文化对现代文化的影响是全方位、多层次的。它不仅丰富了现代文化的内涵和表现形式，更在塑造社会价值观、推动教育普及等方面发挥着积极作用。因此，我们应该继续加强对红色文化的传承和弘扬，让其在现代社会中焕发出更加绚丽的光彩。

三、红色文化的传承方式与途径

传承革命时期红色文化，既是对历史的尊重，也是对未来的承诺。为了确保这些宝贵的文化遗产得以延续，必须探寻有效的传承方式与途径。

一种重要的方式是通过教育体系进行传承。这包括在各级学校开设红色文化课程，将革命历史、革命精神融入教材内容，让学生在学习过程中了解和感悟红色文化的独特魅力。同时，可以组织各类红色文化主题活动，如革命遗址参观、红色故事演讲等，让学生在实践中亲身体验红色文化的深厚底蕴。

另一种途径是利用现代科技手段进行传播。借助互联网、移动媒体等平台，可以打造红色文化数字资源库，将革命遗址、文物、艺术品等以数字化形式保存并展示，便于人们随时随地了解和学习。此外，还可以制作红色文化主题的影视作品、动漫、游戏等，以更加生动有趣的方式吸引年轻人关注红色文化，实现跨代传承。

社会实践也是传承红色文化的重要途径。通过组织志愿者活动、社区服务等形式，使人们在亲身参与中感悟红色文化的精神底蕴。同时，鼓励社会各界力量参与红色文化传承工作，如企业赞助红色文化项目、民间团体组织红色文化活动等，形成全社会共同参与的良好氛围。

为了确保红色文化传承的持久性和深入性，还需要建立健全相关制度和机制。例如，制定红色文化传承的法律法规，明确传承的责任主体和具体措施；建立红色文化传承的评估机制，定期对传承工作进行评估和总结，及时发现问题并加以改进。

传承革命时期红色文化需要多方面的共同努力。通过教育体系、现代科技手段、社会实践以及制度和机制的保障，我们可以确保红色文化在新时代焕发出更加绚丽的光彩，为中华民族伟大复兴提供强大的精神动力。

研学旅行的发展研究

　　研学旅行,作为一种将教育与旅游相结合的新型活动形式,其历史渊源可追溯至古代的教育实践,早在两千多年前,至圣先师孔子就曾周游列国。在当代,研学旅行主要以中小学生为对象,通过实地参观、亲身体验和互动学习的方式,旨在提升学生的综合素质和能力。近年来,研学旅行在全球范围内呈现出强劲的发展势头。在国内,政策支持、市场需求增长以及行业的快速发展共同推动了研学旅行的繁荣;在国外,某些发达国家已经将研学旅行、营地教育纳入国家教育体系,成为推进学生综合能力和素质的重要手段,并形成了相对成熟的市场体系和教育模式。未来,研学旅行将朝着多元化、个性化和智能化的方向发展,但研学旅行也面临安全、有效性和商业化等挑战。

　　本章从教育学的视角出发,深入探讨了建构主义、情境学习以及体验学习等理论在研学旅行中的具体应用。建构主义视角下,研学旅行通过实地参观和亲身体验,促进了学生知识体系的主动建构;情境学习视角下,研学旅行提供了一个真实的学习情境,使学生在观察和实践中积累经验、提高能力;体验学习视角下,研学旅行则通过丰富的实践机会和体验活动,培养了学生的实践能力和创新精神。此外,红色文化研学旅行作为研学旅行的一种特殊形式,其目标设定为传承红色基因、弘扬革命精神,培养学生的爱国情怀和社会责任感。这些发现不仅丰富了研学旅行的理论内涵,也为其实践提供了有益指导。

第一节　研学旅行的概念与发展

一、研学旅行的起源

研学旅行，作为一种融合了教育与旅游的活动形式，其根源可追溯至古代的教育实践。早在两千多年前，我国伟大的教育家孔子便开创了一种独特的教育模式。他带领弟子们，历经长达14年的周游列国之旅，途中不仅传授"六艺"之学，更让弟子们在游历中深刻领悟"仁义礼智信"的精髓。这一创举不仅在教育史上留下了浓墨重彩的一笔，更对后世的教育理念与实践产生了不可估量的影响。

在孔子的游学思想影响下，后世的教育家们不断继承与发展这一教育理念。明末清初的杰出教育家颜元，便是在孔子的基础上，进一步提出了"习行""习实"的教育思想。他强调实践与学习并重，鼓励学生在实际行动中增长知识与才干，这一理念与研学旅行的核心精神不谋而合。

随着教育理念的不断更新与发展，研学旅行的理论内涵也得到了进一步丰富。著名教育家陶行知先生倡导"生活教育"的理念，认为"社会即学校，生活即教育"。他鼓励学生走出课堂，深入社会和生活实践，通过亲身体验和探究来获取真知。这一理念与研学旅行的核心精神不谋而合，为研学旅行在现代教育体系中的发展奠定了坚实基础。

在现代教育背景下，研学旅行已经演变为一种将学习与旅行紧密结合的教育活动。它通常以中小学生为主体，通过集体旅行的方式，让学生在真实的社会环境中开展体验式学习。这种学习方式不仅能够拓宽学生的视野，增长学生见识，还能锤炼他们的实践能力，培养团队协作精神，从而全面提升学生的综合素质。研学旅行的教育性、实践性、集体性和体验性等特点，使其成为课堂教学之外的有益补充，为培养新时代全面发展的人才提供了有力支持。

纵观研学旅行的发展历程，我们可以清晰地看到其在教育领域中的独特价值和深远影响。从孔子的周游列国到陶行知的"生活教育"，再到现代研学旅行的蓬勃发展，这一教育形式始终与时俱进，不断创新和完善。它使学生在游历中学习，在实践中成长，为培养具备全球视野和创新能力的新时代人才奠定了坚实基础。

随着全球化的不断推进和教育改革的深入实施，研学旅行在未来还将迎来更为广阔的发展空间和更多的创新机遇。我们有理由相信，这一古老而充满活力的教育形式，将继续为人类教育事业的发展贡献其独特的智慧和力量。

研学旅行的起源与发展，不仅体现了教育理念的不断进步与创新，更彰显了教育对人才培养模式的不断探索与追求。从古至今，无数教育家们用他们的智慧与热情，为研学旅行这一独特的教育模式注入了源源不断的活力与动力。而今天，我们更应该充分发掘和利用这种具有体验性、实践性的学习形式，发挥其独特的优势与价值，为培养更多具有创新精神和实践能力的优秀人才贡献力量。

我们也应该看到，研学旅行作为一种新兴的教育形式，仍然面临诸多挑战与机遇。如何更好地整合资源、优化课程设计、提高活动质量、确保学生安全等问题，都是我们需要深入思考和不断探索的重要课题。只有不断创新和完善，才能让研学旅行这一古老而年轻的教育形式焕发出更加绚丽的光彩，为新时代的教育事业注入更加澎湃的活力。

二、研学旅行在国内外的发展现状

（一）研学旅行在国内的发展现状

近年，国内研学旅行呈现迅猛发展的态势，逐步成为教育领域的新兴热点。这一趋势的形成，得益于多方面因素的共同推动。

政策层面，国家对研学旅行的重视程度不断提升，相继出台了一系列支持政策。自2013年起，相关政策开始鼓励中小学生积极参与研学旅行。特别是2014年8月21日，《关于促进旅游业改革发展的若干意见》明确指出，要将"研学旅行"纳入中小学生日常教育范畴[①]。此后，2016年教育

---

① 饶俊. 研学旅行发展之现状[J]. 当代旅游, 2019 (10).

部等十一部门更是联合发布了《关于推进中小学生研学旅行的意见》，进一步为研学旅行的发展提供了政策保障和指导方向①。在市场规模方面，研学旅行市场表现出了强劲的增长势头。统计数据显示，我国0~14岁适龄学生人口高达2.53亿，为研学旅行市场提供了巨大的潜在用户基础。随着生活水平的提升和家长对新型教育方式的认可，研学旅行市场规模持续扩大。2022年，研学旅行人数已突破600万人次，市场规模有望达到千亿元级别②。产品设计方面，研学旅行产品也日趋丰富和多样化。早期的研学旅行产品多以单一景点游览为主，如今，多元化课程设计已成为主流。不少研学旅行产品融合了自然探索、历史文化、科技创新等多个主题，通过实地考察、动手实践等寓教于乐的方式，让学生在轻松愉快的氛围中增长知识、提升能力。例如，黑龙江省在研学旅行发展方面取得了一定成绩，但也面临研学活动未全面落实、研学体系不够完善等问题。为此，黑龙江提出打造成熟研学产品、完善研学体系等对策建议，以促进研学旅行更好发展③。研学旅行的健康发展还离不开政府、企业、学校和家庭的共同支持。政府需继续加大政策支持力度，完善相关法规和标准；企业应不断提升产品质量和服务水平，满足市场多样化需求；学校应积极参与研学旅行课程设计和实施，确保教育目标的实现；家长则需转变观念，充分认识到研学旅行在孩子成长过程中的重要作用④。当前，研学旅行在实施过程中仍面临一些困境，如课程教学目标虚化、专业引领与指导不力以及教学现场规划缺失等问题。为突破这些困境，需要回归研学旅行的本真追求，实现旅行与研学的有机融合；加强各方教育资源的整合，构建专业指导共同体；并统筹规划研学旅行现场，实施分类管理⑤。国内研学旅行在政策支持、市场规模和产品设计等方面均取得了显著进展，但仍需不断完善和优化，以更好地服务于中小学生的全面发展。展望未来，随着教育理念的不断更新和社会各界对研学旅行认识的加深，研学旅行将迎来更加广阔的发

---

① 孙庆玲.教育部：研学旅行将纳入中小学教学计划探寻研学旅行"最优解".教育文摘，2017.
② 万项杰.中小学研学旅行发展现状与策略研究.济南职业学院学报，2022（10）.
③ 杨皓月，谢维光.黑龙江省中小学生研学旅行发展现状，问题与对策：对外经贸，2018.
④ 吴飞.2019年研学旅行发展报告.
⑤ 李臣之.研学旅行的实施困境与出路选择.教育科学研究，2018（09）.

展空间，在我国也将备受关注与重视，展现出蓬勃的发展态势。这一趋势的形成，得益于政策引导、市场需求以及行业发展的共同推动。各级政府和相关部门已经认识到研学旅行在教育改革和学生素质提升方面的重要作用，纷纷出台相关政策支持其发展。这些政策已将研学旅行纳入中小学生素质教育的课程体系，还要求学校将其作为教学计划的重要组成部分，从而确立了研学旅行在素质教育中的重要地位。

随着生活水平的提高，家长对新型教育方式的需求也在不断增长。他们希望孩子能够通过更加多元化的学习方式拓宽视野，增长见识，提升综合素质。研学旅行正好满足了这一需求，它能够让孩子们在实地参观、亲身体验和互动学习中，促进知识建构和能力发展。据统计，我国 0~14 岁适龄学生人口达 2.53 亿，这一庞大的潜在市场为研学旅行提供了广阔的发展空间。目前，研学旅行市场规模已经呈现出持续增长的良好态势。

（二）研学旅行在国外的发展现状

相较于国内，国外研学旅行的发展起步较早，已经形成了较为成熟的市场体系和教育模式。在许多国家，研学旅行被视为推进素质教育、培养学生综合素质的重要手段。特别是在欧美等国家，研学旅行已被纳入学校的教育计划，成为学生学习生活的重要组成部分。

在欧美国家，学生可以通过参加各种形式的研学旅行活动，深入了解历史文化、自然风光以及科学技术等方面的知识。这些活动往往由学校、旅行社以及教育机构等共同组织，注重学生的参与度和实践能力的培养。通过这种方式，学生不仅能够在亲身体验中获得知识，还能够锻炼自己的实践能力、团队协作能力以及解决问题的能力等，从而实现全面发展。

国外研学旅行的发展还得益于社会各界的广泛支持和参与。政府、企业、社会组织等都积极参与研学旅行的推广和实施，为其提供有力的支持和保障。这种全社会的共同参与和推动，使国外研学旅行能够持续健康地发展下去，并为更多的学生提供优质的教育资源和学习机会。

三、研学旅行的未来趋势

随着教育理念的持续更新与技术的不断进步,研学旅行正展现出更加多元化、个性化和智能化的发展态势。这种发展趋势主要体现在对研学活动内容的多样化、个性化,以及智能化管理和服务的实现上。

在内容多样化方面,研学旅行正逐渐涵盖自然科学、社会科学、文化艺术等多个领域,以满足不同学生的兴趣和需求。例如,将气象科普与研学旅行相结合,便是因势而谋、应势而动的尝试与突破,这类研学旨在通过实地参观和亲身体验,增强学生的科学素养和实践能力①。此外,也有学者提出场景式地理研学旅行课程的开发,即通过创设特定的地理场景,让学生在场景中探究地理问题,培养地理核心素养②。在个性化发展方面,研学旅行将更加注重学生的个体差异和个性化需求。通过定制化的课程设计和活动安排,提高学生的参与度和学习效果。例如,可以基于核心素养培养的理念,设计具有针对性的高中地理研学旅行方案,以满足不同学生的学习需求和发展目标③。在智能化管理和服务方面,随着人工智能、大数据等技术的广泛应用,研学旅行能帮助学生获得更加便捷、高效的学习体验。例如,将互联网技术与研学旅行相结合,则可以打破学科之间的界限,为学校课程改革拓展新空间,提升学生的核心素养和综合能力④。此外,还可以利用大数据技术对研学旅行过程中的学生行为进行分析,为教师提供精准的教学反馈,以优化后续的教学设计。

研学旅行在未来的发展中会面临诸多挑战。如何确保研学旅行的安全性和有效性是首要问题。这需要政府、学校、家长和社会各方的共同努力,制定完善的安全管理制度和应急预案,加强学生的安全教育和自我保护意识。同时,如何避免市场乱象和过度商业化,也是亟待解决的问题,政府应对研学旅行市场加强监管和规范,确保研学旅行的教育性质不被扭曲。

---

① 王悦,周雯等. 四川气象科普研学旅行发展路径研究 [J]. 农业灾害研究,2024(4).
② 夏圣荣. 场景式地理研学旅行课程开发程序与策略研究 [D]. 2021(5).
③ 方俊杰. 基于核心素养培养的高中地理研学旅行案例设计研究 [D]. 2024(5).
④ 钱妍. 研学旅行促成长 最美课堂在路上——"互联网+"背景下研学旅行的发展 [J]. 中小学信息技术教育,2022(10).

如何推动研学旅行的持续创新和发展也是关键所在。这需要教育界和旅游界等各方加强合作与交流，以共同探索研学旅行的新模式和新路径。例如，可以将营地教育与研学旅行相结合，通过营地教育的专业性和系统性来丰富研学旅行的教育内涵和实践形式①。同时，还应鼓励更多的学者和教师参与研学旅行的研究，通过不断的理论创新和实践探索来推动研学旅行的健康发展。

研学旅行作为一种新型的教育形式，在未来的发展中将呈现出更加多元化、个性化和智能化的发展趋势。同时，我们也应正视研学旅行面临的挑战和问题，通过各方的共同努力来推动其持续创新性发展。

第二节　教育学视角下的研学旅行

一、建构主义视角下的研学旅行

建构主义理论为研学旅行提供了重要的理论支撑，强调学习是一个主动建构知识的过程，学生需通过与环境的互动来构建和完善知识体系。在研学旅行中，这一理论的应用显得尤为关键，它鼓励学生通过实地参观和亲身体验来深化对知识的理解与记忆，进而培养自主学习能力、批判性思维和创新能力②。以参观历史博物馆为例，学生在参观时不仅观察了文物，阅读了历史文献，还在与讲解员的交流和同伴的讨论中，主动构建了对历史事件的理解。这种学习方式不仅提升了学生的知识水平，更在无形中锻炼了他们的语言表达和团队协作能力③。建构主义视角下，研学旅行的实施需要注重实践的课程情境与协同合作的课程模式，以丰富学生的体验和学习效果④。建构主义理论还强调学生在研学旅行中的中心地位。课程设计和活动安排应以学生为中心，鼓励学生主动获取知识，开展会

---

① 李静. 营地教育与研学旅行相结合的大趋势分析研究 [J]. 当代体育科技，2018（1）.
②③ 陈香胜. 略论研学旅行与小学课程的融合 [J]. 安徽教育科研，2018（5）.
④ 解天龙. 建构主义视角下图书馆研学旅行课程研究——以国家图书馆为例 [J]. 图书馆工作与研究，2022（12）.

话交流和团队协作。在这个过程中，学生的隐性知识得以外化，研学知识的意义建构得以实现①。这种以学生为中心的教学理念，有助于激发学生的学习兴趣和动力，使他们在研学旅行中获得更加全面和深入的学习体验。

目前，研学旅行活动在实施过程中仍存在一些问题，如探究性研学作用不足、缺乏合理的研学课程体系等。针对这些问题，我们可以借鉴建构主义理论，进一步完善研学旅行的课程设计，确保活动的教育性和时效性。例如，可以依据建构主义学习理论中的"脚手架"教学模式，围绕搭建脚手架、创设情境、独立探索、协作学习等环节，对研学旅行课程进行精心设计，以实现研学旅行和学校课程的有机融合，帮助学生培养研究性学习能力。建构主义理论为研学旅行提供了有力的理论支持和实践指导。通过实地参观和亲身体验，学生能够在与环境的互动中主动建构知识，提升综合素质。未来，我们应继续探索建构主义理论在研学旅行中的应用，不断完善课程设计，以更好地满足学生的学习需求，促进他们的全面发展。

二、情境学习视角下的研学旅行

情境学习理论强调学习是在特定情境下发生的，认为学生需在真实的情境中体验和实践，以更好地理解和掌握知识。研学旅行，作为一种将学生置于真实自然和社会环境中的教育方式，恰好提供了这样的学习情境。在此情境下，学生可以通过观察、实践和反思，不断积累经验，提升各项能力②。以农业科技园区的研学活动为例，学生参观温室大棚，了解现代农业种植技术和农业机械设备，亲手参与种植、采摘等活动。这样的实践体验不仅让学生直观感受农业生产的乐趣和艰辛，更在无形中提高了他们的实践能力和动手能力。同时，通过亲身体验，学生更加珍惜劳动成果，培养了环保意识和责任感③。研学旅行的情境学习不仅限于农业科技，还广

---

① 郝杰. 基于建构主义视角的研学旅行研究. 中国现代教育装备，2018（10）.
② 吴水田. 情境认知视角下研学旅行的特征及其教育功能实现. 江苏商论，2020（04）.
③ 董艳. 情境感知视域下研学旅行课程设计探究——以"乔家大院民俗博物馆研学基地"为例. 现代教育技术，2021（04）.

泛应用于历史文化、自然科学等多个领域。在历史文化方面，学生通过参观历史遗址、博物馆等，身临其境地感受历史的厚重，加深对历史文化的理解和认同，树立文化自信。在自然科学方面，学生通过考察自然环境、观察动植物生长等，培养了对自然的敬畏之心和科学探究精神①。研学旅行的课程设计也是情境学习理论应用的重要环节。课程设计者需结合学生的实际情况和兴趣点，选择合适的研学主题和目的地，创设丰富多样的学习情境。同时，课程设计者还需注重课程的实施和评价，确保学生在研学旅行中真正得到成长和收获②。当前，研学旅行在实施过程中也面临一些挑战和问题，如部分学校过于注重形式而忽视实质，导致学生未能真正融入研学情境，部分研学旅行活动缺乏专业指导，使学生的学习效果大打折扣。因此，我们需要进一步加强研学旅行的课程设计和实施管理，确保其真正发挥情境学习的优势③④。情境学习视角下的研学旅行是一种富有成效的教育方式。它通过将学生置于真实的学习情境，让学生在实践中学习、在体验中成长。未来，我们应继续深化对研学旅行的研究和实践，探索更多有效的情境学习模式，为培养全面发展的人才贡献力量。

三、体验学习视角下的研学旅行

体验学习理论强调的是学习要通过直接参与和亲身体验来实现，这种学习方式在研学旅行中得到了充分的体现。研学旅行通过为学生提供丰富的实践机会和体验活动，使他们能够在真实的情境中学习，进而提升实践能力和创新精神，全面提高综合素质。

在研学旅行的实施过程中，学生不再是被动的知识接受者，而是成为主动的探索者和实践者。他们通过亲身参与各种活动，如实地考察、动手实践、互动交流等，来获取第一手学习经验。这种学习方式不仅有助于加

---

① 蒲燕虹. 基于研学旅行的高中生地理空间认知能力培养研究［D］. 2023.
② 董艳. 情境感知视域下研学旅行课程设计探究——以"乔家大院民俗博物馆研学基地"为例［J］. 现代教育技术，2021（4）.
③ 朱沙沙. 中小学研学旅行的价值：困境与突破路径［J］. 江苏教育研究，2020（3）.
④ 王东伟. 中小学研学旅行课程的失当：回归与重建［J］. 现代教育，2023（8）.

深学生对知识的理解，更能够培养他们的独立思考能力和解决问题的能力。

以红色文化研学旅行为例，学生通过参观革命纪念馆、瞻仰革命先烈陵园等活动，能够亲身感受革命历史的厚重感和红色文化的独特魅力。在这些活动中，学生不仅了解了革命历史的基本事实，还体会到了革命先烈们的英勇和崇高精神。这种深入骨髓的体验和感悟，对学生的思想政治觉悟和道德品质的提升具有不可替代的作用。

研学旅行中的体验学习还注重学生的团队协作能力和社会责任感的培养。在参加各种实践活动和志愿服务活动的过程中，学生需要学会与他人合作，共同完成任务。这不仅能够锻炼学生的团队协作能力，还能够培养他们的集体荣誉感和责任心。此外，通过参与社会公益活动，学生还能够更加深入地了解社会现实，增强社会责任感，从而更加珍惜和感恩现有的生活和学习环境。

研学旅行中的体验学习还具有多元化和个性化的特点。每个学生都有自己的兴趣和特长，研学旅行可以根据学生的不同需求提供多样化的学习资源和活动选择。例如，对自然科学感兴趣的学生，可以让他们参加生态保护、科学探究等主题的研学活动；对文化艺术感兴趣的学生，可以安排他们参观博物馆、艺术馆等文化场所。这种个性化的学习方式能够更好地满足学生的学习需求，激发他们的学习热情和创造力。

要确保研学旅行中体验学习的有效性，需要精心设计和组织活动。一方面，学校和教育机构需要与合作单位充分沟通，明确活动目标和内容，确保活动具有教育性和实践性；另一方面，还需要注重活动的安全和保障措施，确保学生在参与活动的过程中安心学习、快乐成长。

体验学习视角下的研学旅行是一种富有成效的学习方式，它通过为学生提供丰富的实践机会和体验活动，使学生在亲身参与中学习和成长。这种学习方式不仅能够提升学生的知识水平和技能，还能够培养他们的综合素质和社会责任感。在未来的教育实践中，我们应该进一步推广和完善研学旅行这种教育形式，使这种形式得到社会更广泛的肯定和认可，让更多的学生受益于这种生动、有趣且富有意义的学习方式。

第三节 红色文化研学旅行的特殊性

一、红色文化研学旅行的目标设定

红色文化研学旅行,作为一种特殊形式的研学活动,其目标设定不仅关乎知识的传递,更在于文化的传承与思想教育的深化。此类形态的研学旅行以红色文化资源为载体,通过实地参观、亲身体验和探究等方式,让学生在行走中感受红色文化的魅力,从而达到教育与成长的目的。

在文化传承方面,红色文化研学旅行致力于将中国革命历史中的宝贵精神财富传递给年轻一代。通过参观革命遗址、纪念馆等场所,学生能够亲身接触到革命先烈的英勇事迹,了解他们为了民族独立和人民解放所付出的巨大牺牲。这种直观、生动的教育方式有助于激发学生的爱国热情,增强他们对民族文化的认同感和自豪感。同时,红色文化研学旅行还注重引导学生深入挖掘红色文化的内涵,从而更好地理解和传承这一独特的文化遗产。

在思想教育方面,红色文化研学旅行着重培养学生的理想信念、道德品质以及社会责任感。红色文化所蕴含的革命精神、艰苦奋斗的优良传统等,都是对学生进行思想教育的宝贵资源。通过研学旅行,学生能够在实践中感悟这些精神品质的价值,从而自觉地将它们内化为自己的行为准则。此外,红色文化研学旅行还鼓励学生积极参与社会实践活动,如志愿服务、环保行动等,以实际行动践行社会主义核心价值观,提升自己的社会责任感。

红色文化研学旅行的目标设定旨在通过文化传承与思想教育相结合的方式,培养具有深厚文化底蕴、坚定理想信念和强烈社会责任感的新一代青少年。

二、红色文化研学旅行的实施路径

红色文化研学旅行的实施路径应紧密结合其目标设定,确保活动的有效性和教育性。首先,精心选择红色文化资源是关键。我国拥有丰富的红色文化资源,如井冈山、延安等革命圣地,以及各地的革命遗址和纪念馆。这些地方不仅是历史的见证,更是革命精神的载体。通过实地参观,学生能够亲身感受革命先烈的艰苦奋斗和无私奉献,从而深刻理解红色文化的内涵。

其次,注重实践活动的设计。红色文化研学旅行不仅是观光游览,更重要的是让学生在实践中学习,在体验中成长。因此,可以设计一些具有挑战性和教育意义的实践活动,如模拟革命情景剧、开展红色主题辩论赛等,让学生在参与中提升对红色文化的认识和理解。

再次,加强教师的引导和讲解。教师在红色文化研学旅行中扮演着重要角色。他们不仅需要为学生提供丰富的历史知识和背景信息,还要引导学生深入思考、积极讨论、深入探究。通过教师的精彩讲解和悉心指导,学生能够更加深入地理解红色文化的精神实质,并将其内化为自己的信仰和行动准则。

最后,要建立有效的反馈和评价机制。红色文化研学旅行结束后,应及时收集学生的反馈意见和活动效果评价,以便对活动进行持续改进和优化。同时,还可以将学生的表现和成果作为评价依据,给予相应的奖励和激励,进一步激发学生的参与热情和学习动力。

红色文化研学旅行的实施路径应围绕精心选择红色文化资源、注重实践活动设计、加强教师引导和讲解以及建立有效反馈和评价机制等方面展开。通过这些措施的实施,我们能够更好地实现红色文化研学旅行的目标,培养具有爱国情怀和社会责任感的优秀人才。

三、红色文化研学旅行的内容选择

红色文化研学旅行在内容选择上有独特的要求和标准,以确保其教育目标的实现。首先,红色文化研学旅行的内容选择应注重代表性。红色文化资源众多,但并非所有资源都适合作为研学旅行的内容。在选择研学旅行内容时,应优先考虑那些具有代表性的、能够充分再现革命历史和体现红色精神的红色文化资源,这包括但不限于革命遗址、纪念馆、烈士陵园等,兼顾历史与现实的结合,旨在使学生深入了解革命历史的艰辛与辉煌，并启发他们思考红色文化在当代社会的价值与意义。红色文化研学旅行不仅能够让学生亲身感受到红色文化的厚重历史，还能够激发他们对革命先烈的崇敬之情。

其次，内容选择应注重体现红色文化的核心价值。红色文化研学旅行的目的之一是通过实地考察和学习，让学生深刻领会红色文化的精神内涵，如艰苦奋斗、无私奉献、爱国主义等。因此，在选择内容时，应注重挖掘和体现这些核心价值，使学生在研学旅行中真正受到红色文化的熏陶和感染。例如，可以通过对比革命时期与当今社会的巨大变化，亲身触摸红色文化的厚重历史，激发对革命先烈的崇敬之情，深刻感受红色文化对国家发展和民族振兴的重要作用。

再次，内容的难易程度也是选择时需要考虑的因素。红色文化研学旅行的主体多为中小学生，他们的认知水平和理解能力有限，因此，在选择内容时，应结合学生的实际情况，选取适合他们年龄和认知水平的内容，以确保研学旅行的效果。对于低年级学生，可以选择一些生动有趣的红色故事和革命英雄事迹，以激发他们的学习兴趣和爱国情感；对于高年级学生，则可以引入更深入的历史分析和理论探讨，培养他们的思辨能力和历史责任感。

最后，地域性和时代性也是内容选择时不可忽视的因素。不同地区的红色文化资源具有不同的特点和历史背景。在选择内容时，应充分考虑地域性因素，选取与当地历史文化紧密相关的红色文化资源，打造具有地方特色的研学旅行活动，以便更好地激发学生的学习兴趣和认同感。同时，随着时代的变迁和社会的发展，红色文化也在不断丰富和更新，因此研学旅行的内容也应与时俱进，及时反映红色文化的最新发展成果。

四、红色文化研学旅行的实施方式

红色文化研学旅行的实施方式对其教育效果的实现至关重要，因此需要进行细致规划和周密安排。以下将详细探讨红色文化研学旅行的具体实施方式和步骤。

实施红色文化研学旅行前，应进行充分的准备工作。准备工作包括明确研学旅行的主题和目标，选择适合的红色文化资源作为研学对象，制订详细的行程安排和活动计划。同时,还需对学生的知识储备和兴趣点进行了解,以便更好地设计符合学生实际需求的研学活动。

在实施过程中,应注重学生的亲身体验和互动参与,可以通过组织参观革命遗址、纪念馆等红色文化场所,让学生身临其境地感受红色文化的魅力。同时,结合讲解、讨论、互动游戏等多种形式,可引导学生深入了解红色文化的内涵和精神实质。此外,还可以邀请相关领域的专家或老战士进行现场授课,分享他们的亲身经历和感悟,进一步增强学生的情感体验和认知深度。

另外,实施红色文化研学活动时,应注重培养学生的实践能力和团队协作精神。可以设计一些具有挑战性的实践任务,如模拟战斗演练、红色故事讲解等,让学生在完成任务的过程中锻炼处理问题的能力和团队协作能力。同时,鼓励学生积极参与志愿服务活动,如为老战士提供生活帮助、参与红色文化宣传等,培养学生的社会责任感和奉献精神。

红色文化研学旅行结束后,应及时进行总结评估与反思,可以组织学生撰写研学报告或心得体会,分享他们的所见所闻和所思所感。同时,随队教师也应对研学旅行的效果进行评估,总结经验教训,为后续活动的改进提供参考。

红色文化研学旅行的实施方式应注重准备工作的充分性、学生体验的深入性、实践能力的培养以及总结反思的及时性。通过这些具体实施方式和步骤的落实,红色文化研学旅行将能够更好地发挥其传承红色基因、弘扬革命精神的教育功能,为学生的全面发展提供有力支持。

第四节 红色文化资源研学旅行的社会意义

一、红色文化研学旅行对学生的影响

红色文化资源研学旅行作为一种特殊的教育形式,对学生的成长和发展具有深远的影响。它不仅让学生在亲身体验中感受到革命历史的厚重,还在无形中提高了他们的知识水平,加强了他们的集体意识,塑造了他们

的价值观。

在知识水平方面，红色文化资源研学旅行为学生提供了一个直观、生动的历史课堂。通过实地参观革命遗址、纪念馆等，学生能够亲身接触到历史事件的发生地，了解更多真实、详尽的历史细节。这种学习方式远比单一的课堂教学更为深刻，有助于学生形成全面、准确的历史认知，提升他们的历史素养和人文素养。

在情感态度上，红色文化资源研学旅行有助于培养学生的爱国情怀和民族自豪感。在参观过程中，学生会被革命先烈的英勇事迹所感动，被他们的崇高精神所激励。这种情感的触动会让学生更加珍视今天的幸福生活，更加热爱自己的民族和国家。同时，研学旅行中的团队合作和实践活动也会增强学生的集体荣誉感和团队协作精神。

在塑造价值观方面，红色文化资源研学旅行更是起到了举足轻重的作用。在研学过程中，学生会深刻体会到革命先辈们为了国家和民族的利益不惜牺牲一切的伟大精神。这种精神会潜移默化地影响学生的价值观，使他们更加珍视个人的社会责任和使命担当。此外，红色文化资源研学旅行还有助于学生形成正确的世界观、人生观和价值观，为他们的未来发展奠定坚实的基础。

红色文化资源研学旅行对学生的影响是全方位的，它不仅提升了学生的知识水平，还对其情感态度和价值观产生了深远影响。因此，我们应该充分认识到这种教育形式的独特价值和重要意义，积极推动其在教育实践中的应用和发展。

二、红色文化研学旅行对学校的影响

红色文化资源研学旅行不仅能对学生个体成长产生深远影响，也会给学校的整体教育资源、教育模式以及教育评价等带来积极的变革与提升。

红色文化资源研学旅行为学校的教育资源增添了新的活力，加强了实践性。传统的学校教育往往局限于课堂和教材，而红色文化研学旅行则将学生带入一个更为广阔的学习空间。学校通过组织学生参观革命遗址、纪念馆等革命景点，不仅让学生亲身感受到了革命历史的厚重，也为学校带来了新的教育资源。这些资源具有鲜明的时代特色和地域特色，能够有效弥补学校教材的不足,为学校教育提供更为丰富、多元的教学素材。

红色文化资源研学旅行推动了学校教育模式的创新。在研学旅行过程中,学生不再是被动的知识接受者,而是成为主动的知识探索者。这种转变促使学校必须对传统的教学模式进行改革,以适应学生新的学习需求。学校开始尝试将课堂教学与研学旅行相结合,通过实践教学、情境教学等方式,激发学生的学习兴趣,提高学生的自主学习能力和创新能力。这种教育模式的创新不仅提高了学生的学习效果,也为学校培养了更多具有创新精神和实践能力的人才。

红色文化资源研学旅行推动了学校教育评价体系的完善与优化。传统的教育评价往往以考试成绩为唯一标准,忽视了学生的综合素质和个性发展。而红色文化研学旅行则为学生提供了一个展示自我、锻炼能力的平台。学校可以通过观察学生在研学旅行中的表现,对学生的知识掌握情况、实践能力、团队协作能力等方面进行全面评价。这种评价方式更为客观、全面,能够更好地反映学生的真实水平和综合素质,为学校教育评价体系的完善提供了有力的支持。

红色文化资源研学旅行对学校教育资源、教育模式以及教育评价等方面都产生了积极的影响。它不仅丰富了学校的教育资源,推动了教育模式的创新,还促进了教育评价体系的完善。因此,学校应该充分利用红色文化资源研学旅行的优势,将其纳入学校教育体系的重要组成部分,为学生的全面发展提供更加优质的教育环境。

三、红色文化研学旅行对社会的影响

红色文化资源研学旅行不仅对学生个体和学校教育有着深远的影响,也对社会文化、旅游业以及经济发展产生了积极的推动作用。

在社会文化方面,红色文化资源研学旅行是传承和弘扬红色文化的重要途径。学校组织学生参观革命遗址、纪念馆等红色文化资源,不仅可以让学生了解革命历史,感受革命精神,更能在全社会范围内营造崇尚英雄、缅怀先烈的良好氛围。这种文化氛围的营造,有助于增强民族凝聚力和向心力,促进社会的和谐稳定。

对于旅游业而言,红色文化资源研学旅行是一种新型的旅游形式,为旅游业注入了新的活力。随着研学旅行的兴起，越来越多的学校和学生加入红色文化研学旅行的队伍中，这无疑为红色旅游景区带来了稳定的客源和可观的收益。同时，为了满足研学旅行的需求，旅游景区也在不断完善基础设施、提升服务质量，从而推动了旅游业的整体发展。

在经济发展方面，红色文化资源研学旅行同样发挥着积极的作用。一方面，研学旅行的开展带动了相关产业的发展，如交通、住宿、餐饮等，为当地创造了更多的就业机会和经济收入。另一方面，红色文化资源研学旅行也促进了区域间的经济交流与合作。许多地区通过举办红色文化研学旅行活动，吸引了来自全国各地的学校和学生参与，这不仅为当地带来了人气和经济效益，也为区域间的经济合作与交流搭建了良好的平台。

红色文化资源研学旅行对社会文化、旅游业和经济发展等方面都产生了积极的影响。它不仅有助于传承和弘扬红色文化，提升旅游业的品质和效益，还能推动经济的持续发展和社会的全面进步。

研学旅行作为一种融合教育与旅游的新兴活动形式，是对传统教育方式的有益补充，更是培养学生综合素质、推动教育改革的重要途径。学生通过实地参观和亲身体验，能够更加直观地理解所学知识，从而加深对课堂内容的认知。研学旅行中的实践活动还能够锻炼学生的动手能力、解决问题的能力以及团队协作精神。通过研学旅行解决了学生课堂知识学习与实践操作能力脱节的问题。在研学旅行过程中，学生有机会接触到不同的人、事、物，从而拓宽视野、增长见识。这些经历不仅能够激发学生对知识的兴趣和热爱，还能够培养他们的社会责任感、环保意识等积极情感态度。此外，通过研学旅行，学生还能够更加深入地了解本土文化和历史，增强民族自豪感和文化认同感。通过研学旅行对于学校教学目标的情感态度价值观的养成起到很好的推动作用。研学旅行在推动教育改革方面也发挥着重要作用。随着教育理念的更新和技术的进步，传统教育方式已经难以满足学生全面发展的需求。研学旅行作为一种创新的教育形式，为教育改革提供了新的思路和方向。它将课堂教育与校外教育相结合，打破了传统教育的时空限制，使得教育更加贴近实际、贴近生活、贴近学生。这种教育方式的推广和实施，有助于促进教育公平、提高教育质量，推动教育事业的持续发展。

四、红色文化研学旅行未来发展的建议

研学旅行作为一种创新的教育方式,虽然在培养学生综合素质、推动教育改革等方面发挥了积极作用,但在实际发展过程中仍面临诸多问题和挑战。为确保研学旅行的持续健康发展,可从政策引导、资源整合、安全保障、质量评估等方面提出未来发展的建议。

政策引导方面,政府应继续加大对研学旅行的支持力度,制定更加具体和可操作性的政策措施。例如:明确研学旅行在中小学教育体系中的地位和作用,制订详细的实施计划和时间表;加大对研学旅行基地和课程建设的投入,鼓励和支持企业、社会组织等参与研学旅行服务体系建设;建立健全研学旅行的监管机制,确保其规范有序发展。

资源整合方面,应充分利用和整合各类研学旅行资源,形成资源共享、优势互补的良好局面。这包括加强校际合作,推动不同学校之间的研学旅行资源共享;加强与旅游、文化等相关部门的合作,共同开发和打造具有地方特色的研学旅行产品;积极引入社会资本和技术力量,推动研学旅行的市场化运作和创新发展。

此外,在安全保障方面,研学旅行必须将学生的安全置于首要位置。为此,应建立健全研学旅行的安全管理制度和应急预案,明确各方职责和任务;加强对研学旅行从业人员的安全教育和培训,增强他们的安全意识和应急处理能力;加强对学生的安全教育,让他们了解并遵守研学旅行中的安全规定和注意事项。

质量评估方面,应建立科学有效的研学旅行质量评估体系,定期对研学旅行的实施效果进行评估和总结。这包括制定明确的评估标准和指标,涵盖课程设计、活动组织、学生参与度、学习效果等方面;采用多种评估方法,如问卷调查、实地观察、学生反馈等,确保评估结果的客观性和准确性;将评估结果及时反馈给相关部门和人员,以便及时改进和优化研学旅行的实施方案。

研学旅行的未来发展需要政府、学校、社会等多方面的共同努力和支持。通过加强政策引导、资源整合、安全保障和质量评估等方面的工作,我们可以推动研学旅行朝着更加规范化、专业化、高质量的方向发展,为培养更多具有创新精神和实践能力的优秀人才作出积极贡献。

第三章

红色文化资源研学课程设计的理论依据

为确保红色文化资源研学课程设计既科学又有效,需要综合考虑多个理论领域。本章旨在通过教育学、课程与教学论、体验教育与情境教育理论分析,结合文化遗产保护与传承理论、心理学和社会学视角,为红色文化资源研学课程设计提供理论支撑。红色文化资源研学课程设计应以教育学基本理念为指导,注重学生全面发展,通过因材施教和理论与实践相结合的方法,促进学生知识技能的提高、革命情感的培养和价值观的塑造。同时,课程设计应遵循历史性原则、现实性原则、参与性原则和创新性原则,以确保课程的有效性和吸引力。在理论指导下,课程设计框架应明确界定课程目标,精心筛选课程内容,科学合理地设计教学方法,充分准备并优化教学资源,同时建立有效的教学评价与反馈机制。此外,体验教育和情境教育在研学课程中的融合应用,有助于增强学生对红色文化的理解和认同,提升其爱国情怀和社会责任感。而文化遗产保护与传承理论则强调了红色文化资源作为文化遗产的重要性及其在研学课程中的教育价值。心理学理论,为理解学生的认知发展和学习过程提供理论支持,帮助设计符合学生心理发展特点的研学课程;社会学理论则为研学课程设计提供了分析社会结构和社会文化的重要视角,考虑如何通过教育促进学生的社会发展和文化适应。

第一节　研学课程设计的教育学理论依据

一、教育教学基本理念

教育学的基本理念强调，教育的终极目标是促进个体的全面发展，这不仅仅局限于知识的积累和技能的提升，还更深层次地涉及情感的塑造以及价值观的培养。为了实现这一目标，教育过程中必须充分尊重学生的主体地位，激发他们的主动性和创造性，鼓励他们进行自主探索和持续学习。这种教育理念摒弃了传统的填鸭式教学，转而推崇一种更加动态、互动的教学方式，旨在培养学生的独立思考能力和创新精神[1]。在教学方法上，教育教学倡导多样化手段，反对一成不变的教学模式。因材施教是这一理念的核心，即根据学生的个体差异、兴趣特长来制订合适的教学计划和策略。这不仅有助于提高学生的学习兴趣，还能更有效地促进他们的全面发展。同时，理论与实践相结合的教学方法被视为关键所在，该方法鼓励学生将所学知识应用于实际生活中，通过实践深化对知识的理解，并提升实际操作能力[2]。全面发展还涵盖了对情感与价值观的培养。教育不仅限于知识的传授，更重要的是要引导学生形成积极向上的人生态度和正确的价值观。这要求教育者在教学过程中，不仅要关注学生的知识掌握情况，还要注重学生的心理健康和道德品质的培养。通过丰富的教育活动和情感引导，帮助学生建立正确的人生观、价值观，成为有社会责任感和道德观念的公民[3]。教育学的这些基本理念，为红色文化资源研学课程设计提供了坚实的理论基础。将这些理念融入课程设计中，可以更有效地实现教育目标，培养出既具备知识技能，又拥有良好情感态度和价值观的全面发展的人才。同时，这些理念也指导教育者不断创新教学方法，以适应不同学生的需求，产

---

[1] 李兰翠. 谈谈小学数学的教学"小窍门"[J]. 新课程：小学, 2017 (1).
[2] 石慧. 浅谈"因材施教"在教学中的重要性[J]. 北方音乐, 2015 (11).
[3] 曹兵立. 化学教学案例[J]. 今日科苑, 2009 (06).

生良好的教学效果。在研学课程中,学生能够通过亲身参与和实践,更深刻地理解红色文化的内涵和价值,从而实现教育的全面育人目标①。

教育教学理念中的因材施教和理论与实践相结合的原则,在研学课程设计中尤为重要。红色文化资源研学课程应当根据学生的年龄、兴趣和能力进行个性化设计,同时结合实地考察、亲身体验等实践性活动,使学生在实践中感悟红色文化的精神内涵,达到知行合一的教育效果。这样的课程设计不仅有助于提升学生的综合素养,还能培养学生的独立思考和解决问题的能力,为他们的未来发展奠定坚实基础。

教育学基本理念为红色文化资源研学课程设计提供了明确的方向和指导原则,确保了研学课程在传授知识技能的同时,也注重学生情感态度与价值观的培养,从而实现教育的最终目标——培养全面发展的人。这些理念在课程设计中的实际应用,将有助于提高学生的学习兴趣,培养其创新精神和实践能力,进而推动红色文化的传承与发展②。在研学课程设计的实践中,我们应持续探索和创新,将教育学的先进理念与红色文化资源的特点深度融合,打造出更具特色且更符合学生发展需求的研学课程。这将有助于学生在全面了解红色文化的同时,提升其综合素养,为将来成为社会的栋梁之材打下坚实基础。

二、研学课程设计的教育教学原则

在研学课程设计中,结合红色文化资源的特点,我们应遵循一系列教育教学原则,以确保课程的有效性和吸引力,进而加强学生的学习效果。这些原则包括历史性原则、现实性原则、参与性原则以及创新性原则。

历史性原则是红色文化资源研学课程设计中的重要指导原则。红色文化资源蕴含着深厚的历史背景,是中国革命历史的重要组成部分。在课程设计中,我们应准确反映这些资源的历史脉络,帮助学生了解历史事件的来龙去脉,从而增强学生的历史意识。例如,在讲述红军长征时,我们可以结合具体的红色文化资源(如红军长征途中的会师地、战斗遗址等),

---

① 李国荣. 论红色文化资源在语文教学中的运用 [J]. 中学语文,2019 (10).
② 林启信. 初中"红色教育研学旅行"实践研究 [J]. 求知导刊,2020 (02).

通过实地考察等方式,让学生亲身感受那段艰苦卓绝的历史,从而深刻理解长征精神的丰富内涵。

现实性原则是将红色文化资源与现实生活相结合,引导学生思考历史资源的当代社会价值和意义,具有时代感和重要意义,也是不可忽视的部分。通过分析红色文化资源在当今时代的应用和影响,学生能够更好地理解历史与现实的紧密联系,并探索如何在现代社会中有效传承和发扬红色文化。比如,可以组织学生参观红色教育基地,了解红色文化在现代社会的传播途径和影响,从而激发学生对红色文化的兴趣和热爱①。

参与性原则在研学课程设计中同样重要。鼓励学生积极参与研学活动,实地考察、讨论交流等方式,可以深化学生对红色文化的理解和认同。在实际操作中,我们可以设计多样化的互动环节,如小组讨论、角色扮演等,以增强学生的参与感,让他们在互动中深刻体验红色文化的独特魅力。此外,还可以邀请相关专家或老兵举办讲座或分享会,让学生直接与他们交流,感受红色文化的真实与生动②。

创新性原则是加强研学课程吸引力的关键。在人工智能和大数据技术时代,在课程设计中融入创新技术元素,如运用虚拟现实(VR)、增强现实(AR)等技术手段,可以为学生带来更加沉浸式的学习体验。通过技术手段,学生可以更加直观地了解历史事件和场景,提高学习成效。同时,创新性的课程设计也可以激发学生的学习兴趣和好奇心,促使他们更加主动地参与研学活动。

历史性原则、现实性原则、参与性原则和创新性原则是红色文化资源研学课程设计的重要指导原则。遵循这些原则,我们可以设计出既具有历史深度又具有现实意义的研学课程,让学生在亲身体验中感受红色文化的魅力与价值。

三、教育学理论指导下的研学课程设计

在教育学理论的指导下,红色文化资源研学课程的设计框架应细致且

---

① 董亮,马振铭. 对大学生进行红色文化教育的原因探析 [J]. 课程教育研究,2017 (6).
② 林启信. 初中"红色教育研学旅行"实践研究 [J]. 求知导刊,2020 (2).

全面。这一框架不仅关乎知识的传授,还涉及技能的培养、情感的塑造以及价值观的引导。以下是对这一框架各组成部分的详细阐述。

(一) 课程目标设定

课程目标的设定是研学课程设计的首要环节,它直接决定了课程的方向和定位。在红色文化资源研学课程中,目标应明确指向学生对红色文化知识的掌握、相关技能的提升,以及对红色精神的情感认同和价值观的塑造。知识目标可以设定为学生能够全面了解红色文化资源的历史背景、核心内容和时代价值;技能目标则可以是培养学生分析、解读红色文化资源的能力,以及将其应用于实际情境中的能力;情感态度与价值观目标则应致力于激发学生对红色文化的热爱和尊崇,引导他们形成正确的历史观和价值观。

(二) 课程内容选择

课程内容的选择直接关系到课程目标的实现效果。在红色研学旅行课程设计中,课程内容的选择与组织是至关重要的一环。这一环节需根据教育学理论和红色文化的独特特点来进行,确保所选内容既具有教育价值,又能激发学生的学习兴趣和积极性。课程内容的系统性、针对性和时效性是选择课程内容资源需要兼顾的要素。红色文化作为中国特有的文化遗产,其内涵丰富、历史悠久。在选择课程内容时,应确保所选内容能够全面、系统地反映红色文化的各个方面,包括历史事件、人物事迹、革命精神等。通过构建完整的知识体系,注重系统性,帮助学生全面了解红色文化的来龙去脉,深刻理解其背后的历史意义和社会价值。课程内容的针对性主要是指不同年龄段、不同认知水平的学生对红色文化的接受能力和兴趣点存在差异。因此,在选择课程内容时,应结合学生的实际情况,选择适合其年龄特点和认知水平的内容。红色文化具有深厚的历史底蕴,但也是与时俱进的。在选择课程内容时,应结合当前的时代背景和现实需求,选择那些具有时代特色和实践价值的红色文化资源,富于时效性的课程内容更具有价值魅力[①]。

---

① 许怀芝. 思政教育视域下《红色研学旅行》课程设计与展望研究. 佳木斯职业学院学报,2024(1).

在红色文化资源研学课程中，应围绕红色文化的核心要素，如历史事件、英雄人物、革命精神等，选取具有代表性、教育意义且能够激发学生兴趣的素材。这些素材可以包括革命历史文献、英雄事迹、红色歌曲、革命遗址等，通过多样化的内容形式，使学生能够全方位、多角度地接触和了解红色文化。

通过合理选择和组织课程内容，红色文化教学不仅可以帮助学生全面了解红色文化，提升其综合素质和全面发展水平，还可以激发学生的学习兴趣和积极性，培养其对红色文化的热爱和传承意识。这将为学生的未来发展奠定坚实的基础，同时也为红色文化的传承和发展注入新的活力。

（三）教学方法设计

教学方法的设计是激发学生学习兴趣和主动性的关键。在红色文化资源研学课程中，应采用多种教学方法相结合的策略，如讲授法、讨论法、案例分析法、实地考察法等。通过讲授法，可以系统地向学生讲述红色文化相关知识；讨论法则可以鼓励学生发表自己的观点和看法，培养他们的思辨能力；案例分析法能够帮助学生深入理解红色文化资源的内涵和价值；而实地考察法可以让学生亲身感受红色文化的魅力，增强他们的感性认识和体验。这些教学方法实施过程中尤其要重视对学生的启发和探究，强调学生的主体性和主动性，鼓励学生通过自主学习和合作学习，深入理解红色文化。通过提出问题、引导讨论、激发思考等方式，帮助学生建构知识、发展技能，培养他们的批判性思维和问题解决能力。

（四）教学资源准备

教学资源的准备是确保课程顺利实施的基础。在红色文化资源研学课程中，在课程内容设定的前提下，应充分准备各种教学资源，课程内容中涉及的所有人、事、物都要提前备案准备。如果利用红色文化遗址和纪念地作为教学场所，要提前考察红色文化遗址和纪念地，设计如何增强学习的沉浸感和真实感。如果利用博物馆、档案馆等机构收藏的文物和档案资料作为资源的，要对有关文物和档案资料进行深入研究，考虑如何让学生接触第一手的全面、系统的历史资料，培养他们的研究能力和批判性思维。对于具有多媒体与数字资源的创新应用的纪念地和场馆，要提前了解纪念场馆内的多媒体和数字资源的使用运行情况，考虑如何结合现代多媒体技术，如虚拟现实（VR）、增强现实（AR）等，重现历史场景；同时利用数字资源库，如在线课程、电子书籍、纪录片等，为学生提供丰富的学习材料和视角，提高学生的参与度和兴趣。如果准备通过采访老红军、老战士等历史见证人，收集口述历史，让学生听到直接来自历史当事人的讲述，需要提前做好口述历史资料的整理和分析，帮助学生理解历史的多样性和复杂性。

（五）教学评价与反馈

教学评价与反馈是课程设计的最后环节，也是不断优化课程的重要依据。在红色文化资源研学课程中，应建立科学有效的评价机制，通过过程性评价和结果性评价、自我评价和他人评价结合的多元化评价方式全面客观地评价学生的学习成果。同时，还应及时收集学生的反馈意见，了解他们对课程的看法和建议，以便及时调整和优化课程设计。这一环节的实施，不仅可以确保课程目标的实现效果，还可以为后续的课程设计的修正和调整提供宝贵的经验和借鉴。

第二节　研学课程设计的课程与教学论理论依据

一、课程与教学论的基本原理

课程与教学理论作为教育教学的一个重要分支领域，其核心关注点在于课程的整体设计与实施过程，以及教学方法的有效选择与运用。这一理论认为，优质的课程设计应当兼具系统性、科学性和实用性，而教学方法则应灵活多变，融合启发式、探究式、合作式等多种模式，以适应不同学生的学习需求，促进他们的全面发展。

在课程设计的系统性方面，课程与教学理论着重强调各课程要素之间的内在联系和逻辑顺序，以确保课程体系的连贯性和完整性。这要求设计者在构建红色文化资源研学课程时，应充分考虑课程目标、内容、教学方法和评价等各个环节的相互衔接，确保整个课程体系的连贯性和完整性。

例如，课程目标的设定应基于对学生需求和社会发展的深入分析，课程内容的选择应紧扣目标并体现红色文化的核心价值，教学方法的运用应能有效促进学生对知识的理解和能力的提升，而课程评价则应全面反映学生的学习成果和课程的实施效果。

在科学性方面，课程与教学理论注重课程设计和教学方法的科学依据及实证支持。这意味着红色文化资源研学课程的设计应基于对相关教育理论和实践研究的深入剖析，以及对红色文化资源的准确解读和有效利用。同时，教学方法的选用也应基于对学生学习特点和认知规律的尊重，以及对不同教学方法优势和局限性的充分认识。通过科学的设计和实施，可以确保研学课程的有效性和针对性，从而更好地实现课程目标[①]。

至于实用性，课程与教学理论强调课程设计应贴近实际、服务实践。在红色文化资源研学课程的设计中，这一原则要求设计者应紧密结合当代社会的需求和学生的发展实际，选取具有现实意义和教育价值的红色文化资源作为课程内容。同时，设计者还应注重研学活动的实践性和体验性，引导学生通过亲身参与和实地考察等方式，深入感受红色文化的独特魅力和时代价值。这样不仅可以激发学生的学习兴趣和主动性，还可以帮助他们在实际操作中提升综合素质和解决问题的能力[②]。

在教学方法方面，课程与教学理论所倡导的启发式、探究式、合作式等多样化的教学模式，为红色文化资源研学课程的设计提供了有益的参考。这些教学方法强调学生的主体地位和教师的主导作用相结合，注重培养学生的自主学习能力、批判性思维和创新精神。在研学课程中灵活运用这些方法，可以有效促进学生的深度学习和对红色文化的深刻理解。

课程与教学理论的基本原理为红色文化资源研学课程的设计提供了重要的理论指导和实践启示。通过遵循系统性、科学性和实用性的设计原则，以及灵活运用多样化的教学方法，我们可以构建出更加符合教育规律和学生需求的研学课程体系，从而更好地传承和弘扬红色文化精神[③]。

---

① 邓仕云. 红色文化研学旅行课程开发中如何落实小学生的三维目标 [J]. 新教育时代电子杂志（学生版），2019（1）.
② 施彩莲. 红色文化融入思想品德课程教学 [J]. 新课程（教师版），2018（1）.
③ 杨淑玉，程丽云，贝丽静，邹庆华. 红色文化资源与《中国近现代史纲要》课实践教学的融合 [J]. 黑龙江教育：理论与实践，2018（11）.

二、红色文化资源的课程特点

红色文化资源在课程设计中展现出了独特且重要的特点,这些特点对于深化学生对历史的理解、培养爱国情怀以及社会责任感具有不可替代的作用。

红色文化资源具有鲜明的历史性。这类资源不仅是中国共产党领导革命和建设的历史见证,而且承载着深厚的民族记忆和革命精神。在课程设计中,挖掘红色文化资源的历史内涵,能够帮助学生更好地理解革命历史的进程和英雄人物的事迹,从而增强他们的革命意识和历史责任感。例如,在讲述抗日战争时期的红色故事时,可以结合当地的抗战遗址或英雄事迹,让学生体会那段历史的真实与震撼,激发他们的爱国情感[①]。

红色文化资源呈现出显著的地域性特征。不同地区的红色文化资源各具特色,反映了当地独特的革命历史和文化传统。在课程设计时,充分利用这些地域性资源,不仅能够丰富教学内容,还能帮助学生更深入地了解当地的革命历史和文化底蕴。例如,在革命老区,我们可以结合当地的红色旅游景点开展实践教学活动,让学生在亲身体验中感受红色文化的魅力[②]。红色文化资源具有极高的教育性。这些资源蕴含了丰富的革命精神和道德力量,对于培养学生的爱国情怀、革命精神和社会责任感具有重要意义。接受红色文化资源的教育和引导,学生更能树立正确的世界观、人生观和价值观,以实现中华民族伟大复兴的中国梦为己任,努力奋斗。例如,在课程中引入红色经典歌曲、影视作品等,可以让学生在欣赏艺术之美的同时,接受革命传统教育的熏陶[③]。红色文化资源在课程设计中展现出的历史性、地域性和教育性特点,使其成为宝贵的教学资源。在课程实施过程中,教师应注重挖掘和利用这些资源的特点和优势,创新教学方法

---

① 胡小红. 利用本地红色资源提高初中历史教学实效 [J]. 黑龙江教育学院学报, 2014 (9).

② 王洱菠, 侯妙, 陈洁. 红色文化宣传模式的现状及方法创新研究 [J]. 青年时代, 2018 (1).

③ 程欣缘, 仇露娜, 叶进芬. 论红色文化的发展在新时代下的现实意义 [J]. 海外文摘·学术, 2019 (1).

和手段，以提高教学效果和质量。同时，还应注重培养学生的自主探究能力和批判性思维，引导他们在深入了解红色文化的基础上，形成独立思考和判断的能力。这样不仅能够帮助学生更好地理解和传承红色文化，还能够为他们的全面发展奠定坚实的基础。

三、教学论在研学课程设计中的应用

教学理论在红色文化资源研学课程设计中扮演着举足轻重的角色，它为设计者提供了明晰的指导和坚实的理论支撑。通过教学理论的视角，我们能够更加科学、系统地规划教学流程，选择合适的教学方法，并妥善安排丰富多样的教学活动。

在研学课程设计的实践中，教学理论中的"最近发展区"理论发挥了重要作用。这一理论强调根据学生的现有认知水平和发展潜能，为他们设计既具挑战性又切实可行的学习任务。在红色文化资源研学课程中，这意味着我们需要深入了解学生的知识背景和学习兴趣，从而为他们量身定制合适的学习内容。例如，对于对历史事件感兴趣的学生，我们可以设计关于红色历史背景的深入探究任务，而对于喜欢实践活动的学生，我们则可以组织他们参与红色文化资源的实地考察和调研活动。这样的设计，不仅能够激发学生的学习兴趣和探究欲望，还能够有效促进他们的个性发展和全面发展。

教学理论中的"情境教学"理论也为红色文化资源研学课程设计提供了有益的启示。情境教学理论主张通过创设真实或模拟的情境，让学生在身临其境的环境中学习和体验知识。在红色文化资源研学课程中，我们可以运用这一理论，通过模拟红色历史场景、开展角色扮演等活动，让学生在情境中亲身感受红色文化的魅力和精神内涵。这样的教学方式不仅能够增强学生的学习体验和情感共鸣，还能够有效加强他们的历史意识，培养其革命精神和社会责任感。

教学理论还强调教学方法的多样化和创新性。在红色文化资源研学课程设计中，我们应注重运用多种教学方法，如讲授法、讨论法、案例分析法、实地考察法等，以激发学生的学习兴趣和主动性。红色研学旅行课程的核心在于"研学"，即通过研究性学习促进学生的全面发展。因此，在教学方法的选用上，我们应特别注重实地考察和互动体验等实践性活动的设计。通过实地考察红色文化遗址、纪念馆等地点，学生能够亲身感受到红色文化的历史厚重感与独特魅力；而通过互动体验，如参与红色文化主题的角色扮演、情景模拟等活动，学生则能在实践中深化对红色文化的认知和理解[①]。

我们还可以借助现代科技手段，如虚拟现实技术、增强现实技术等，创新教学方式方法，提高课程的吸引力和时效性。例如，我们可以利用虚拟现实技术为学生打造沉浸式的红色历史学习体验，让他们穿越时空亲身感受革命历史的波澜壮阔；或者利用增强现实技术将红色文化资源以更加生动、形象的方式呈现给学生，增强他们的学习体验和认知深度。随着智慧旅游平台的建设和发展，学校可以借助在线学习平台，开展红色文化的线上研学活动，突破时间和空间的限制，丰富学生的学习体验，这也成为研学活动新方法的一种形式。这些创新性的教学方法不仅能够提升教学效果，还能有效激发学生的学习兴趣和创造力。

教学理论在红色文化资源研学课程设计中发挥着不可或缺的作用。通过运用教学理论的相关原理和方法，我们能够更加科学、系统地设计研学课程，有效激发学生的学习兴趣和主动性，提高他们的文化素养和综合素质。在未来的课程设计与实施中，我们应继续深化对教学理论的研究与应用，不断探索和创新红色文化资源研学课程的设计思路与实现路径。

第三节　体验学习理论与研学课程设计

一、体验学习理论的内涵

体验学习理论强调的是学习者通过亲身经历和实际操作来获得知识和

---

① 许怀芝.思政教育视域下《红色研学旅行》课程设计与展望研究［J］.佳木斯职业学院学报，2024（01）.

技能，其核心观点在于"学习是通过经验转换而创造知识的过程"[①]。该理论的主要组成部分包括具体的体验、观察与反思、抽象的概念化以及在新情境中检验概念的新含义或应用这四个阶段，它们构成了一个循环往复的学习圈，即"体验学习圈"在体验学习理论中，学习者首先通过亲身参与活动获得直接的、具体的经验。这些经验可能是成功的，也可能是失败的，但无论如何，它们都为学习者提供了宝贵的感性认识和实践机会。学习者需要对这些经验进行观察和反思，从中提炼出有价值的信息和教训。这一过程有助于学习者将直接经验转化为更深刻的理解和认识。

在反思的基础上，学习者进一步将这些经验和理解抽象化、概念化，形成更为系统和理性的知识。这一阶段是体验学习理论中知识建构的关键环节，它使学习者能够从具体的经验中提炼出普遍性的规律和原则。学习者需要在新的情境中检验这些抽象概念和原则的有效性和适用性。通过将所学知识应用于新的实践活动中，学习者可以进一步巩固和拓展自己的知识体系，同时也能够检验自己的学习成果。

体验学习理论在红色文化资源研学课程设计中具有重要的指导意义。通过设计具有实践体验类型的研学活动，学习者可以亲身感受和体验红色文化的独特魅力和精神内涵，从而在实践中深化对红色文化的理解和认识。同时，通过反思和抽象化阶段，学习者可以将这些感性认识和实践经验转化为更为系统和理性的知识，进而在新的情境中加以应用和推广。这不仅有助于提升学习者的文化素养和综合素质，还能够进一步传承和弘扬红色文化精神。

二、体验学习在课程设计中的应用

体验学习理论在红色文化研学课程设计中的应用，主要体现在以下几个方面：强调学生的主体参与、注重实践活动的设计、促进学生的情感体验以及提升学生的综合能力。

---

① 唐俪瑜，黄小亚．基于"体验学习圈"理论的红色研学基地课程设计［J］．当代旅游，2020（10）．

体验学习理论强调学生在研学课程中的主体参与。这意味着在设计红色文化研学课程时，需要充分考虑学生的兴趣和需求，激发学生的学习兴趣和积极性。例如，组织学生参观红色教育基地、开展红色故事分享会等活动，以便让学生亲身参与其中，感受红色文化的魅力①。

体验学习理论可注重实践活动的设计。在红色文化研学课程设计中，突破红色教育基地传统的"讲解—倾听"式的参观型模式，设计具有"体验—参与"式的实践活动，同时，通过课程实施，学生可亲身体验红色文化，加深对红色文化的理解和认识。因此，在设计课程时，需要结合红色文化资源的特点，设计具有针对性的实践活动。例如，可以安排学生模拟抗战时期沂蒙人民支前"推小车""送伤员"等实践体验活动，或者让学生亲身体验战时人民的困苦生活、吃一顿战时餐等，加深学生对红色文化的理解和认知。

体验学习理论可促进学生的情感体验。在红色文化研学课程中，情感体验是至关重要的。通过情感体验，学生可以更加深刻地理解红色文化的精神内涵，从而培养学生的爱国主义情感和民族自豪感。为了促进学生的情感体验，可以在课程中穿插红色歌曲演唱、红色诗歌朗诵等环节，让学生在艺术熏陶中感受红色文化的独特魅力②。体验学习理论致力于提升学生的综合能力，因此，红色文化研学课程不仅要传授红色文化知识，还要培养学生的思维能力、创新能力和实践能力综合提升。在设计课程时，需要注重课程的综合性、探究性和创新性，让学生在研学过程中提升综合能力。例如，可以组织学生开展红色文化主题的调研报告撰写、红色文化创新项目设计等活动，让学生在实践中锻炼自己的能力③。

体验学习理论在红色文化研学课程设计中的应用具有重要意义。通过强调学生的主体参与、注重实践活动的设计、促进学生的情感体验以及提升学生的综合能力等方面的努力，我们可以设计出更加符合学生需求、更具教育价值的红色文化研学课程。

---

① 闫俊霞. 河北省红色旅游资源整合与研学旅行设计研究——以西柏坡为例 [J]. 职业教育，2023（7）.

②③ 吴世嵩. 具身认知视域下中学生红色研学旅行的开发与设计探究——以传承石林红色文化为例 [J]. 文山学院学报，2022（6）.

三、体验学习与红色文化研学的契合点

体验学习与红色文化研学活动之间内在联系密切且可以相互促进。体验学习强调学习者通过亲身参与和实践活动来获得知识和技能，而红色文化研学则侧重通过实地考察、亲身体验来深入了解红色文化的内涵和精神价值。二者的契合点主要体现在以下几个方面：

体验学习的实践性与红色文化研学的实地考察活动相契合。体验学习注重学习者在真实环境中的实践操作，通过动手做、亲身体验来掌握知识。红色文化研学则通常需要学习者前往红色教育基地、革命遗址等实地进行考察学习，亲身感受红色文化的魅力。这种实践性的学习方式有助于学习者更加深入地理解红色文化的历史背景和精神内涵[①]。

体验学习的整合性与红色文化研学的多学科融合相契合。体验学习强调学习者在实践中将所学知识进行整合，形成系统化的认知结构。红色文化研学则涉及历史、政治、文化等多个学科的领域，需要学习者综合运用多学科知识来分析和解决问题。这种整合性的学习方式有助于提升学习者的综合素养，培养其跨学科解决问题的能力[②]。

体验学习的开放性与红色文化研学的创新性相契合。体验学习鼓励学习者在探索未知领域时保持开放的心态，勇于尝试新事物。红色文化研学则强调在传承红色文化的基础上进行创新，结合时代特色和社会发展需求，赋予红色文化新的时代内涵。这种开放性和创新性的结合有助于激发学习者的创造力和创新精神，推动红色文化的传承与发展。

体验学习的情感性与红色文化研学的情感教育相契合。体验学习注重学习者在实践活动中的情感体验，通过情感共鸣来加深对知识的理解和记忆。红色文化研学则蕴含着丰富的情感教育资源，如革命先烈的英勇事迹、革命精神的感人故事等，能够激发学习者的爱国情感和民族自豪感。这种情感性的教育方式有助于培养学习者的社会责任感和历史使命感[③]。

---

①② 黄雅婷. 基于"体验学习圈"的高中研学旅行案例研究——以南京滨江带为例[J]. 地理教学，2020（12）.

③ 许辉. 红色文化资源在高校思想政治教育中的实践路径——以镇江市为例[J]. 太原城市职业技术学院学报，2018（10）.

体验学习与红色文化研学在实践性、整合性、开放性和情感性等方面存在显著的契合点。这些契合点不仅有助于提升学习者的学习效果和综合素养，还能够推动红色文化的传承与发展。因此，在红色文化资源研学课程设计中，应充分运用体验学习的理念和方法，结合红色文化的特点和学习者的实际需求，设计出具有针对性、实效性和创新性的研学课程。

第四节 情境学习理论与研学课程设计

一、情境学习理论的内涵

情境学习理论，作为一种重要的学习理论，强调知识与情境之间不可分割的关系。它认为，知识不是孤立存在的，而是在特定的情境中被建构、理解和应用的。情境学习理论的基本原理在于，学习是学习者与周围环境进行交互的过程，这种交互不仅包括物理环境，还包括社会、文化和历史等各个层面。

在情境学习理论的视野下，学习者被视为积极参与者，他们在与环境的互动中建构自己的知识和理解。这种建构过程不是简单的信息接收和处理，其涉及认知、情感、行为等多个方面的综合体验。因此，情境学习理论特别关注学习环境的设计，强调学习环境应该具有真实性、丰富性和交互性，以便更好地促进学习者的知识建构和能力发展。

情境学习理论的特点之一是对真实情境的强调。它认为，真实情境能够为学习者提供更为丰富、复杂的信息和挑战，有助于激发学习者的学习兴趣和动力。同时，在真实情境中学习，学习者更容易将所学知识与实际生活联系起来，形成更为深刻和持久的理解。此外，情境学习理论还注重学习的社会性和协作性，认为学习是一种社会性的活动，学习者通过与他人的交流和合作来共同建构知识及解决问题。

情境学习理论以其独特的视角和观点，为我们深入理解学习的本质和过程提供了新的思路。它不仅关注学习者的内部认知过程，还强调学习环境对学习成果的重要影响。在红色文化资源研学课程设计中，情境学习理论具有重要的指导意义，有助于我们创设更为真实、有效和富有吸引力的学习环境，从而更好地促进学习者的全面发展。

另外，为了进一步丰富和完善内容，我们还可以从情境学习理论与其他学习理论的比较、情境学习理论在历史发展中的应用与演变等角度进行拓展，同时可以结合具体的红色文化资源研学案例，分析情境学习理论在实际课程设计中的具体应用和效果。这样不仅能够使内容更加生动和具体，还能够更好地体现情境学习理论在红色文化资源研学课程设计中的实践价值。

二、情境学习在课程设计中的应用

在探讨如何通过情境学习理论优化红色文化研学课程的设计时，我们需要深入理解情境学习理论的精髓，并将其灵活运用于课程设计的各个环节。情境学习理论强调知识是在特定情境中构建和获得的，而非孤立存在。因此，在红色文化研学课程设计中，我们应着重创设与红色文化紧密相关的真实或模拟情境，使学生在身临其境的情境中感悟红色文化的深厚底蕴。

课程设计者需对红色文化资源进行深入挖掘，提炼出具有教育价值的情境元素。这些元素可以包括革命历史遗址、英雄人物事迹、红色歌谣等，它们能够生动展现红色文化的独特魅力，激发学生的学习兴趣。通过将这些情境元素融入课程设计，我们可以让学生在亲身体验中感受到红色文化的历史厚重感和时代价值。

情境学习理论指导下的红色文化研学课程设计应注重学生的主体性。课程设计者应鼓励学生主动参与情境的创设与体验，让他们在互动中发现问题、解决问题，从而实现知识的自我建构。例如，可以设计以红色文化为主题的角色扮演、模拟演讲等活动，让学生在扮演历史人物、模拟革命场景的过程中，深入体会红色文化的精神内涵。

情境学习理论还强调学习的社会性。在红色文化研学课程设计中，我们应充分利用小组合作、集体讨论等多方互动形式，促进学生在共享情境中交流心得、碰撞思想。这种社会性的学习方式不仅有助于培养学生的团队协作能力，还能让他们在相互启发中深化对红色文化的理解。

为了进一步提升情境学习在红色文化研学课程设计中的应用效果,课程设计者还可以借助现代信息技术手段,如虚拟现实(VR)、增强现实(AR)等,打造沉浸式的学习情境。这些技术手段能够模拟真实的红色文化场景,为学生提供更加直观、生动的学习体验。例如,通过 VR 技术重现革命历史战场,让学生仿佛置身于烽火连天的岁月中,感受革命先烈的英勇无畏和牺牲精神。

情境学习理论为红色文化研学课程设计提供了有力的理论支撑和实践指导。通过深入挖掘红色文化资源中的情境元素、注重学生的主体性和社会性,以及运用现代信息技术手段等方式,我们可以设计出更加符合学生认知规律和学习需求的红色文化研学课程,从而有效提升学生对红色文化的认同感和传承意识。

三、情境学习与红色文化研学的融合策略

在红色文化资源研学课程设计中,情境学习理论的融入可以极大地丰富学生的学习体验,提升学习效果。将情境学习理念融入红色文化研学课程设计,可以采用一系列的具体策略。

要充分利用红色文化资源的历史背景和具体环境,为学生创建一个真实且富有情感色彩的学习情境。这可以通过实地参观红色文化遗址、纪念馆等方式实现,让学生在亲身体验中感受历史的厚重感,从而更深刻地理解红色文化的精神内涵。

课程设计应侧重实践操作与互动。情境学习理论强调知识的实际应用,因此,在红色文化资源研学课程中,可以设置一系列与红色文化相关的实践操作活动,如模拟历史场景、角色扮演、小组讨论等。这些活动能够使学生在实际操作中深入理解和感受红色文化的独特魅力。

另外,将红色文化研学课程与多学科知识相结合,形成综合性的学习情境。例如,可以结合语文、历史、艺术等学科,通过文学作品、历史事件以及艺术作品等多种形式,让学生在多元化的情境中探索红色文化,培养跨学科的综合素养。

再就是运用现代科技手段,如虚拟现实(VR)技术,为学生打造沉浸式的红色文化学习情境。通过 VR 技术,学生可以身临其境地体验历史

事件，与红色文化资源进行深度互动，从而提升学习效果和兴趣。

总的说来，课程设计应注重学生的情感体验。红色文化不仅是一段历史，更是一种精神传承。在研学课程中，教师可以通过讲述感人至深的红色故事，或者引导学生自主挖掘红色文化资源中的情感元素，激发学生的爱国情怀和民族精神。同时，教师应当适度调整评价方法，建立完善的评价机制，以情境学习为导向，关注学生在研学过程中的表现、收获与成长。评价不仅应关注学生对红色文化知识的掌握程度，还应重点考察他们在实践操作、团队协作、问题解决等方面的能力表现。

通过这些融合策略的实施，红色文化资源研学课程将更加生动有趣，不仅能加深学生对红色文化的理解和认同，还能培养他们的实践能力和综合素养。同时，这也体现了情境学习理论在课程设计中的实际应用价值，为红色文化资源的教育传承注入了新的活力。

虽然上述策略强调了实践操作和情感体验的重要性，但理论知识的学习同样不可或缺。在研学课程中，教师应适时地引入相关的理论知识，帮助学生构建完整的红色文化知识体系。此外，教师还应根据学生的实际情况和兴趣爱好，灵活调整课程内容和教学方式，以确保每位学生都能在研学过程中获得全面的发展和提升。

将情境学习理念融入红色文化资源研学课程具有重要的实践意义和教育价值。通过创设真实的学习情境、强调实践操作与互动、结合多学科知识、运用现代科技手段以及关注学生的情感体验等策略的实施，我们可以打造更加生动有趣的研学课程，为培养学生的红色文化素养和综合能力奠定坚实的基础。

第五节 心理学视角下的课程设计

一、心理学在课程设计中的作用

在红色文化资源研学课程设计中，心理学的作用不容忽视。心理学作为研究人类心理活动和行为的学科，深刻地影响着研学课程设计的目标、内容和实施方法。从心理学的视角出发，我们能够更好地理解学习者的需求、动机和认知过程，从而设计出更加符合学习者心理特点的红色文化研学课程。

心理学有助于我们深入了解学习者的需求。在课程设计之前，对学习者的心理特征、兴趣爱好和学习风格进行全面分析是至关重要的。心理学理论，如马斯洛的需求层次理论，可以帮助我们识别学习者的不同需求层次，从而确保课程内容能够满足学习者的个性化需求。例如，针对青少年学生，课程设计可以注重红色文化中的英雄事迹和革命精神，激发他们的爱国情感和英雄崇拜心理；而对于成年学习者，课程则可以更加深入地探讨红色文化的历史背景、思想内涵和社会价值，满足他们对深层次知识的追求。

心理学在激发学习动机方面具有显著作用。学习动机是推动学习者进行学习活动的内在动力。心理学中的动机理论，如期望—价值理论、自我决定理论等，为我们提供了激发和维持学习动机的有效策略。在红色文化研学课程设计中，我们可以通过设定明确的学习目标、提供具有挑战性的学习任务，以及给予及时的反馈和评价来激发学习者的学习动机。同时，结合红色文化中的感人故事和崇高精神，可以引导学习者认识到学习红色文化的重要性和意义，进一步增强他们的学习动机。

另外，心理学有助于我们优化认知过程，提高学习效果。认知过程是学习者获取、处理和应用知识的过程。心理学中的认知理论，如信息加工理论、元认知理论等，揭示了人类认知活动的规律和特点。在课程设计中，我们可以根据这些理论来优化学习者的认知过程。例如，通过采用多样化的教学方法和手段（如案例教学、小组讨论、角色扮演等），学习者可对红色文化知识的多维度进行理解和应用；通过培养学习者的元认知能力（如自我监控、自我调节等），帮助学习者更好地管理自己的学习过程，提高学习效率。

心理学还关注学习者的情感体验和情绪调节。在红色文化研学课程中，学习者的情感体验是至关重要的。红色文化所蕴含的革命精神和爱国情怀能够引发学习者的强烈情感共鸣。课程设计应充分利用这一优势，通过创设情境、引导反思等方式，让学习者在情感体验中深化对红色文化的理解和认同。同时，课程还应关注学习者的情绪调节能力，帮助他们在面对困难和挑战时保持积极的心态和情绪状态。

通过运用心理学的理论和方法，我们可以更加深入地了解学习者的需求、激发其学习动力、优化其认知过程并关注其情感体验，从而设计出更加符合学习者心理特点的红色文化研学课程。这将有助于提高课程的针对性和实效性，促进学习者对红色文化的深入理解和传承发展。

二、心理学理论指导下的课程设计原则

在红色文化研学课程设计的过程中，遵循心理学理论的指导原则至关重要。这些原则有助于确保课程的科学性、有效性和吸引力，从而提升学生的参与度和学习效果。以下是根据心理学原理提出的红色文化研学课程设计应遵循的基本原则。

（一）认知发展规律原则

课程设计应充分考虑学生的认知发展水平，确保课程内容与学生的认知能力相匹配。红色文化研学课程应加强与学校教育课程连接，从学生的实际出发，从学生已有的认知水平出发，由浅入深、由易到难地安排课程内容和活动，以激发学生的求知欲和探索精神。

（二）情感体验原则

情感体验是红色文化研学课程的重要组成部分。课程设计应注重学生在研学过程中的情感体验，通过创设生动、真实的情境，引导学生感受红色文化的独特魅力和精神内涵。同时，课程设计还应关注学生的情感需求，为他们提供展示自我、交流互动的平台，以增强学生的归属感和成就感。

（三）动机激发原则

动机是推动学生学习的内在动力。红色文化研学课程设计应充分激发学生的学习动机，使他们能够积极主动地参与研学活动。为此，课程可设置具有挑战性的任务和目标，引导学生通过努力完成任务来实现自我价值。同时，课程还可采用多样化的教学方法和评价手段，以激发学生的学

习兴趣和竞争意识。

（四）社会性发展和个性化原则结合

课程设计应融入社会性发展的理念，采用模块化的教学方式，允许学生根据自己的兴趣和特长选择适合自己的研学内容和活动，关注学生的个性需求，为他们提供个性化的学习路径和发展空间，提供针对性的指导和支持，同时组织小组合作、角色扮演等研学活动，引导学生学会与他人沟通、协作和分享。在设计课程时，引入社会热点问题或现实案例，使学生能够在分析和解决问题的过程中增强合作意识和社会责任感。红色文化研学课程应做到关注学生的个体发展与培养学生的社会责任感和团队协作能力并重。

在心理学理论指导下的红色文化研学课程设计应遵循认知发展规律、情感体验、动机激发、社会性发展和个性化等原则。这些原则有助于提升课程的科学性、有效性和吸引力，为学生的全面发展奠定坚实基础。

三、心理学在红色文化研学课程中的具体应用

在红色文化研学课程设计中，心理学的应用不仅深化了课程的理论基础，还为实际操作提供了有力的指导。以下通过几个具体的应用案例，来展示心理学在红色文化研学课程设计中的实践价值。

在课程内容选择方面，心理学提供了对学习者兴趣和动机的深入分析。例如，针对青少年学生对英雄崇拜的心理特点，课程设计者可以选取红色文化中的英雄事迹作为核心内容，通过讲述英雄故事、模拟英雄行为等方式，激发学生的学习热情。这种以英雄主义为主题的研学课程，不仅满足了学生的心理需求，还有效地传递了红色文化的核心价值观。

在教学方法设计上，心理学原理同样发挥着重要作用。以情境教学法为例，该方法强调创设与学习内容相关的真实或模拟情境，使学生在情境中体验、感知和学习。在红色文化研学课程中，可以运用情境教学法重现历史场景，如模拟红军长征的艰苦历程，让学生在亲身体验中感受红军战士的坚韧不拔和革命精神。这种教学方式不仅增强了学生的学习体验，还促进了红色文化的情感认同。

心理学在评估学生学习成果方面也具有显著意义。传统的课程评估往往侧重知识技能的考核，忽视对学生情感态度价值观的评价。在红色文化研学课程中，借鉴心理学中的情感态度测量方法，设计了针对红色文化认同感和爱国主义情感的评估工具。通过这些评估工具，课程设计者能够更全面地了解学生的学习成果，从而为后续课程的优化提供有力依据。

心理学在红色文化研学课程设计中的应用丰富了课程内容的选择，创新了教学方法和评估手段，使红色文化研学课程更加贴近学生的实际需求，更有效地传承和弘扬了红色文化。但在实际应用中仍需注意适度性和针对性。课程设计者应根据具体的教学目标和学生特点，有选择地运用心理学原理和方法，以确保课程设计的科学性和有效性。在未来的课程设计中，关注心理学领域的最新研究成果，不断更新和完善课程设计理念和实践策略，以适应时代发展和学生需求的变化。为红色文化研学课程的持续优化和创新发展注入新的活力。

第六节　社会学视角下的课程设计

一、社会学在课程设计中的作用

社会学作为一门研究人类社会行为、社会关系以及社会结构的学科，对课程设计具有深远的影响。在红色文化资源研学课程设计中，社会学理论提供了丰富的理论支撑，为课程的实际操作与实施提供了有力的指导。

社会学关注社会文化的传承与创新，这与红色文化资源研学课程的目标一致。红色文化作为中华民族宝贵的精神财富，其传承与发扬是研学课程设计的重要任务。社会学通过深入剖析红色文化的内涵与价值，帮助课程设计者更准确地把握红色文化的精神实质，从而确保课程内容的科学性和有效性。

社会学对社会群体与社会互动的研究，为红色文化资源研学课程中的团队协作与互动交流提供了理论支持。课程设计者可以借鉴社会学的相关理论，合理安排学生的分组与合作方式，促进学生在研学过程中的相互学习与共同成长。同时，社会学关于社会角色与社会期望的探讨，也有助于课程设计者更好地定位学生在研学活动中的角色与责任，激发学生的参与热情和社会责任感。

另外，社会学对社会变迁与社会发展的关注，为红色文化资源研学课程注入了时代元素。随着社会的不断进步与发展，红色文化的传承与发扬也面临新的挑战与机遇。课程设计者需要紧跟时代步伐，关注社会热点，将红色文化与现实生活紧密结合，引导学生深入思考红色文化在当代社会的价值与意义。

在红色文化资源研学课程设计中，通过充分运用社会学的相关理论与方法，课程设计者可以打造出更具科学性、实效性和时代感的红色文化资源研学课程，为培养具有红色精神的新时代青年贡献力量。

二、社会学理论对课程设计的启示

社会学理论为红色文化研学课程的设计与实施提供了深刻的启示。红色文化，是中华优秀传统文化的重要组成部分，蕴含着丰富的革命历史和民族精神，其研学课程的设计无疑需要社会学理论的指导和支撑。

在课程设计初期，社会学理论帮助我们深入理解红色文化的社会价值和教育意义。通过社会学角度的审视，我们能够更加准确地把握红色文化的核心内涵，红色文化不仅是中国革命历史的重要组成部分，更是中华民族精神的集中体现。这是红色文化研学课程设计的基础起点。

在实施过程中，社会学理论强调的"社会互动"与"社会实践"观点为红色文化研学课程注入了新的活力。传统的教学方式往往侧重知识的传授，忽视学生的主体性和实践性，但红色文化研学课程在内容设计之初便加入更多的实践环节，如实地考察、红色故事分享等，让学生在互动与实践中深刻体验红色文化的魅力。沉浸式的体验使学生不仅了解了历史事件和英雄事迹，英雄们的爱国情怀和民族精神也以润物无声般的方式浸润和培养着学生。

社会学理论中的"社会化"概念也对红色文化研学课程设计产生了重要影响。社会化是指个体通过与社会环境的交互作用，逐渐掌握社会规范、价值观念和行为方式的过程。在红色文化研学课程中，我们应该充分利用这一原理，引导学生深入了解红色文化中的革命精神、英雄事迹等，帮助学生树立正确的世界观、人生观和价值观。

社会学理论为红色文化研学课程的设计与实施提供了宝贵的启示。通过深入理解红色文化的社会价值和教育意义、注重实践环节与社会互动等多方面的努力，我们能够打造出更加符合学生需求、更具教育意义的红色文化研学课程。这不仅有助于传承和弘扬红色文化，还能够培养学生的爱国情怀和民族精神，为他们的全面发展奠定坚实的基础。

三、社会学视角下的红色文化研学课程评价

在社会学视角下，对红色文化研学课程的评价不仅关注课程内容与教学方法，还聚焦于课程对学生社会化过程的影响以及课程与社会的互动关系。基于社会学理论，我们可以提出以下红色文化研学课程的评价标准和方法。

评价红色文化研学课程，首先要考察的是课程对学生社会认知能力的提升。这包括学生对红色文化的理解、对历史时期和社会背景的把握，以及对红色文化资源所蕴含的社会价值的认识。通过课程学习，学生应能够更深入地理解社会历史发展进程，以及红色文化在其中的重要作用。

其次，评价课程对学生社会责任感的培养也是至关重要的。红色文化资源中蕴含着丰富的革命精神和爱国主义情怀，这些精神内涵应通过研学课程得到有效传承。学生在研学过程中，应能够体会到革命先烈们的英勇奋斗和无私奉献，自发产生强烈的社会责任感和使命感。

再次，课程设计应注重学生社会实践能力的提升。红色文化资源研学课程不仅要传授知识，还要培养学生的实践能力。因此，评价时应关注课程是否为学生提供了足够的实践机会，以及学生在实践中所表现出的团队协作能力、问题解决能力和创新思维能力。

最后，课程评价还需考虑社会对课程的反馈与认可。红色文化资源研学课程旨在培养具备社会责任感和历史使命感的学生，因此，课程的设计与实施应紧密结合社会需求，得到社会的广泛认可与支持。这可以通过调查社会对课程的满意度、毕业生在社会中的表现以及用人单位的反馈等方式来进行评价。

在评价方法上，我们可以采用多元化的评价方式，如学生自评、互评、教师评价以及社会评价等。通过综合运用这些评价方法，我们可以更全面地了解课程的实施效果，发现并改进存在的问题，从而不断提升红色文化资源研学课程的教学质量。

基于社会学理论的红色文化研学课程评价应关注学生的社会认知、社会责任感、社会实践能力以及社会对课程的反馈与认可等方面。通过多元化的评价方式，我们可以对课程进行全面而深入的分析与评估，为课程的持续优化与发展提供有力支持。

第七节 文化遗产保护与传承理论视域中的研学课程设计

一、文化遗产保护与传承的基本概念

文化遗产是指由人类创造并传承至今的具有历史、艺术或科学价值的有形和无形资产。这包括但不限于建筑、艺术品、文献、传统习俗、语言、音乐、舞蹈、手工艺技能以及各种社会实践。文化遗产不仅是历史的见证，也是文化多样性和人类创造力的体现。文化遗产保护，是指一系列旨在防止文化遗产遭受破坏、退化或丢失的措施和活动。这包括物理保护，如修复和维护古迹和文物，以及法律保护，如制定相关法律法规来防止非法交易和盗窃。此外，还包括教育和意识提升活动，以增强公众对文化遗产价值的认识和保护意识。文化遗产传承，是指将文化遗产传递给后代的过程。这不仅涉及保存物质文化遗产，还包括与传承相关的知识和技能，如传统手工艺、语言和习俗。传承的目的是确保文化遗产能够适应时代变迁，同时保持其核心价值和意义。

保护与传承是相辅相成的。保护为传承提供了物质基础和法律保障，而传承则赋予保护以生命力和意义。文化遗产的保护和传承需要全社会的共同努力，包括政府、专家、社区以及每个个体。我们进行红色文化研学课程设计就是通过深入发掘红色文化的内涵和精神，面向社会大众

尤其是青少年进行宣传和弘扬,是对红色文化保护和传承的一种有效的形式。

二、文化遗产保护与传承在研学课程中的意义

在红色文化资源研学课程的设计过程中,文化遗产保护与传承理论具有深远的指导意义。首先,这一理论提醒我们,红色文化资源不仅是历史遗留物,还是中华民族的宝贵精神财富,承载着革命先烈的英勇事迹和崇高精神。因此,在课程设计过程中,我们必须始终秉持尊重历史、保护原貌的原则,确保红色文化资源的真实性和完整性得以传承。

文化遗产保护与传承理论强调文化的多样性和可持续发展。在研学课程中,这意味着我们不仅要关注红色文化资源本身,还要关注其与现代社会的融合和发展。通过引导学生思考如何在当代社会背景下有效地传承和发展红色文化,我们可以培养学生的创新思维和实践能力,进而推动红色文化在新的时代背景下焕发出新的活力。

将文化遗产保护与传承理论融入研学课程,有助于提升学生的文化素养和社会责任感。通过学习红色文化资源的保护方法和传承途径,学生可以更加深刻地认识到自己作为文化传承者的责任和使命,从而更加积极地参与文化遗产保护与传承的实践中去[①]。

三、文化遗产保护与传承理论在研学课程中的实践应用

在红色文化资源研学课程的设计过程中,我们可以将文化遗产保护与传承理论作为指导,具体指导教学实践。例如,在课程内容选择上,我们可以选取具有代表性的红色文化遗产作为教学案例,通过实地考察、专家讲座等方式,让学生深入了解其历史价值、保护现状和传承意义。

在教学方法的选择上,我们可以采用互动式、探究式的教学模式,鼓励学生通过小组讨论、案例分析等多种方式,主动探索红色文化遗产保护与传承的有效途径和方法。同时,我们还可以借助现代科技手段,如虚拟

---

① 包盈. 关于文化遗产保护的研究[J]. 文艺生活:中旬刊, 2014 (1).

现实、增强现实等，模拟红色文化遗产的真实场景，让学生在身临其境的体验中感受红色文化的魅力。

我们还可以将文化遗产保护与传承的理念融入课程评价体系之中，通过设置相关的考核指标，如学生对红色文化遗产保护知识的掌握程度、参与保护与传承实践活动的积极性等，来全面评估学生的学习成果和课程效果。这样不仅可以激发学生的学习动力，还可以确保课程目标的实现与文化遗产保护和传承工作的有效推进。

四、红色文化资源作为文化遗产的重要性

红色文化资源是中华民族宝贵的精神财富。这些资源不仅是中国革命历史的生动写照，更是当代青少年接受爱国主义教育和革命传统教育不可或缺的重要载体。通过深入挖掘红色文化资源，我们可以更好地理解历史、传承文化，进一步激发民族自豪感和凝聚力①。

红色文化资源的历史价值主要体现在其对中国革命历史的记录和传承方面。这些资源包括革命遗址、烈士陵园、红色文物等，它们见证了中国共产党领导人民进行艰苦卓绝的革命斗争的历程。通过对这些资源的保护和研究，我们可以更加真实地还原历史场景，深入了解革命先烈的英勇事迹和崇高精神，从而加深对历史的认知和尊重②。红色文化资源的文化价值则主要体现在红色文化对中华民族文化的丰富和发展方面。红色文化是中国共产党在革命实践中形成的一种独特文化形态，它融合了中华民族优秀传统文化和革命精神，具有鲜明的时代特征和民族特色。保护和传承红色文化资源，有助于弘扬民族精神，增强文化自信，推动社会主义文化繁荣发展③。红色文化资源还具有极高的教育价值。这些资源为开展爱国主义教育、革命传统教育和社会主义核心价值观教育提供了丰富而生动的教材。通过组织青少年参观革命遗址、聆听英雄故事、开展红色文化主题活动等方式，引导学生树立正确的世界观、人生观和价值观，增强国家意识

---

① 包盈. 关于文化遗产保护的研究 [J]. 文艺生活：中旬刊，2014（1）.
②③ 吉颖晨. 保护利用红色资源 传承弘扬红色文化 [J]. 文存阅刊，2017（1）.

和民族认同感①。红色文化资源作为文化遗产的重要性不容忽视,我们应该采取有效措施,加强红色文化资源的保护和传承工作,让这些宝贵的精神财富得以永续传承,为中华民族伟大复兴提供强大的精神动力和文化支撑。

五、研学课程在红色文化资源保护与传承中的作用

红色文化资源,作为中国革命历史的重要组成部分,承载着丰富的革命精神和厚重的历史文化底蕴。然而,随着时代的变迁,这些宝贵的文化遗产面临保护与传承的严峻挑战。在这一背景下,研学课程作为一种创新的教育模式,为红色文化资源的保护与传承提供了新的路径②。

研学课程通过实地考察、亲身体验等方式,让青少年深入接触和感知红色文化资源,从而激发其对红色文化的认识兴趣和精神崇拜。这种教育模式不仅能够帮助学生更好地理解红色文化的历史内涵和精神价值,还能够培养其文化传承的责任感和使命感。在研学课程的实施过程中,学生们通过参观革命遗址、聆听英雄事迹、体验革命生活等方式,深刻感受到红色文化的独特魅力和时代价值,进而自觉成为红色文化的传承者和弘扬者。为了充分发挥研学课程在红色文化资源保护与传承中的作用,我们提出以下具体的设计策略和实施建议③。

(一)明确课程目标,突出红色文化主题

在研学课程设计中,应明确将红色文化资源保护与传承作为课程的核心目标之一。通过设定具体的主题和任务,引导学生关注和探究红色文化的各个方面,如革命历史、英雄人物、革命精神等。同时,注重将红色文化与现实生活相结合,引导学生思考其在当代社会的价值和意义,从而增强学生对红色文化的认同感和归属感④。

---

① 李秀军. 红色文化融入青少年爱国主义教育的现实路径探索[J]. 文存阅刊, 2020(1).
②④ 林启信. 初中"红色教育研学旅行"实践研究[J]. 求知导刊, 2020(2).
③ 雷军莉, 蔚燕舞. 青少年红色文化研学实践教育问题与对策研究[J]. 传播力研究, 2020(5).

(二) 丰富课程内容,整合红色文化资源

在研学课程的内容选择上,应充分利用和整合各类红色文化资源,包括革命遗址、纪念馆、博物馆、英雄事迹等。通过多样化的课程内容设计,如专题讲座、实地考察、情景模拟等,让学生全方位地接触和感知红色文化,深化对其历史内涵和精神实质的理解。同时,注重将红色文化资源与其他学科知识相融合,拓宽学生的知识视野,培养其综合素质。

(三) 创新教学方法,提升红色文化传承效果

在研学课程的教学过程中,突出红色资源的保护和传承,注重教学方法的创新和多样化。通过采用启发式、探究式、合作式等教学模式,激发学生围绕红色文化资源的传承和发展展开独立思考,提出可行性的方案,增强问题意识和保护红色文化遗产的社会责任感。教学实施过程中可以借助现代教育技术手段,如虚拟现实、增强现实等,模拟红色历史场景,让学生在身临其境的体验中感受红色文化的魅力,还可以开展丰富多彩的实践活动,如红色文化主题演讲、革命歌曲合唱比赛等,让学生在实践中深化对红色文化的理解和认同①。

(四) 完善评价机制,保障红色文化传承质量

为了确保研学课程在红色文化资源保护与传承中的效果,应建立完善的评价机制。通过制定明确的评价标准和方法,对学生的学习成果进行客观全面的评价。同时,注重将过程评价与结果评价相结合,关注学生的参与态度、合作精神、实践能力等方面的表现。此外,还可以引入社会评价和家长评价等多元化评价方式,共同促进学生的全面发展和红色文化传承质量的提升。

研学课程在红色文化资源保护与传承中发挥着重要作用。通过明确课程目标、丰富课程内容、创新教学方法以及完善评价机制等策略的实施,我们可以有效地促进红色文化资源的保护与传承工作,为培养具有爱国情怀和革命精神的新一代青少年贡献力量。

---

① 张金萍. 关于红色资源在高中政治课堂教学中的有效运用 [J]. 新教育时代电子杂志(学生版), 2017 (1).

第四章

红色文化资源研学课程需求现状分析

红色文化资源是中华优秀传统文化不可或缺的组成部分，红色文化资源研学课程是核心素养背景下的一种创新教育模式，对发展中国学生核心素养，传承中华优秀传统文化、推动红色文化教育的深入发展、树立文化自信具有至关重要的意义。本章在对比国内外研学课程设计在研究方法、视角和课程设计上的共性与差异的基础上，全面分析红色文化资源研学课程的需求现状，以期为相关课程设计提供参考。

通过对比分析国内外研学课程设计的研究进展，我们发现，国外研学课程设计侧重培养学生的综合素质和实践能力，而国内研学课程设计则更加注重与中国国情和传统文化的结合。在此基础上，本章深入探讨了红色文化资源研学课程的类型与特点，包括实地研学、线上研学等，分析了这些课程在培养学生爱国情怀、社会责任感和历史文化素养方面的价值。通过利益相关者分析，我们发现学校教师、家长及学生对红色文化资源研学课程的价值目标普遍持认同态度，且研学活动在利用红色文化资源方面取得了显著成效。此外，本章在研究中还进一步调查了红色文化研学实践教育的传播力和影响力，发现其在传承红色文化、弘扬革命精神方面具有积极作用。研究结果显示，红色文化资源研学课程在培养学生综合素质、增强文化自信和民族自豪感等方面具有重要意义，是新时代研学课程设计的重要方向。

第一节 国内外研学课程设计的研究进展

一、国外研学课程设计的研究

国外研学课程设计的研究具有深厚的历史积淀，早在20世纪初，随着教育理念的持续演变，研学课程设计便开始从传统的课堂教学向更为广阔的社会实践、营地教育、户外探险等领域延伸。这一发展历程彰显了国外教育界对学生实践能力培养的重视，以及对于教育方式和内容的不断创新追求。

在理论层面，国外研学课程设计着重培养学生的综合素质，尤其是实践能力，同时强调学生在学习过程中的主体性和参与性。杜威的实用主义教育理论便是其中的典型代表，他提出的"从做中学"观点，主张学生通过实践活动来获得知识和技能，这一理念对研学课程设计产生了深远的影响。实用主义教育理论的应用，推动了研学课程向更为开放、多元的方向发展，使学生在实践中学习成为可能。

在实践方面，国外研学课程设计展现出了对课程内容多样性和创新性的高度关注。以美国的研学旅行项目为例，这些项目通常融合了历史文化、自然科学、社会实践等多个领域的内容，旨在为学生提供丰富多样的学习体验。通过参与这些项目，学生不仅能够在实践中学习和掌握知识，还能够培养跨学科的思维方式和解决问题的能力。此外，国外研学课程设计还注重教学方法的多元化，如广泛采用项目式学习、探究式学习等方式，以激发学生的学习兴趣和主动性，提高他们的学习效果[1]。国外研学课程设计的另一个显著特点是其对社会资源的充分利用。许多研学课程都涉及与社区、企业、非营利组织等的合作，使学生得以接触真实的社会环境，并有机会参与实际问题的解决。这种合作模式不仅增强了学生的社会

---

[1] 吴世嵩. 具身认知视域下中学生红色研学旅行的开发与设计探究——以传承石林红色文化为例[J]. 文山学院学报, 2022 (6).

责任感,还培养了他们的团队协作和沟通能力,为他们未来的职业发展奠定了坚实的基础。

国外研学课程设计的研究在理论和实践方面都取得了显著的成果。这些研究不仅为我们提供了宝贵的经验和启示,也为进一步推动国内外研学课程的发展提供了有力的支持。通过深入分析和借鉴国外的成功经验,我们可以更好地理解和把握研学课程设计的核心要素和关键环节,从而推动我国研学课程设计的不断创新和完善。

二、国内研学课程设计的研究

国内研学课程设计虽然起步较晚,但近年来发展极为迅速。随着教育改革的推进,研学课程设计逐渐成为教育领域的重要课题,被视为培养学生综合素质和创新能力的有效途径。在这一背景下,国内学者和教育实践者开始研究研学实践的课程设计理论,尝试构建研学课程体系,积极探索符合中国国情和传统文化特色的研学课程设计模式。

在研学旅行的理论基础方面,国内学者进行了深入探讨。他们通过分析研学旅行的教育价值、功能定位以及实施路径,初步构建了研学旅行的理论体系。这一理论体系不仅阐明了研学旅行与传统课堂教学的内在联系与区别,还为研学课程的开发与实施提供了理论指导。

在实践模式方面,国内研学课程设计的研究呈现多样化的趋势。学者们结合不同地域、不同学段的实际情况,探索了多种研学课程实践模式。这些模式包括基地研学、主题研学、线路研学等,它们各具特色,共同构成了研学课程的实践体系。这些实践模式的探索不仅丰富了研学课程的形式和内容,还有效地提升了学生的参与度和体验感。

在课程设计方面,国内学者注重研学课程的科学性、合理性和教育性。他们通过对课程目标、课程内容、课程实施以及课程评价等要素进行系统设计,构建了研学课程的完整框架。这一框架不仅体现了研学课程的实践性、探究性和创新性特点,还强调了课程实施过程中的师生互动和生生互动,有助于培养学生的团队协作精神和问题解决能力。国内学者在研究研学课程设计时,积极探索将研学课程与学科课程相结合的新路径。他们深入挖掘研学课程与学科课程的内在联系,尝试将研学课程设计与学科教学内容深度链接，以期在研学实践中还原课本内容，带给学生积极的情感体验，促进学生综合素质的全面提升。这种跨学科的研学课程设计不仅有助于打破传统学科教学的束缚，还为培养具有创新精神和实践能力的新型人才提供了有益尝试。

研究者们同时关注课程实施过程中的问题与挑战。通过实证研究，研究者发现，研学课程在实施过程中存在课程资源选择内容不恰当、内涵发掘不足、师资力量薄弱、安全保障有待提高等问题。针对这些问题，他们提出了一系列改进和优化建议，如加强课程资源建设、提升教师研学指导能力、完善安全保障机制等，以确保研学课程能够顺利实施并取得预期效果。

红色文化资源作为中国特色文化的瑰宝，被广泛引入研学课程设计中。在理论层面，红色文化资源研学课程设计重强调文化性与教育性的深度融合。红色文化作为研学课程资源，不仅丰富了课程内容，还为学生提供了深入了解革命历史、革命精神以及社会主义核心价值观的机会。通过研学课程的学习，学生能够更加坚定地树立文化自信，增强民族自豪感，进而激发出强烈的时代责任感和历史使命感[①]。在实践层面，国内研学课程设计注重红色文化资源研学课程内容的实践性和创新性。许多学校通过组织实地研学、红色旅游等活动，让学生在亲身体验中感悟红色文化的深厚底蕴。例如，学生可以参观革命历史遗址，聆听老一辈革命家的故事，从而更加直观地了解革命历程和革命精神。此外，国内研学课程设计还积极探索多元化的教学方法，如情景模拟、角色扮演等，旨在激发学生的学习兴趣和参与度，让他们在轻松愉快的氛围中学习知识，提升各项能力[②]。

红色文化资源在研学课程中的应用展现出了诸多显著的优势，其深厚的历史底蕴和文化内涵，为学生提供了宝贵的学习资源。通过研学课程的学习，学生不仅能够掌握丰富的历史知识，还能够深入了解红色文化所蕴含的革命精神和时代价值。这种学习体验，对培养学生的爱国情怀和社会责任感具有不可替代的作用。在实际教学中，红色文化资源的应用方式多种多样。在课程内容设计上，红色文化资源可以作为核心教学内容，通过

---

①② 谢丹桂.试论江西红色文化资源在初中历史教学中的运用[J].中学教学参考，2020(2).

生动讲述革命故事、深入分析革命历史事件等方式，引导学生全面而深入地理解红色文化的精神内涵。在教学方法上，教师可以结合情景模拟、角色扮演等创新手段，让学生在模拟的革命历史场景中体验革命先烈的英勇事迹，从而更加深刻地领悟红色文化的教育意义。此外，红色文化资源还可以作为评估学生学习成果的重要依据。教师可以通过考查学生对红色文化的理解和感悟，来评价学生在研学课程中的学习成效[①]。国内研学课程设计在理论与实践层面均取得了显著进展。红色文化资源作为研学课程的重要组成部分，其在课程中的应用不仅丰富了教学内容，还提升了课程的教育价值和文化内涵。未来，随着教育改革的不断深入和红色文化资源研究的持续拓展，相信国内研学课程设计将会迎来更加广阔的发展空间和更加美好的教育前景[②]。

三、国内外研学课程设计的比较分析

国外研学课程设计在长期的发展过程中形成了注重培养学生综合素质和实践能力的显著特点。这种设计理念强调学生的主体性和参与性，鼓励学生通过实践活动来探索和解决问题，从而培养他们的创新思维和批判性思维。在课程内容方面，国外研学课程设计注重多样性和创新性，往往结合多个领域的知识，为学生提供丰富的学习体验。例如，美国的研学旅行项目就融合了历史文化、自然科学等多个领域的内容，使学生在实践中获得全面的知识提升[③]。国内研学课程设计则更加注重与中国国情和传统文化的紧密结合。红色文化资源作为中国特色文化的重要组成部分，被广泛应用于研学课程设计中。这种设计思路不仅有助于传承和弘扬红色文化，还能通过红色文化的深厚底蕴来培养学生的爱国情怀和社会责任感。在实践方面，国内研学课程设计也注重课程内容的实践性和创新性，如通过组织实地参观、情境体验等活动，让学生在亲身体验中感受红色文化的魅力。此外，国内研学课程设计还注重教学方法的多样性和互动性，以提高

---

① 周启毅. 关于"双减"背景下教育出版的几点举措［J］. 传播力研究，2022.
② 刘卿文. 立足红色研学活动，弘扬山东红色文化［J］. 文化产业，2023（7）.
③ 周卓行，赵世俊. 中学生研学旅行中的生涯教育［J］. 江苏教育，2017（10）.

学生的学习兴趣和参与度①。国内外研学课程设计也存在各自的不足。国外研学课程设计在结合本国文化和国情方面可能面临挑战，因为不同国家和地区的文化背景和教育需求存在差异。而国内研学课程设计在理论研究和实践经验方面相对不足，需要进一步加强和完善。特别是在红色文化资源研学课程的设计上，我们还需要更加深入地挖掘红色文化的教育价值，并探索如何将其更有效地融入研学实践活动中②。通过比较分析，我们可以为红色文化资源研学课程设计提供以下借鉴和启示：

首先，可以借鉴国外研学课程设计的优点，如注重培养学生的综合素质和实践能力、强调课程内容的多样性和创新性等。

其次，应充分利用国内丰富的红色文化资源，结合实际情况和文化特色进行研学课程设计。

最后，还需要加强理论研究和实践经验积累，不断完善红色文化资源研学课程设计体系，以更好地服务于学生的全面发展和成长③。

第二节 红色文化资源研学课程设计的现状分析

一、红色文化资源研学课程的类型与特点

当前，国内红色文化资源研学课程主要包括实地研学、线上研学两大类型，它们各具鲜明特色，能够满足不同学生的多样化学习需求和兴趣。

实地研学，顾名思义，是指组织学生亲身前往革命老区、纪念馆、红色教育基地等红色文化资源丰富的地区，进行现场的考察和学习。这种课程类型的优势在于其直观性和体验性。通过实地参观、亲身体验，学生能够更加直观地感受到红色文化的魅力和内涵，从而加深对革命历史和革命精神的理解和感悟。例如，在井冈山、延安等革命圣地开展的实地研学活

---

① 孟初薇. 研学旅行课程内容设置方法及其注意点［J］. 江苏教育研究，2018（12）.
② 丁增光，秦俊. 我国关于校本课程开发研究的文献综述［J］. 成功（教育），2012（1）.
③ 陈丁娜. 国内外关于研究性学习的研究现状分析［J］. 综合实践活动研究，2010（1）.

动，往往能够让学生深刻体会到革命先烈们的英勇奋斗和无私奉献精神，进而激发学生的爱国情感和社会责任感[①]。同时，实地研学还能够有效锻炼学生的实践能力、团队协作能力以及解决问题的能力，促进学生的全面发展。

线上研学则是一种利用互联网和多媒体技术进行的远程学习方式。这种课程类型具有灵活性强、覆盖面广、资源丰富等特点。通过线上平台，学生可以随时随地学习红色文化知识，不受时间和空间的限制。此外，线上研学还可以结合虚拟现实（VR）、增强现实（AR）等先进的技术手段，为学生提供更加沉浸式和互动式的学习体验。例如，通过VR技术，学生可以"身临其境"地参观革命历史遗址，感受革命战争的硝烟和艰辛；通过AR技术，学生则可以与革命先烈进行"跨越时空"的对话，更加深入地了解他们的思想和精神[②]。这些技术手段的应用，不仅丰富了线上研学的内容和形式，也提高了学生的学习兴趣和参与度[③]。红色文化资源研学课程的类型多样，各具特色。实地研学注重直观体验和现场实践，能够让学生亲身感受红色文化的魅力和内涵；而线上研学则注重灵活性和互动性，能够为学生提供更加便捷和丰富的学习资源和学习体验。两者相辅相成，共同构成了红色文化资源研学课程的完整体系。在实际应用中，我们可以根据学生的实际情况和需求，选择合适的课程类型和学习方式，以达到最佳的教学效果[④]。当然，我们还应不断探索和创新课程内容和教学方法，以适应时代的发展和学生的变化，更好地传承和弘扬红色文化精神[⑤]。

二、红色文化资源研学课程价值目标认同的分析

在红色文化资源研学课程的设计与实施过程中，各利益相关者的价值

[①⑤] 谢丹桂. 试论江西红色文化资源在初中历史教学中的运用［J］. 中学教学参考，2020（2）.

[②] 田阳敏. 有效开展红色研学综合实践活动的教育实践［J］. 辽宁教育，2020（3）.

[③] 麻钱钱，卢丽刚，李曦. 基于"两微一端"的红色文化传播［J］. 江科学术研究，2018（7）.

[④] 庄永策. 传承红色基因，实施"红色研学"课程［J］. 江苏教育，2023（2）.

目标认同是至关重要的环节。研学企业从业者、学校教师、家长及学生作为研学课程的主要参与者和利益相关者对课程价值目标的认同程度和表现，对课程的实施效果和教育意义具有直接影响。

（一）从业者对红色文化资源研学课程价值目标的认识

调研表明，研学行业从业者对红色文化资源研学课程的价值目标有着清晰而深刻的认识，他们致力于通过这类课程传承红色文化、弘扬革命精神、培养学生的爱国情感和历史责任感，并促进学生的全面发展。

首先，从业者已深刻认识到红色文化资源研学课程在传承红色文化、弘扬革命精神方面所具有的独特价值和重要意义。通过这类课程，学生们能够身临其境地体验红色文化，直观感受革命先辈们为了民族解放和独立所付出的巨大努力和牺牲。这种亲身体验能够使学生们更加深刻地理解历史，增强对革命先辈的敬仰之情和对历史的尊重意识。

其次，从业者已意识到红色文化资源研学课程在培养学生爱国情感和历史责任感方面的重要作用。通过深入了解革命历史，学生们能够更加清晰地认识到个人与民族、国家之间的紧密联系，从而激发出强烈的爱国热情和民族自豪感。同时，这种课程也有助于培养学生们的历史责任感，使他们更加珍惜来之不易的和平与发展环境，为国家的繁荣富强贡献自己的力量。

随着研学行业的快速发展，诸多从旅游行业转型研学行业的从业者还认识到红色文化资源研学课程在促进学生全面发展方面的积极作用。这类课程不仅注重知识的传授，更注重学生情感态度和价值观的培养。通过参与红色文化研学活动，学生们能够在实践中锻炼自己团队的协作能力、沟通能力和解决问题的能力，从而全面提升自身的综合素质。

（二）教师对红色文化资源教育价值的认同

调研数据显示，学校教师普遍认同红色文化资源在教学中的教育价值。他们认为，红色文化资源能够培养学生的历史意识、文化自信和社会责任感。通过实地考察、角色扮演、小组讨论等多样化的教学方式，学生能够更加直观地了解历史、感受革命精神，从而增强其社会责任感和使命感。

学校教师是红色文化资源研学课程的设计者和实施者，他们对课程价值目标的认同主要体现在课程内容的选择、教学方法的运用以及教育评价的实施等方面。教师普遍认为，红色文化资源研学课程能够有效地传承红色基因、弘扬革命精神，同时培养学生的爱国情怀和社会责任感。因此，在课程设计过程中，教师会积极挖掘红色文化资源的教育价值，将其融入课程内容，并通过情景模拟、角色扮演等教学方法，引导学生在实践中感悟红色文化的精神内涵①。激发学生的情感共鸣，增强其对国家、民族和文化的认同感。

在实际教学应用中，学校教师普遍反映红色文化资源在教学中的融合程度有待提高。在制订教学计划时，部分教师虽然会纳入红色文化元素，但往往缺乏系统性和深度。课程内容往往仅停留在表面层次，缺乏对学生情感和价值观的深入挖掘与培养。此外，教学方法和手段的单一性也限制了红色文化资源教育价值的充分发挥。

（三）家长和学生对红色文化资源教育价值的认识

家长是红色文化资源研学课程的重要支持者和合作者，他们对课程价值目标的认同主要体现在对课程理念的认同、对课程实施的支持以及对孩子学习成果的期待等方面。家长普遍认为，红色文化资源研学课程能够拓宽孩子的视野、增强孩子的实践能力，同时培养孩子的优良品质和道德素养。因此，在课程实施过程中，家长会积极配合学校的工作，为孩子提供必要的支持和帮助，同时关注孩子的学习进展和成果展示，共同促进孩子的全面发展。在实际红色文化资源研学活动体验过程中，学生和家长普遍反映红色文化资源在研学课程中的融合程度尚需进一步提升。部分学生和家长表示，虽然学校会组织参观革命遗址、纪念馆等活动，但往往缺乏系统性和深度。课程内容往往停留在表面，缺乏对学生情感调动以及红色文化内涵价值的深入挖掘。此外，教学方法和手段的单一性也限制了红色文化资源教育价值的充分发挥。

学生是红色文化资源研学课程的主体参与者和受益者，他们对课程价值目标的认同主要体现在对课程内容的兴趣、对教学活动的参与以及对学

---

① 王欣，王志伟．地方红色文化资源融入思政课的路径研究［J］．新西部，2020（3）．

习成果的感知等方面。学生普遍认为，红色文化资源研学课程能够让他们更加深入地了解革命历史和革命精神，同时增强他们的民族自豪感和文化自信。因此，在课程实施过程中，学生会积极参与各项教学活动，主动探究红色文化的精神内涵，并通过实践体验和学习反思，将所学知识内化为自己的思想认识和行为习惯[①]。学校教师、家长及学生对红色文化资源研学课程价值目标的认同程度和表现是课程实施成功的重要保障。在未来的课程设计与实施过程中，应进一步关注各利益相关者的需求和期望，优化课程内容和教学方法，提升课程的教育意义和实施效果。同时，还应加强各利益相关者之间的沟通与协作，形成教育合力，共同推动红色文化资源研学课程的创新性发展。

三、研学活动利用红色文化资源的调查分析

在调研研学活动对红色文化资源的利用情况时，我们发现研学实践活动已经取得了一定的成效。不仅丰富了学生的学习体验，还在潜移默化中塑造了他们的价值观和人生观。组织学生参观革命老区、纪念馆等具有红色文化意义的地标，可使学生直观地感受到红色文化的深厚底蕴，还能为他们提供深刻体验革命先烈崇高精神和无畏牺牲的宝贵机会[②]。研学活动作为红色文化资源教育的重要载体，其利用红色文化资源的情况值得深入调查与分析。通过广泛的实地走访、问卷调查以及数据分析，我们发现研学活动在利用红色文化资源方面呈现出以下特点。

在研学活动的类型上，实地研学占据主导地位。学校会组织学生前往革命遗址、纪念馆等红色文化资源丰富的场所进行实地考察，让学生亲身体验并感受红色文化的独特魅力。这种活动形式直观、生动，能够有效地激发学生的学习兴趣和情感体验。

在研学活动的内容上，红色文化资源得到了一定的挖掘和利用。学校结合地域特色和革命历史，设计了丰富多样的研学课程，涵盖了革命故事、英雄事迹、红色歌曲等多个方面。这些课程内容既具有教育性，

---

① 李国荣. 论红色文化资源在语文教学中的运用［J］. 中学语文，2019（10）.
② 晋瀑颜. 大学生爱国主义教育现状研究［J］. 传播力研究，2018（6）.

又富有感染力，能够让学生在参与过程中深入了解红色文化的内涵和价值。

在研学活动的实施上，学校注重与红色文化资源单位的合作与共建。通过与当地革命遗址、纪念馆等单位的紧密合作，学校获得了更多的教育资源和专业支持，为研学活动的顺利开展提供了有力保障。同时，这种合作模式也有助于推动红色文化资源的保护与传承，实现资源共享和互利共赢。

在实际操作中，这些研学活动并不局限于传统的实地考察，还融入了线上学习和互动式的教学方式。例如，借助线上平台，学生可以浏览到丰富的红色文化资源，并通过互动讨论、角色扮演等多样化的学习方式，更深入地了解和感受红色文化的独特魅力。这种教学模式不仅显著提升了学生的参与度，还使红色文化教育变得更加生动有趣[①]。

调查中我们也发现了一些问题和不足之处。部分学校在研学活动的设计和实施上缺乏创新性和针对性，导致活动效果不尽如人意，还有一些学校对红色文化资源的利用不够充分和深入，未能充分发掘和发挥其教育价值。针对这些问题，我们建议学校应进一步加强研学活动的顶层设计和整体规划，注重活动的创新性和实效性，同时，加强与红色文化资源单位的沟通与协作，深入挖掘和利用红色文化资源的教育价值，为学生提供更加优质、丰富的研学体验。

四、红色文化研学实践教育传播力调查分析

红色文化研学实践教育的传播力是衡量其影响力和教育效果的关键指标。为了深入了解红色文化研学实践教育的传播情况，下文从传播方式、学生和家长获取信息两个方面进行了详细的调查和分析。

在传播方式方面，我们主要调查了研学活动组织方采用的宣传手段和渠道。结果显示，目前，红色文化研学实践教育的传播主要依赖于学校宣传、社交媒体分享、教育平台推广以及线下活动等多种方式。其中，学校

---

① 邓仕云. 红色文化研学旅行课程开发中如何落实小学生的三维目标[J]. 新教育时代电子杂志（学生版），2019（1）.

宣传因其覆盖面广、针对性强而占据主导地位；社交媒体分享则凭借其互动性和裂变效应，有效扩大了研学活动的影响力；教育平台推广和线下活动也各自发挥着不可替代的作用，共同构成了多元化、立体化的传播体系。

在学生和家长获取信息方面，我们重点调查了他们了解红色文化研学实践教育的途径和程度。调查发现，学生和家长主要通过学校通知、教师介绍、网络搜索以及亲友推荐等途径获取相关信息。其中，学校通知和教师介绍是他们最为信赖的信息来源，这也在一定程度上反映了学校在红色文化研学实践教育传播中的核心地位。同时，网络搜索和亲友推荐等途径也为学生和家长提供了更多了解和参与研学活动的机会。

进一步分析调查结果，我们发现，红色文化研学实践教育的传播力呈现以下特点：一是传播渠道多样化，初步形成了线上线下相结合的传播格局；二是传播内容日趋丰富，涵盖了红色文化、革命历史、英雄人物等多个方面；三是传播对象广泛化，不仅面向学生群体，还拓展到了家长、教师等人群。这些特点共同促进了红色文化研学实践教育的广泛传播和深入人心。

在调查过程中，我们也发现了一些问题和挑战。例如，在部分偏远地区，学校由于资源限制，难以开展丰富多彩的研学活动，导致传播力受限。同时，一些学生和家长对红色文化的认知度不高，缺乏参与研学活动的积极性和主动性。针对这些问题，我们认为可以采取一系列措施加强红色文化研学实践教育传播力的提升空间。一方面，我们建议相关部门和学校加大资源整合力度，推动红色文化研学实践教育均衡发展，同时加强宣传教育，提高学生对红色文化的认同感和自豪感，激发他们的参与热情。另一方面，可以进一步丰富传播方式和渠道，如利用虚拟现实（VR）技术打造沉浸式研学体验，或者与主流媒体合作推出更多优质的红色文化节目。此外，注重结合时代特点和受众需求，增强传播内容的创新性和吸引力，打造更多具有教育意义和感染力的红色文化作品。当然，只有动员全社会的力量，加强学校、家庭、社会等多方面的协同合作，才能使研学实践教育这一活动走向跨越式提升和发展。

第三节　红色文化资源研学课程设计存在的问题

一、课程内容缺乏创新

当前，红色文化资源研学课程在内容层面确实存在一定程度的僵化和缺乏创新的问题。不少课程依旧沿袭着传统的讲述方式，侧重于革命历史和革命精神的传达，却忽略了在新时代背景下，为这些内容注入新活力和现代元素的重要性。这种陈旧的教学模式不仅难以有效激发学生的学习兴趣，更可能导致他们对红色文化产生疏离感，进而无法实现预期的教育效果①。

为了有效应对这一问题，我们必须从课程内容的创新入手，积极探索与时俱进的教学方式。例如，可以尝试将现代科技手段，如虚拟现实（VR）和增强现实（AR）技术，融入红色文化资源研学课程中。通过模拟革命历史场景和事件，让学生置身于那个波澜壮阔的时代，亲身感受革命先烈的英勇事迹和崇高精神。这种沉浸式的学习体验无疑将极大地提升学生的学习热情和参与度。

我们还应该关注当前的社会热点和时事新闻，将其作为红色文化资源研学课程的拓展内容。通过将红色文化与现实生活紧密结合，引导学生从身边的事例中感悟红色文化的时代价值和现实意义。这种贴近学生生活实际的教学方式不仅能够增强课程的吸引力和感染力，还有助于培养学生运用红色文化指导实践的能力②。创新课程内容还意味着我们需要打破传统的框架束缚，以更加开放和包容的心态来设计和实施红色文化资源研学课程，可以鼓励学生参与课程内容的策划和设计中来，充分发挥他们的主观能动性和创造性。通过集思广益、群策群力，共同打造一门既富含红色文化底蕴又充满现代气息的研学课程。这不仅有助于提升课程的质量和效

---

① 王渊. 新时期高校对红色基因的传承与创新［J］. 老区建设，2018（5）.
② 杨剑. 红色文化融入大学生思想政治教育的路径研究［J］. 青年时代，2019（1）.

果，还能够培养学生的创新意识和团队协作能力①。

二、教学方法单一

在当前的红色文化资源研学课程中，教学方法的单一性已成为一个急需解决的问题。许多课程仍然采用传统的讲授式和灌输式教学方式，尽管这种方式能够传递知识，但往往忽视了学生的主体性和参与性，导致学生在学习过程中处于被动接受知识的状态。这种单一的教学方法不仅限制了学生主动思考和实践的机会，也不利于培养学生的创新精神和实践能力。在红色文化资源研学课程中，应当鼓励学生主动探索、思考和实践，以便更深入地理解和体验红色文化的精髓和意义。

为了打破这种教学方法的单一性，教师可以考虑引入更多元化的教学方法和手段。例如，Steam教学法、项目式学习和探究式学习等方法，这些方法强调学生的主动性和参与性，能够激发学生的学习兴趣和热情。在项目式学习中，学生可以围绕某个红色文化主题展开深入研究，通过实地考察、资料收集、分析讨论等方式，最终形成自己的研究成果。这种学习方式不仅能够让学生更深入地了解红色文化，还能够培养他们的研究能力和团队协作精神②。教师还可以利用现代科技手段来丰富教学方法。例如，利用各种数字媒体艺术模拟革命历史场景，让学生在身临其境的环境中感受红色文化的魅力；或者利用在线互动平台，组织学生进行线上讨论和角色扮演等活动，提高他们的互动性和参与度。

这些多元化的教学方法和手段，可以让学生在红色文化资源研学课程中获得更加全面、深入的学习体验。同时，这也有助于培养学生的综合素质和实践能力，为他们的未来发展奠定坚实的基础。

三、师资队伍建设不足

在红色文化资源研学课程领域，师资队伍建设的问题显得尤为突出。

---

① 周敏，高海英．"思政课"实践教学路径的探索与实践［J］．科学理论，2016（7）．
② 张金萍．关于红色资源在高中政治课堂教学中的有效运用［J］．新教育时代电子杂志（学生版），2017（3）．

尽管越来越多的学校和教育机构开始重视研学课程实施的师资水平问题，但在实际操作中，往往因为教师队伍的素质和能力问题，使课程效果大打折扣。

我们必须正视的是，部分教师或者研学指导师对红色文化资源的理解和认知尚显不足，对革命历史、革命精神等核心内容的掌握不够深入，行业从业者往往只能以背诵解说词的方式进行研学课程讲授，不注重学生自主能动性的发挥，在将红色文化知识传授给学生时，难以做到深入浅出、引人入胜。这不仅影响了学生的学习兴趣，也可能导致红色文化资源研学课程的教育价值无法得到充分体现。

实践经验的缺乏是当前师资队伍建设中的一个显著问题。红色文化资源研学课程不同于传统的课堂教学，它更强调实践性和体验性。然而，一些教师由于自身缺乏相关实践经验，难以有效地组织和引导学生开展实践活动，导致课程中的实践环节流于形式，未能达到预期的教学效果。

针对上述问题，我们需要从多个方面着手，加强师资队伍建设。一方面，可以通过定期举办红色文化资源研学课程师资培训班、研讨会等活动，提升教师的专业素养和实践能力。这些活动可以邀请相关领域的专家学者进行授课，也可以组织教师和研学指导师进行经验分享和交流，从而帮助他们更好地理解和掌握红色文化资源研学课程的核心理念和精髓[①]。我们还应积极引进具有丰富实践经验和专业素养的教师。这些教师不仅可以为现有的师资队伍注入新的活力，还可以带动整个教师队伍提升教学水平。同时，他们还可以结合自己的实践经验，为红色文化资源研学课程的设计和实施提供有益的参考和建议。

另一方面，建立教师交流和合作机制也是加强师资队伍建设的重要途径。通过搭建教师交流平台、组建合作小组等方式，将学校教师和研学指导师集合起来取长补短，互通有无，促进教师和研学指导师之间的经验分享和互相学习。这种机制不仅可以提升教师的专业素养和实践能力，还可以增强凝聚力和合作精神，从而推动红色文化资源研学课程的更好发展。

师资队伍建设是红色文化资源研学课程发展的关键所在。只有通过加

---

① 王欣，王志伟. 地方红色文化资源融入思政课的路径研究［J］. 新西部，2020（3）.

强教师培训、引进优秀人才、建立交流合作机制等措施，才能打造出一支高素质、专业化的教师队伍，为红色文化资源研学课程的发展提供有力保障。

四、评价标准不科学

当前，红色文化资源研学课程在评价标准上确实存在一些不科学的问题，主要表现为侧重对学生知识记忆的考查，而忽视了对学生综合素质、实践能力以及情感态度价值观的全面评价。这种评价方式不仅无法全面反映学生的学习成果，还可能阻碍学生创新精神和实践能力的培养。

研学实践活动必须改变以传统课堂教学的考测为主的评价方式，回归学校综合实践活动开设的初衷。对知识点的掌握程度不应该成为衡量学生实践活动成绩评定的主要方式，应当通过有效评估学生在研学过程中所形成的分析问题、解决问题的能力，以及团队协作、沟通交流等综合素质来进行学业评价。可以说，素质和能力是研学课程所应重点关注的活动目标。

现行的评价标准缺乏对学生实践能力的足够重视。红色文化资源研学课程的一个重要目标就是通过实践活动，让学生亲身体验和感悟红色文化，从而培养他们的社会责任感和历史使命感。然而，如果评价标准只注重理论知识而忽视实践操作，那么学生就可能失去参与实践活动的积极性和动力，这无疑与研学课程的初衷相悖[①]。

为了改变这一现状，我们需要建立更加科学、全面的评价体系。具体而言，可以从以下几个方面入手。

一是引入多元化的评价方式和手段。主要采用作品展示、实践报告、小组讨论等多种形式来评价学生的学习成果。这些方式能够更全面地反映学生在研学过程中的表现，包括他们的知识掌握情况、实践能力、团队协作能力以及创新思维等。

二是注重对学生综合素质和实践能力的考察和评估。在评价过程中，应加大对学生实践活动的关注和权重，鼓励学生积极参与实践活动，并将

---

① 于秀楠. 中小学生研学旅行活动课程的探索与研究 [J]. 课程教育研究，2018（3）.

他们在实践中的表现作为评价的重要依据。同时，还应注重对学生情感态度价值观的评价，以引导学生树立正确的历史观、文化观和价值观[①]。三是建立有效的反馈机制和激励机制。通过及时、具体的反馈，让学生了解自己的学习进度和存在的问题，从而调整学习策略，提高学习效率。同时，通过设立奖励制度等方式，激励学生积极参与研学活动，争取更好的学习成果。

建立科学、全面的评价体系是提升红色文化资源研学课程质量的关键环节。只有通过更加科学、合理的评价方式，才能全面、客观地评估学生的学习成果，激发他们的学习动力和创新精神，促进他们的全面发展。

第四节 红色文化资源研学课程设计的未来趋势

一、课程内容多样化

未来，红色文化资源研学课程内容的多样化会成为一种显著趋势。这种多样化不仅体现在内容本身的丰富性上，还表现在内容呈现方式的创新性上。

在内容丰富性方面，研学课程将更加注重整合多元文化元素，以更宽广的视野来解读和传承红色文化。研学课程不仅要深入挖掘红色文化的精神内核，还将广泛吸纳其他文化元素，形成更为丰富和立体的课程体系。一方面，课程内容将更加注重对红色文化进行多角度、多层次的深入解读，涵盖革命历史、英雄事迹、革命精神等多个维度，旨在帮助学生全面而深刻地理解红色文化的深厚底蕴。另一方面，课程内容也将融入更多现代元素，如当代社会发展、科技创新等，使红色文化与时代精神相结合，激发学生的学习兴趣和时代责任感。例如，课程可以融入各民族在革命历程中的独特贡献和文化特色，展现红色文化的多元性和包容性。同时，地域文化的融入也将使红色文化资源研学课程更加贴近学生的生活实际，

---

① 闫晶晶. 浅谈教学评价的多元化发展 [J]. 卷宗，2014（1）.

增强学生对本土红色文化的认同感和归属感。未来,红色文化资源研学课程还将积极拓展实践环节,通过实地考察、志愿服务、社会调研等方式,让学生在亲身参与中感受红色文化的魅力,提升实践能力和社会责任感。

在内容呈现方式的创新性方面,科技元素的引入将为研学课程带来革命性的变化。未来,将会有更多的红色文化遗存遗迹借助虚拟现实(VR)、增强现实(AR)等先进技术,生动再现革命历史场景,让学生穿越时空,亲身体验革命历程。这种沉浸式的学习方式将极大地提高学生的学习兴趣和参与度,使他们更深刻地理解和感悟红色文化的精神内核。

课程内容多样化还体现在与其他学科的交叉融合上。红色文化资源研学课程可以与历史、政治、文学等多个学科相结合,使学生在学习红色文化的同时,也能全面提升自身的知识结构和能力水平。未来,红色文化资源研学课程设计将更加强调课程整合与跨学科学习。红色文化作为中华文化的重要组成部分,与文学、历史、艺术等多个学科领域都有密切的联系。因此,未来的研学课程将注重打破学科壁垒,共同构建跨学科的综合课程体系,实现红色文化与相关学科的有机融合。

这种交叉融合将有助于培养学生的综合素养和跨学科的思维能力,通过整合不同学科的知识和方法,未来红色文化资源研学课程将为学生提供更加宽广的视野和多元化的认知角度。例如,可以结合文学作品中的红色题材,让学生深入体会革命精神的人文内涵;通过艺术作品中的红色元素,引导学生感受红色文化的独特魅力;结合历史学科的研究方法,培养学生严谨的历史思维和分析能力。这种跨学科的学习方式将有助于学生形成全面的知识结构和综合素养①。

未来红色文化资源研学课程内容将是整合多元文化元素、创新应用科技元素、多学科交叉融合的状态。这些变化将共同推动红色文化资源研学课程向更高水平、更深层次发展,为培养具有红色文化传承意识和创新能力的新时代青年奠定坚实基础。

---

① 王嵩涛. 爱国主义教育基地是研学课程的红色文化资源——关于"四史"学习与研学课程融合的思考之一[J]. 教育艺术,2021(7).

二、教学方法多元化

随着教育技术的不断发展和创新,未来红色文化资源研学课程的教学方法也将更加多元化。传统的讲授式教学将逐渐被互动式、体验式、探究式教学所取代,学生在课程中的主体地位将得到更加充分的体现。项目式学习、小组合作学习等先进的教学方法也将被广泛应用于红色文化资源研学课程中,以提升学生的实践操作能力和团队协作能力。这些方法注重学生的实践操作和团队协作能力培养,有助于学生在探究红色文化的过程中提升综合素质和实践能力。

现代科技手段将在未来红色文化资源研学课程中扮演至关重要的角色。虚拟现实(VR)、增强现实(AR)等技术的利用,可以为学生打造沉浸式的学习体验,让他们穿越时空,亲身感受革命历史的波澜壮阔。通过模拟革命历史场景、重现重大历史事件等方式,学生可以亲身感受红色文化的震撼力和感染力,从而加深对红色文化的理解和认同。此外,在线学习平台、移动学习工具等也将为学生提供更加便捷、高效的学习途径。未来,学生学习将会利用更多的现代科技手段,如采用虚拟现实(VR)、增强现实(AR)等先进技术,使学生体验沉浸式的红色文化学习和深度学习。

三、师资队伍建设梯队化

为打造专业化的师资队伍,我们应从多方面进行筹划建设。一是应提高教师的专业素养,加强红色文化知识培训。组织教师参加培训,提升教师对红色文化的理解和认识。通过专家讲座、教师培训、学术研讨等形式,使教师不断更新知识、提高教学技能。二是应注重引进优秀课程建设人才,特别是引进具有红色文化资源研究背景或实践经验的教师,以充实教学团队。引进来的教师可用自己的丰富经验进行研学课程观摩和研讨活动,分享红色文化教学经验和方法。通过互相学习和借鉴的方式,可提升教师的教学水平和创新能力。三是鼓励教师参加实践锻炼。鼓励教师参加红色文化实地考察活动和参与红色文化志愿服务活动,如为革命老区开展支教、扶贫等服务项目。通过志愿服务，教师可更加深入地了解红色文化的精神内涵和社会价值，增强他们的社会责任感和使命感。四是应建立健全激励机制，鼓励教师积极参与红色文化资源研学课程的设计与实施[①]。五是对在红色文化实践教学等方面取得突出成绩的教师进行表彰和奖励，提供职业发展支持，激发教师的工作积极性和创造力。

以上措施的实施可以逐步建立起一支梯次分明、结构合理、素质优良的红色文化资源研学师资团队，为推动红色文化教育的深入发展提供有力的人才保障。

四、评价标准体系化

针对研学课程评价标准不科学的问题，我们应构建全面、客观、科学的评价标准体系。研学课程评价应注重对学生学习态度、团队合作能力、实践创新能力等方面的评价。我们引入多元化的评价方式，如学生自评、互评，教师评价等，以更全面、准确地反映学生的学习成果和综合素质。此外，还应建立有效的反馈机制，及时向学生提供学习反馈和建议，帮助他们不断改进和提高[②]。红色文化资源研学课程设计需要不断创新和完善，以适应时代发展的需要和学生的需求。创新课程内容设计、采用多元化教学方法、加强师资队伍建设以及完善评价标准体系等策略与建议的实施，可以有效提高红色文化资源研学课程的质量，为培养具有爱国情怀、创新精神和实践能力的优秀人才贡献力量。

---

① 王欣，王志伟. 地方红色文化资源融入思政课的路径研究［J］. 新西部，2020（3）.
② 马艳青. 高校思想政治理论课学生自主实践教学模式探索［J］. 新西部：理论版，2010（8）.

红色文化资源研学课程设计探索

本章在充分论证红色文化资源研学课程需求的基础上,依据课程设计的相关理论,进行研学红色文化资源研学课程设计的探索与实施。依据深挖红色资源内涵与实践体验度、赋能青少年校外实践教育广度与深度、构建立体多维红色教育内容以及发掘红色文化资源特色精神等原则,可构建一套具有创新性、科学性和系统性的课程设计框架,包括研学课程体系的架构、研学资源的整合和筛选、研学课程内容的设计和组织、辅助教材与资源的开发,探索多种适合研学实践活动的教学方法与手段。本章最后研究构建了一套科学的评价体系,从评价原则、内容、方法及结果反馈等方面进行了全面阐述,以确保课程设计的有效性和实用性,全面提升学生的综合素质和实践能力的实施路径。

第一节 红色文化资源研学课程设计的原则

一、以深挖红色资源内涵深度和实践体验度为导向

在设计红色文化资源研学课程时,深入挖掘红色资源的内涵尤为关键。课程应全面而深入地研究革命历史事件、革命精神,以及革命人物及其英雄事迹,强调其历史价值和文化意义。特别重要的是,要通过翔实的内容和深刻的分析,揭示这些元素的精神内核。这样,学生将能够更全面和深入地掌握中国共产党的光辉历程和革命传统,进而加深对红色文化的

认知和理解①。为了使学生能够更好地领略红色文化的独特魅力，课程设计应着重提升实践体验度。通过组织学生实地考察红色革命圣地，让学生亲身感受革命历史的厚重氛围，从而增强对红色文化的感性认识。课程设计突出学生的体验，例如运用角色扮演和情景模拟等创新体验方式，让学生在模拟的革命场景中体验革命者的情感与抉择，以便进一步加深对红色精神的理解与体悟。

以深挖红色资源内涵深度和实践体验度为导向的课程设计，需充分考虑红色文化资源的地域性和时代性特点，紧密结合当地红色文化资源和学生的实际情况，制订行之有效的课程方案。这不仅丰富了红色文化教育的形式和内容，还提高了红色文化教育的实效性和针对性。学生在深入学习和实践体验中，能够真切地感受到红色文化的独特魅力和时代价值，从而自觉地传承和弘扬红色精神，为实现中华民族伟大复兴的中国梦贡献力量。

这种突出实践体验导向的研学课程设计，充分彰显了红色文化资源在青少年教育中的重要地位和作用。通过红色文化研学课程的学习，青少年能够更深入地了解和认同国家的革命历史和红色传统，进而增强他们的爱国主义情感和民族自豪感。这对于培养青少年的社会责任感和历史使命感，促进他们的全面发展具有重要意义。所以，课程设计者在课程评价中应注重多元化和过程性，不同于学校课堂教学评价方式，研学课程应以全面、客观地反映学生的学习成果和课程效果的评价方式进行。

以深挖红色资源内涵深度和实践体验度为导向的红色文化资源研学课程设计，是提升红色文化教育效果、传承红色精神的重要途径。通过精心设计和实施，我们有望培养出更多具有红色精神底蕴和爱国情怀的优秀青少年，为国家的繁荣富强和民族的伟大复兴奠定坚实基础。

二、以赋能青少年校外实践教育广度与深度为目标

青少年校外实践教育作为培养学生综合素质的关键环节，其重要性日益显著。红色文化资源研学课程在青少年校外实践教育中扮演着举足轻重

---

① 夏健君. 道德与法治本土红色文化资源开发例谈[J]. 中小学德育，2023 (6).

的角色。其设计理念不仅关注红色文化知识的传递,更致力于通过实践活动拓宽青少年的视野,提升其综合素质。为了实现这一目标,课程设计应紧密结合青少年的认知特点和成长需求,充分挖掘红色文化资源的丰富内涵,并以此为基础,构建一系列富有挑战性和趣味性的实践活动①。青少年的认知特点决定了他们对新鲜事物充满好奇,喜欢探索未知领域。因此,红色文化资源研学课程应注重激发学生的探究欲望,通过实地考察、互动体验等方式,让他们亲身感受红色文化的魅力。例如,可以组织学生参观革命历史遗址、纪念馆等场所,通过现场讲解、实物展示等形式,使学生更加直观地了解革命历史事件和人物事迹。同时,还可以结合青少年的兴趣爱好,设计一些寓教于乐的实践活动,如红色主题演讲比赛、革命故事情景剧表演等,让学生在参与过程中自然而然地吸收红色文化知识②。除了认知特点外,青少年的成长需求也是课程设计必须考虑的重要因素。红色文化资源研学课程不仅要帮助学生掌握红色文化知识,更要关注其团队协作、问题解决等综合能力的培养。为此,课程设计可以引入项目式学习方式,让学生以小组为单位,围绕某个红色文化主题展开深入研究,并最终形成研究成果进行展示。这样的学习方式不仅能够锻炼学生的自主学习能力,还能培养其团队合作精神和创新意识③。

红色文化资源本身具有丰富性和多样性,这为课程设计提供了广阔的发挥空间。课程设计者可以结合实际情况,整合各类红色文化资源,打造特色鲜明的研学课程。例如,可以将地方红色文化资源与学科知识相结合,设计出既具有地域特色又能满足学科教学需求的研学课程。这样的课程不仅能够增强学生对家乡红色文化的认同感,还能促进其对学科知识的理解和应用。红色文化资源研学课程设计结合红色文化资源的丰富性和多样性,设计出一系列富有挑战性和趣味性的实践活动。这些活动将有助于青少年更好地了解红色文化、传承红色基因,同时也能促进其全面发展,提升综合素质,赋能青少年校外实践教育广度与深度。

---

① 唐俪瑜,黄小亚. 基于"体验学习圈"理论的红色研学基地课程设计 [J]. 当代旅游, 2020 (10).
② 王悦. 广西红色文化资源融入初中美术教学的实践研究 [D]. 2023 (6).
③ 李玲玉. 校外革命文化教育活动设计与实施的研究. 少先队研究 [J]. 2024 (4).

三、以构建立体多维红色教育内容体系为载体

设计红色文化资源研学课程,应着重于构建立体多维的教育内容体系。这一体系不仅包括传统的理论知识的学习,还涵盖了实地考察和互动体验等多个层面,旨在为学生提供全方位、多角度的红色文化认知。

理论知识学习部分,通常作为课程背景在研学课程设计中出现,在执行落地时往往放在行前课程中。课程应系统介绍革命历史、革命精神以及课程涉及的红色文化的基本内容。通过课程学习,学生能够了解中国共产党领导人民进行革命斗争的艰辛历程和伟大成就,从而加深对红色文化历史背景的理解。同时,对革命精神的阐释和传承,能够激发学生的爱国情怀和使命感,引导其树立正确的价值观和人生观。此外,红色文化基本理论的传授,则有助于学生从更深层次把握红色文化的内涵和实质,形成系统的红色文化知识体系。

实地考察是红色文化资源研学课程中不可或缺的一环。组织学生参观革命纪念馆、烈士陵园等红色教育基地的课程,能够让学生亲身感受革命氛围,增强历史认知。在实地考察过程中,学生不仅能够亲眼看见革命历史遗物和场景,还能够听取讲解员的生动讲述,通过参与体验活动,沉浸式了解革命历史和红色文化,同时将实践学习内容嵌入红色文化知识体系中,从宏观角度审视和思考,产生探究性问题,提高对红色文化内涵的深度思考和认识,提升思辨能力,树立文化自信。这种身临其境的学习方式,有助于激发学生的情感共鸣,加深其对红色文化的理解和认同。

互动体验部分则是红色文化资源研学课程中的创新之举。通过角色扮演、情景模拟等方式,课程能够让学生在实践中学习和体验红色文化,提升其参与感和体验感。在角色扮演中,学生可以扮演革命历史人物,模拟革命斗争场景,从而更加深入地了解革命人物的英勇事迹和革命精神。在情景模拟中,学生则可以置身于特定的历史背景下,思考如何解决问题、推动革命进程,从而培养其批判性思维和历史责任感。这种寓教于乐的学习方式,不仅能够激发学生的学习兴趣和积极性,还能够提高其综合素质和实践能力。

构建立体多维的红色教育内容体系是红色文化资源研学课程设计的核

心要义之一。通过理论学习、实地考察和互动体验等多个方面的有机结合，课程能够为学生提供全面、深入的红色文化教育，引导其树立正确的历史观、价值观和人生观，促进其全面发展。

四、以发掘体现红色文化资源特色精神为要义

红色文化资源研学课程设计应致力于发掘和体现红色文化资源的特色精神。这一设计理念源于红色文化资源本身所蕴含的丰富历史背景和文化内涵，这些独特的元素为课程设计提供了宝贵的素材和灵感来源。

在研学课程设计中，突出红色文化资源的特色精神，加强研究地方区域红色文化资源的样态，发掘红色精神，对于深化学生对红色文化的认知、激发他们的爱国情怀具有重要意义。比如井冈山精神、长征精神、延安精神等，是中国革命历史中孕育出的宝贵精神财富。这些特色精神，不仅彰显了中国共产党领导下的革命军队和人民群众的英勇奋斗精神，还体现了中华民族不屈不挠、自强不息的民族品格。在课程设计中，深入挖掘这些特色精神的内涵和价值，能够引导学生深刻理解红色文化的精神实质，从而增强他们的民族自豪感和历史使命感。以井冈山精神为例，其作为中国革命精神之源，蕴含了坚定的革命信念、艰苦奋斗的作风以及密切联系群众的思想。在研学课程中，可以设计讲述井冈山革命根据地的创建历程、分析井冈山精神时代价值的内容，引导学生领悟革命前辈的崇高精神境界，培养他们艰苦奋斗的精神和团结协作意识。长征精神则是中国革命史上的另一座丰碑。它体现了红军指战员在长征途中展现出的惊人毅力和顽强斗志，以及顾全大局、严守纪律、紧密团结的高尚品德。在研学课程中，设计重走长征路、模拟长征途中的艰难困苦的内容，可以让学生亲身体验长征的艰辛与伟大，从而深刻领会长征精神的独特魅力。延安精神作为中国革命精神的重要组成部分，其自力更生、艰苦奋斗的创业精神，全心全意为人民服务的精神，理论联系实际、不断开拓创新的精神等，都是新时代青少年应该学习和传承的宝贵财富。在研学课程中，参观延安革命圣地、学习研究延安时期的历史文献和革命故事，可以帮助学生深入理

解延安精神的丰富内涵，激发他们继承和发扬延安精神的热情①。

在课程设计过程中，还可以通过研究中国共产党人的精神谱系，充分挖掘不同地区、不同时期的红色文化资源特色元素。这些元素可能包括特定的历史事件、革命人物、战斗遗址等，它们都具有鲜明的地域性和时代性特征。将这些特色元素融入课程内容，可以帮助学生更加深入理解和感悟红色文化的独特魅力，从而增强其对红色文化的认同感和归属感。

在课程设计时要关注红色文化资源与当地实际情况的结合。通过将红色文化资源与当地的自然环境、社会经济等实际情况相结合，可以设计出更具针对性和实效性的研学课程。这样的课程不仅可以帮助学生更好地理解和感悟红色文化，还可以促进其对当地社会经济的了解和认识，从而增强其社会责任感和使命感。

课程活动的设计应把培养学生的创新意识和批判性思维作为重点考虑因素。在学习和实践红色文化的过程中，应鼓励学生不断发掘和创造新的红色文化元素。这不仅可以丰富红色文化的内容，还可以培养学生的创新思维和实践能力。教师还应注重学生的情感体验和实践参与。通过组织实地考察、角色扮演、情景模拟等多样化的实践活动，教师可以让学生在亲身体验中感受红色文化的魅力，从而增强其学习红色文化的积极性和主动性。同时，这些实践活动还可以锻炼学生的团队协作能力、解决问题能力等综合素质，促进其全面发展。

红色文化资源研学课程设计应充分发掘和体现红色文化资源的特色精神，注重培养学生的创新意识和批判性思维，并关注红色文化资源与当地实际的结合。通过实施这样的课程设计，教师可以帮助学生更加深入地了解和感悟红色文化，促进其全面发展，并为传承和弘扬红色文化作出积极贡献。

第二节　研学课程体系建构

研学旅行作为一种衔接校内教育和校外教育的创新型教育形式，近年

---

① 马红娟. 延安精神在当代大学生中的践行 [J]. 人民论坛, 2010 (9).

来受到社会的广泛关注。在实际操作过程中,研学旅行仍存在诸多制约其教育效果充分发挥的问题,比如课程设计普遍缺乏系统性和针对性,忽视了对学生核心素养的培养等。同时,由于缺乏科学的课程设计,研学旅行往往难以达到预期的教育目标[①]。

红色文化资源研学旅行活动不仅发挥着推动红色历史教育、爱国主义教育,塑造有理想、有担当、三观正的时代新人的作用,也是青少年实践能力、创新能力、技术学习培养的校外课程。因此,建构合理的红色文化研学旅行活动课程体系的作用不言而喻。本节将首先介绍红色文化资源研学旅行课程体系的整体建构,包括总体性的主题建构,以及分活动领域的横向课程内容架构以及按学生年龄段划分的纵向课程内容架构。

课程体系是培养和提升青少年学生能力和素养的重要实现途径,是实现教育理念和目标的桥梁,也是育人体系的核心。课程体系架构的合理性很大程度上决定了学生所能呈现的知识、能力和素质结构,决定了育人目标能否成为教育现实。课程体系的实施,可以使学生逐步获得适应现实和未来社会经济发展需要的知识、能力和素质。

一、课程体系的主题

研学旅行课程体系的主题和主线建构是总领性的,能够为后续的课程内容体系架构作出指引。在红色文化资源研学课程体系开发中,其主题和主线的建构就是要探索和构建以"红色革命道路—红色革命文化—红色革命精神"为主线的集物态、事件、人物、精神于一体的红色资源教育内容体系。

具体来说,课程体系的主题包括三个方面的内容。第一,研究红色革命道路的内涵,揭示马克思主义与中国革命具体实践相结合的必要性、科学性、正确性,从而通过实施中国革命道路与中国特色社会主义道路有机统一的教育,来坚定人们的马克思主义信仰和中国特色社会主义共同理想。第二,研究红色革命文化,揭示马克思主义在红色革命文化中的核心地位和指导作用,展示红色革命文化与社会主义先进文化之间的渊源关

---

① 蔡颖. 红色文化研学旅行课程开发浅探. 东西南北 [J]. 教育,2019.

系,推动红色革命文化传统优势的创新,用先进文化激励人、鼓舞人、武装人、教育人。第三,研究红色革命精神的本质内容,揭示"井冈山精神""长征精神""沂蒙精神"等革命精神之间的内在联系和发展规律,揭示"革命精神群"在中国革命中的地位和作用,并与时代精神特征相结合,实施民族精神教育,弘扬和培育学生的民族精神和时代精神。

二、有机融入学校教育课程

(一)与学科教学相结合

研学课程设计面向的是中小学生,是综合实践活动的一部分,所以红色文化资源与学科教学相结合是研学课程设计的必然要求。通过充分挖掘和利用红色文化资源的教育价值,与学校教育知识链接,可以为学生提供更加生动、具体和深入的学习体验,同时也有助于传承和弘扬红色文化精神。语文、历史、思政等学科都可以找到与红色文化资源的融合点。

在语文学科中,红色文化资源可以作为文学作品的背景或主题,让学生更深刻地理解文学作品中的历史背景和人物形象。例如,通过学习描写革命战争年代英雄人物事迹的文学作品,学生可以更加直观地感受到那个时代人们的奋斗精神和爱国情怀。此外,红色文化资源中的诗歌、散文等文学作品也可以作为语文教学的素材,让学生在学习文学知识的同时,接受红色文化的熏陶[①]。

对于历史学科,红色文化资源更是不可或缺的教学资源。通过参观红色文化遗址、革命战争纪念场馆,聆听革命先烈的英勇事迹等,学生可以亲身感受到中华民族不屈的革命奋斗历史。这些红色文化历史遗存以真实的历史场景和物件具象,远比课本上的文字和图片更加生动和具体。例如,在讲述抗日战争历史时,可以结合当地与抗日战争相关的红色文化资源,如抗日根据地遗址、抗日战争纪念馆等,借助研学旅行这种校外实践活动形式让学生进行实地考察和学习,加深对历史课本的理解。

在思政学科中,红色文化资源同样具有重要的教育价值。红色文化资

---

① 徐玉莲. 红色文化传承与学校思想政治教育的有机融合[J]. 教育学术月刊,2021(12).

源中蕴含的革命精神、艰苦奋斗、爱国情怀等，都是思政教育的重要组成部分。通过学习红色文化资源，青少年在耳濡目染中可以不断地坚定自己的理想信念，增强社会责任感和爱国情怀。

红色文化资源研学课程如何适时适度融入学科教学，对课程设计者提出了较高要求。首先，要对红色文化资源有深入的了解和研究，挑选出适合学生学习的内容。其次，要根据学科特点和学生实际情况，设计适合青少年学生的研学课程内容方案和活动。比如组织学生进行实地考察、开展主题研讨等活动，让学生在亲身参与中感受红色文化的魅力[1][2]。

（二）实践活动的设计与实施

在红色文化资源研学课程体系的构建中，实践活动的设计与实施是至关重要的环节。实践活动旨在通过亲身体验与深入探究，使学生更为直观地感受红色文化的深厚底蕴，从而在实践中培育学生的爱国情怀。

设计红色文化资源研学活动时，应充分考虑活动的实践性、探究性以及教育性。活动可以围绕红色文化遗址、纪念馆、博物馆等实地场所展开，让学生亲临历史现场，感受红色氛围。同时，结合红色文化主题，设计诸如主题演讲、情景剧表演、红色故事分享等形式多样的活动，以激发学生的参与热情，加深其对红色文化的理解与认同。

在实施策略上，应注重活动的组织与管理，确保活动的安全与有序进行。教师可在活动前进行详细的规划与准备，明确活动目标、流程与注意事项。在活动过程中，教师应给予学生适当的引导与支持，鼓励学生积极参与、主动探究，并及时对学生的表现给予评价与反馈。此外，还可邀请红色文化专家或相关从业人员进行现场讲解与指导，以提升活动的专业性与教育效果。

精心设计与有效实施的红色文化资源研学活动，不仅能够丰富学生的课余生活，拓宽其知识视野，更能够在潜移默化中培养学生的红色精神与爱国情怀，为其全面发展奠定坚实基础。

---

[1] 王秋萍. 运用闽西红色文化资源，提升研学德育活动实效[J]. 中学课程资源，2019(1).

[2] 邱英. 赣南红色文化旅游资源与高中地理研学活动相融合的研学方案——以江西瑞金为例[C]. 广东省教师继续教育学会第五届教学研讨会论文集，2022(10).

以鲁西南革命战争纪念馆为例，可以设计一次以"传承红色基因，争做时代新人"为主题的红色研学旅行活动。通过参观纪念馆、聆听红色故事、观看红色影片等形式，让学生深入了解革命历史，感受革命先烈的英勇事迹，从而激发学生的爱国热情与民族自豪感。同时，结合纪念馆的丰富资源，设计互动体验环节，如模拟战斗场景、制作红色文化手工艺品等，让学生在亲身参与中加深对红色文化的理解与感悟。

在全域教育视域下，红色文化研学活动的设计与实施还应注重与地域特色的结合，充分利用当地的红色文化资源，打造具有地方特色的研学课程。通过挖掘地域文化中的红色元素，将这些元素融入研学活动，不仅能够增强活动的吸引力与感染力，还能够更好地传承与弘扬地方红色文化[1]。基于项目化教学的理念，可以将红色研学活动与志愿服务项目相结合，如开展"同筑百年乡村梦"志愿服务项目。通过组织学生参与红色文化宣传、红色旅游导览等志愿服务活动，让学生在实践中学习红色文化，提升自己实践能力与社会责任感。这种项目化的研学活动设计，不仅能够促进学生的全面发展，还能够为红色文化的传播与传承贡献力量[2]。红色文化资源研学活动的设计与实施需要综合考虑多方面因素，包括活动的实践性、探究性、教育性以及地域特色等。通过精心设计与有效实施，这类活动将成为培养学生红色精神与爱国情怀的重要途径，为红色文化的传承与弘扬注入新的活力。

三、课程体系内容横向架构

研学旅行课程体系内容的横向架构主要指课程活动在横向覆盖的课程类型领域，通常涵盖多项内容，主要将研学旅行课程体系的横向架构分为学习活动课程、体验活动课程、实践活动课程和教育活动课程四个类型。课程体系的横向架构旨在通过多元化的学习、体验、实践和教育活动，全方位地促进学生对红色文化的深入理解与感悟，同时提升学生的综合素质

---

[1] 吕晓明. 全域教育视域下红色文化研学课程体系的构建与实施[J]. 教育观察，2024（5）.

[2] 周菀娇. 基于项目化教学的高职院校红色研学活动设计——以"同筑百年乡村梦"志愿服务项目为例[J]. 学园，2023（5）.

和能力[①]。

（一）学习活动：学科融合与跨界探索

相较于其他课程类型，学习活动课程是基础性、理论性的学习，是开展研学实践和体验的基础。通过学习活动课程的开展，青少年学生能够对红色文化的基本历史背景、事件、人物故事、红色文化及精神的基本内容有初步的理解。学习活动主要包括学科学习活动与跨学科学习活动等内容。

1. 学科学习活动

学科学习，是指学生在学校教育中，针对某一特定学科进行系统性、有组织的知识获取、技能培养及思维发展的过程。学科学习在学校教育中占有重要地位，它是学生全面发展的基础。不同的学科具有不同的特点和价值，培养学生不同的能力和素养，研学课程的设计应当以学科学习活动为起点，基于学生的年龄、兴趣和需求，与学校教育课程链接，促进学生的全面发展。在红色文化研学课程设计中，主要应当通过历史、政治、地理等学科的课程，系统学习红色文化的历史背景、重要事件和人物，为后续的实践体验奠定基础。例如，在历史学科学习中，结合课本知识内容，深入讲解山东红色革命历史，包括重要战役、历史人物、革命遗址等，通过史料分析、时间线梳理等方式，增强学生对历史事件的认知。在艺术学科学习中，结合艺术学科教育要求，引导学生研读鉴赏红色经典文艺作品，如《铁道游击队》《苦菜花》等。结合影视欣赏、艺术创作（如绘画、雕塑）等活动，感受红色文化的艺术魅力，同时促进学生进一步体会历史背景、革命精神等内容。在地理和环境学科学习中，探讨红色革命遗存、战争遗迹等的地理条件、自然环境对革命斗争的影响，增强学生对地理环境理解的同时，深刻感悟革命精神。

2. 跨学科学习活动

跨学科学习是一种创新性和综合性的学习方式。相比于学科学习，跨学科学习超越了单一学科的界限，将两个或两个以上学科的知识、技能、方法和观念等整合起来，形成一个新的、具有复合价值的学习内容结构整

[①] 朱传世. 研学旅行设计［M］. 北京：中国发展出版社，2020.

体，以解决复杂问题或探究某一主题。这种学习方式强调学科之间的交叉、融合与互补，旨在促进学生的全面发展，培养他们的综合素质和创新能力。随着经济的不断发展和产业的持续创新，社会对复合型人才的需求日趋增加，跨学科学习在教育领域具有广泛的应用前景。通过跨学科学习，学生可以融会贯通不同学科的知识和技能，从而更好地适应未来的社会和职业发展。研学旅行课程作为一种新兴的教育形式，要发挥弥补传统学科教育的作用，就需要将跨学科学习活动纳入课程设计的考量。通过历史、文学、艺术、哲学等学科，探讨红色文化在不同领域的体现和影响，促进学生综合素养的提升。例如，历史与信息技术结合，利用数字化手段（如 VR、AR 技术）重现历史场景，让学生身临其境地感受红色文化。艺术与社会科学的结合，先组织红色主题的社会调查，结合访谈、问卷调查等方法，了解当地民众对红色文化的认知与传承情况，再通过艺术创作（如纪录片、微电影）进行展示。

（二）体验活动：感官沉浸与情感共鸣

体验活动课程是一种基于实践和互动的学习方式，旨在通过模拟真实情境或参与具体活动，使学生获得更深入、更综合的学习体验。体验活动课程强调学生的亲身参与和体会，通过多样化的学习环境和活动形式，帮助学生更好地理解和应用所学知识。在课程体系中纳入体验活动课程，能够使学生沉浸式体验革命历史、红色文化，激发对革命精神、爱国主义精神的共鸣，促进学生自发形成爱国报国的意识和目标。体验活动课程通常包括单一感官体验活动和多感官体验活动。

1. 单一感官体验活动

单一感官体验活动课程是一种专注于通过单一感官刺激来增强学生学习体验和感知能力的课程。这种课程设计旨在通过集中刺激学生的某一种感官（如视觉、听觉、触觉、味觉或嗅觉），来加深学生对特定知识或技能的理解和掌握。在红色文化资源研学旅行课程活动中，可以通过观看红色主题的电影、纪录片，听红色故事的讲述，阅读红色文学作品等单一感官体验活动，加深学生对历史文化的感受，强化身临其境的体验感，从而获得更好的教学效果。例如参观红色纪念馆、博物馆，通过展览、图片、文物等视觉元素，直观感受红色文化的历史厚重感等视觉体验；聆听红色故事会、革命歌曲演唱,通过声音传递红色文化的情感力量的听觉体验等。

2. 多感官体验活动

多感官体验活动课程是一种创新的教育模式,它强调通过视觉、听觉、触觉、嗅觉、味觉等多种感官的综合刺激,来增强学生的学习体验和感知能力。这种课程设计旨在打破传统教学中单一感官的局限,让学生能够在全方位、多层次的感官体验中,更深入地理解和掌握知识。研学课程活动相比于学科教育更具开放性,能够更好地将教育融入于多感官体验中。因此,在课程设计中,通过组织学生参观红色教育基地、纪念馆,通过实地考察和互动体验,让学生在视觉、听觉、触觉等多方面体验红色文化,具有十分重要的意义。例如,某些红色文化景区建设了综合体验营,在红色教育基地设立综合体验区,包括模拟战斗场景、革命军队生活体验(如穿军装、吃粗粮)、红色文化互动游戏等,让学生全方位、多角度地体验红色文化。还有就是情感共鸣活动,可以组织红色主题朗诵会、演讲比赛、情景剧表演等,让学生在参与中感受红色文化的精神内涵,激发爱国情感。

(三)实践活动:社会参与科学探索

实践活动课程是以学生的实践经验为基础,通过实践活动为主要学习方式,旨在培养学生的实践能力、创新精神以及综合素养的课程形式。实践活动课程打破了传统学科课程的界限,强调跨学科的知识整合和应用,使学生能够在真实的情境中解决问题,发展自己的知识和技能。实践活动课程注重学生的主体性,鼓励学生主动参与、自主探究,通过亲身参与实践活动来积累经验、感受过程、体验成功。它不仅关注知识的获取,更重视知识在现实生活中的应用和转化,以及学生的情感态度和价值观培养。研学旅行作为寓教于旅游的教学新业态,是一种走出校门开展研究性学习和旅行体验相结合的校外实践活动。因此,实践能力等研学旅行实践活动课程是研学旅行课程设计中不可或缺的一部分。在具体实施上,实践活动课程可以采用多种形式,如社会实践活动、实地考察、科学实验、志愿服务等。

1. 社会实践活动

社会实践活动旨在让学生走入社会和生活,通过亲身实践锻炼能力,获得认知社会的经验,促进学生"知行统一"和个性全面发展。社会实践活动课程是课程体系中的重要组成部分,它强调学生的主体性和实践性,通过参与实际的社会活动,将理论知识与现实生活相结合,培养学生的综合素质和实践能力鼓励学生参与社区服务、志愿活动等,将红色文化的学习和实践结合起来,培养学生的社会责任感。在针对红色精神、革命历史等红色文化内容进行深入的理论学习后,需要通过社会实践活动来践行所学,以达到更好的教学效果。例如志愿服务活动,在红色景区、纪念馆等地开展志愿服务活动,如做讲解员、导游、环境维护人员等,让学生在服务中传承红色文化。红色文创产品设计,鼓励学生结合所学知识,设计红色文创产品,提升对红色文化的传播能力。

2. 开放性实践活动

开放性实践活动是一种注重学生主动参与和探索的课程形式,旨在培养学生的科学思维、实践能力、创新能力和问题解决能力。这种课程模式打破了传统教室教学的束缚,强调通过实际操作和亲身体验来加深学生对科学知识的理解和应用,是对课堂知识的有效延伸,能够培养学习兴趣、锻炼动手能力、激发创新精神。在研学旅行课程设计体系中引入开放性实践活动,通过模拟历史事件、角色扮演等活动,让学生在实践中深入理解红色文化的精神内涵。例如,可以组织红色文化遗址保护研究活动,组织学生参与红色文化遗址的考察、测绘、保护技术研究等活动,运用科学知识保护红色文化遗产;或者进行红色文化创新项目实践,鼓励学生结合现代科技手段(如数字化、网络化)对红色文化进行创新性开发和应用,如开发红色文化 App、建立红色文化数据库等。

(四) 教育活动:全面教育与自我成长

教育活动课程通过多样化的教育活动和实践,促进学生的全面发展。这种课程模式不仅仅局限于传统的学科课程,还涵盖了更广泛的教育领域和学习方式。教育活动课程是一种综合性的课程类型,能够为学生提供更多更好的学习机会和平台,通常包括文化教育、社会教育、自然教育、自我教育等内容。

1. 文化教育活动

文化教育活动通过讲座、研讨会等形式,深入探讨山东红色文化的内涵和价值，提升学生对红色文化的认识和理解。

红色文化讲座与论坛：邀请专家学者、革命后代等举办讲座和论坛，分享红色文化的研究成果和感人故事。

红色文化读书会：组织阅读红色经典书籍、撰写读后感、分享交流等活动，培养学生的阅读习惯和批判性思维能力。

2. 社会教育活动

社区教育活动通过红色文化研学旅行与当地社区之间的互动，让学生了解红色文化在当地社会中的影响和传承，并对学习的红色文化知识有更为具体的感受和实践。

红色文化社区宣传：组织学生走进社区、学校、企事业单位等开展红色文化宣传活动，增强社会影响力。

红色文化主题节日庆典：结合重要纪念日（如建党节、国庆节等）举办红色文化主题节日庆典活动，营造浓厚的红色文化氛围。

3. 自我教育活动

自我教育活动是学生实现自我提升和进步的重要方式，这类课程活动鼓励学生通过自我反思和自我管理，将红色文化的精神内化为个人成长的动力。

红色文化反思与总结：组织学生进行红色文化研学旅行的反思与总结活动，撰写研学报告、心得体会等，促进自我认知与成长。

自我挑战与提升：鼓励学生设定个人目标、参与挑战项目（如徒步穿越红色线路、完成红色文化研究项目等），在挑战中提升自我能力和素质。

四、课程体系内容纵向架构

研学旅行课程体系内容的纵向架构主要指课程活动针对不同学段学生的认知水平、学习需要特点，在纵向年龄上对不同学龄学生设计不同课程内容和组合的课程体系。学校教育课程通常是按照基础课程、拓展课程和研究课程的逻辑层次架构，研学旅行课程属于校外综合实践活动课程的一种，按照课程层级，依据学段年级进行架构更加符合课程特性，按照《关于推进中小学研学旅行的办法》文件要求，课程内容方案设计可按照小学四年级到六年级，初中一年级到二年级，高中一年级到二年级三个学段进行低学段到高学段的层级设计。通过这三个学段的层级设计，红色文化资源研学旅行课程体系能够循序渐进地引导学生从启蒙认知到深入理解再到综合应用与深度探索，全面提升学生的综合素质，培养家国情怀。

（一）小学四年级到六年级学段：启蒙认知与基础体验

此阶段内，红色文化研学课程体系的设计主要侧重激发学生对红色文化的兴趣，培养基本的历史认知与情感认同，为后续的深入学习奠定基础。

1. 学习活动

小学四年级到六年级的学生正处于认知发展的关键时期，对历史、文化等抽象概念的理解能力逐渐增强。这一阶段的学习活动以实现初步的启蒙认知、情感激发为目标。设计者可以结合红色故事讲述、绘本和书籍阅读、观看适合年龄的红色主题动画片等方式，采用学科渗透的方法，在历史、语文、思想品德等课程中融入红色文化元素，通过故事讲述、图片展示等方式，让学生初步了解山东红色文化的基本历史历程和英雄人物事迹，激发学生的爱国情感和民族自豪感，增强他们对革命历史的认同感和归属感。

2. 体验活动

这一阶段的体验活动以基础体验为主。体验课程可以让学生亲身体验革命时期的艰苦生活和英勇斗争，激发学生的情感共鸣和爱国情怀，增强历史代入感和责任感。例如，可以组织学生参观本地的红色教育基地，如纪念馆、历史遗址、烈士陵园等，进行单一感官和多感官相结合的初步体验。在体验活动中，也可以设置简单的互动环节，如角色扮演、问答游戏等，增加学生的参与感和体验感。

3. 实践活动

这一阶段的实践活动课程以寓教于乐为目标，形式多样的实践活动，可以激发学生主动参与实践，培养实践能力和社会责任感。例如，开展烈士陵园扫墓、担任红色景点志愿讲解员、参与红色文化宣传、红色故事演讲比赛等社会实践活动，提升学生的参与感和表达能力，增强对红色文化的认同感。

4. 教育活动

这一年龄段中的教育活动强调对学生红色文化价值观、爱国主义精神形成的引导作用，可以通过主题班会活动、节日纪念活动，向学生传授红色文化的价值观和精神内涵。例如，通过红色歌曲传唱，传递红色精神，增强学生的爱国情感；开展主题班会分享，组织学生分享红色故事、观看红色影片，增进对红色文化的了解；鼓励学生在班会上分享自己的研学体验和感受，培养表达能力和团队协作能力等。

（二）初中一年级到二年级学段：深入理解与多元体验

此阶段内，学生的认知水平、知识储备以及各方面能力显著提升。在红色文化研学旅行课程体系的设计中，要更加注重学生对红色文化的深入理解，通过多元体验加深情感共鸣。

1. 学习活动

这一阶段的学习活动要更加注重红色文化知识与学科学习知识的深度融合，通过语文课、历史课、思想政治课深入学习山东红色文化的历史背景、重要事件和人物，增加讨论和小组合作学习的机会。在学科学习方面，在历史、地理、语文、艺术等学科中加入红色文化元素。在学科学习的基础上，鼓励学生针对所学内容进行跨学科的知识整合，提升学习和探究能力。适当开展研究性学习活动，引导学生选择感兴趣的红色文化主题进行深入研究，撰写研究报告或制作PPT进行展示。

2. 体验活动

相比于前一阶段，这一阶段的体验活动要设计更为沉浸式的体验活动课程。组织学生参与更为深入的红色文化体验活动，如红色主题的研学旅行、全方位的历史情景模拟等，提高学生的沉浸感和体验感。例如，组织学生参与红色文化主题的多感官体验活动，如VR红色战场体验、红色电影沉浸式观影等，或是通过模拟红色战役、红军生活等情境，让学生在角色扮演中深刻体验红色文化的精神内涵。

3. 实践活动

实践活动方面，鼓励学生更多地组织和参与社会实践活动，将红色文化的精神应用到实际行动中。例如，在红色景区、纪念馆等地开展志愿服务活动，当讲解员、导览员等，将所学知识应用于实践。

4. 教育活动

这一阶段的教育活动不仅要引导学生深入探讨红色文化的内涵和价

值，更要培养学生的批判性思维和道德判断能力，形成不断提升自己的自驱力。例如开办红色文化讲座，邀请专家学者或革命后代举办讲座，分享红色文化的研究成果和历史故事，为学生提供更多的学习视角，更好地理解所学知识。开办红色文化辩论赛：围绕红色文化相关议题组织辩论赛，培养学生的逻辑思维和表达能力。

（三）高中一年级到二年级学段：综合应用与深度探索

在这一阶段内，学生的抽象思维能力和自我意识增强，学习能力水平显著提升，能够完成信息处理和学习，学科知识、跨学科综合知识等知识储备水平大幅提升，对自我发展有了更清晰的认知和初步的目标。因此，在这一阶段中，要强化学生对红色文化的综合应用能力和深度探索研究能力，培养社会责任感和家国情怀，同时也要根据学生的具体需要提供支持和引导。

1. 学习活动

一是继续将红色文化理论知识教育融入学科教育。在历史和政治课程中，应结合山东红色文化进行跨学科的学习，如结合文学、艺术等学科探讨红色文化的表现和影响。二是有针对性地开展学术研究和交流，充分培养学生的探究能力，引导学生开展红色文化的学术研究，撰写学术论文或参与课题研究，提升科研能力。同时，可以组织学术研讨会或论坛，鼓励学生分享自己的研究成果，与专家学者进行交流探讨。

2. 体验活动

在这一学段内，一是可以组织学生参与更为多样化的红色文化体验活动，如红色主题的戏剧表演、纪录片制作等，提升学生的创造力和实践能力。二是可以引导学生自主进行实地考察与体验，例如组织学生前往山东各地红色文化资源丰富的地区进行实地考察和采访，了解红色文化的历史背景和现实价值。

3. 实践活动

实践活动方面，鼓励学生参与开放性实践活动，如红色文化研究项目、社会调查等，培养学生的研究能力和创新精神。一是开展红色文化专题研究活动，引导学生自主选定研究主题，通过小组合作、资料收集和整理、文献阅读等方式，针对红色文化进行专题研究，在加深对历史脉络、革命精神理解的同时，培养学生的实践能力和研究能力。二是开展红色文化传播活动，利用新媒体平台（如微信公众号、短视频平台）创作并发布红色文化相关内容，扩大红色文化的影响力。三是开展社会服务与公益项目。结合红色文化元素设计社会服务和公益项目，如红色文化进校园、红色旅游扶贫等，培养学生的社会责任感和奉献精神的同时，加强红色文化与现代生活的紧密联系，发掘传统文化和精神的新时代内涵。

4. 教育活动

教育活动则旨在通过文化教育、社会教育、自然教育和自我教育等多种形式，引导学生全面理解和内化红色文化的深层意义。例如开展红色文化竞赛，举办相关的知识竞赛、演讲比赛、征文比赛等，激发学生的参与热情和创造力。还可以组织红色文化社团活动，成立红色文化社团或兴趣小组，定期开展活动，为学生提供展示自我和交流合作的平台。

综上所述，本节从主题主线构建、横向结构设计、纵向结构设计三个方面出发，对红色文化资源研学课程体系的搭建进行了全面的论述。值得注意的是，红色文化资源研学课程体系的开发不应独立于学校的整体育人课程体系，而是应当在综合考量三方面课程体系要素的前提下，充分将红色文化研学课程设计融入学校课程，实现育人目标。

第三节　红色文化资源研学课程内容的开发

一、资源整合与筛选

红色文化资源研学课程内容的开发，首要任务是进行资源的整合与筛选。这一步骤涉及对区域内诸多红色文化资源的细致梳理和精心挑选，以确保课程内容既丰富多样，又具备深厚的历史底蕴和教育意义。

在资源整合方面，我们需要将目光投向各类红色文化资源，包括但不限于革命纪念馆、烈士陵园、红色遗址等教育基地，以及红色电影、书籍、纪录片等文化产品。这些资源承载着中国共产党领导人民进行革命斗争的辉煌历史和宝贵精神，是开展红色文化教育的重要载体。整合这些资源，我们能够为学生构建一个全面、立体的红色文化学习环境，帮助他们更好地了解历史、传承精神①。

我们必须坚持严谨的态度和高标准的要求进行现有红色资源的筛选。首先，要确保所选资源的真实性，即资源所反映的历史事件和人物事迹必须真实可靠，经得起历史的检验。其次，要注重资源的典型性，挑选那些具有代表性的红色文化资源，以体现中国共产党革命精神的独特性和时代价值。最后，还要考虑资源的教育价值，即资源必须具有启发性和较强的教育意义，能够引导学生深入思考、感悟红色文化的精神内涵②。

为了实现资源整合与筛选的目标，我们可以借鉴相关研究成果和实践经验，更加科学、有效地进行红色文化资源的整合与筛选工作。在具体操作过程中，我们可以采取多种方法来实现资源整合与筛选的目标。首先，可以通过文献研究法收集大量关于红色文化资源的资料和信息，为后续的筛选工作奠定基础。其次，可以运用实地考察法对各类红色文化资源进行实地踏勘和调研，以获取更加真实、直观的感受和认识。最后，还可以借助专家咨询法等手段邀请相关领域的专家对资源进行专业评估和建议，以确保课程内容的科学性和权威性。

通过以上步骤和方法，我们能够成功地整合与筛选出一批优质的红色文化资源，为后续的研学课程设计提供有力的支撑和保障。这些精心挑选的资源将为学生带来深刻的历史体验和文化熏陶，助力他们在红色文化的熏陶下健康成长。同时，这也将为我们传承和弘扬红色文化、培养新时代中国特色社会主义接班人作出积极的贡献。

二、课程内容设计与组织

课程内容的设计与组织在红色文化资源研学课程开发中占据核心地位。这一环节要求设计者充分理解学生的认知规律和兴趣特点，深入挖掘红色文化资源的丰富内涵，以构建出既有趣味性又有教育性的教学活动。

在理论学习方面，课程内容应涵盖革命历史的基本脉络、革命精神的

---

① 王姣艳. 论青少年红色教育的实施原则及意义 [J]. 山东青年, 2016 (1).
② 张泰城. 论红色文化资源的分类 [J]. 中国井冈山干部学院学报, 2017 (7).

核心要义以及红色文化的独特价值。通过系统的理论学习，学生能够建立起对红色文化的整体认知，为后续的实践体验打下坚实基础。在设计理论学习内容时，应注重知识的体系性和逻辑性，确保学生能够循序渐进地掌握相关知识。

实地考察是红色文化资源研学课程中的重要组成部分。通过组织学生参观革命纪念馆、烈士陵园等红色教育基地，可以让他们亲身感受革命历史的厚重氛围，增强对红色文化的感性认知。在实地考察环节，设计者应精心规划参观路线，确保学生能够全面、深入地了解红色文化资源的各个方面。同时，还应注重实地考察与理论学习的有机结合，使学生在实地考察中能够运用所学知识进行分析和思考。

互动体验是激发学生学习兴趣和参与度的关键所在。通过角色扮演、情景模拟等互动体验方式，学生可以更加直观地了解革命历史事件和人物，深入感受红色文化的精神内涵。在设计互动体验内容时，应注重活动的趣味性和教育性，确保学生在轻松愉快的氛围中获得深刻的红色文化精神内涵体验。此外，还应鼓励学生在互动体验中发挥主观能动性，积极参与活动的组织和实施中，以提升其团队协作和问题解决能力。

在课程内容的设计与组织中，还应遵循研学实践活动的特殊性教学活动的时间。设计者应根据学生的学情、接受能力和课程需达成的目标，制定出切实可行的活动进程，确保课程内容的连贯性和系统性。同时，还应注重教学过程中的灵活调整，根据学生的反馈和实际情况对教学内容和方法进行适时调整，以确保课程教学的有效性。

课程内容的设计与组织是红色文化资源研学课程开发的关键环节，应充分考虑学生的认知规律和兴趣特点，结合红色文化资源的丰富性和多样性，设计出富有针对性和趣味性的研学活动，可以有效激发学生的学习兴趣和参与度，提升红色文化资源研学课程的教学效果。

三、辅助教学资源开发

辅助教学资源的开发在红色文化资源研学课程中也是不可或缺的。这些教学资源，包括文本资料、课件、视频、音频等多种形式，是激发学生学习兴趣和创造力的关键要素。在开发过程中，我们必须注重其科学性、实用性、创新性和趣味性，以确保它们能够与课程内容相得益彰，共同促进学生对红色文化知识的深入理解和掌握①。

文本资料的开发应立足于红色文化资源的核心内涵，结合学生的认知特点和成长需求，进行精心设计和编排。通常情况下，这种类型的教学资源会安排在学生手册中，行前进行知识储备、行中进行小结回顾，启发思考，内容围绕研学主题，涵盖革命历史、革命精神、英雄人物及其英勇事迹等方面，通过生动的故事和鲜活的案例，展现红色文化的独特魅力和时代价值，同时，文本资料需注重与现实生活的联系，引导学生将红色文化精神应用于实际生活中，实现知行合一②。

课件、视频、音频等辅助资源的开发，则需充分利用现代信息技术手段，以更加直观、形象的方式呈现红色文化内容，这种类型的资源可以渗透到研学课程设计和实施的全过程，给学生提供动手操作的机会，锻炼他们的创新实践能力和合作沟通能力。例如，在课程评价环节以制作精美的课件的方式进行小组汇报展示，将革命历史事件以图文并茂的形式展现出来，也可以通过拍摄高清的视频资料，让学生亲身感受革命纪念地的庄严与神圣，通过录制富有感染力的音频资料，让学生在倾听中感受红色文化的力量。这些辅助资源不仅能够丰富课程内容形式，还能够增强学生的学习体验和参与度。

在开发辅助教学资源时，我们还应注重创新性和趣味性的融入。创新性体现在对红色文化资源的深入挖掘和重新解读上，通过独特的视角和新颖的表达方式，赋予红色文化以新的时代内涵和教育价值。趣味性则体现在教材和资源的设计形式上，通过采用寓教于乐的方式，让学生在轻松愉快的氛围中学习红色文化知识，激发他们的学习兴趣和动力。

同时，借鉴其他地区或国家的成功经验，如印度尼西亚的公民教育课程内容开发方法，通过文献分析法和扎根理论相结合的方式进行深入研究，为我们的红色文化资源研学课程辅助教材与资源的开发提供有益的启示和借鉴。同时，我们也可以充分利用"互联网+"的优势，开发中小学

---

① 李国荣. 论红色文化资源在语文教学中的运用 [J]. 中学语文，2019 (10).
② 赵珑. 红色文化校本课程开发的价值及其实现途径 [J]. 教学与管理，2017 (7).

红色研学 App 等资源,以适应新时代学生的学习需求和习惯①。

辅助教学资源的开发是红色文化资源研学课程内容开发的重要组成部分。我们应注重其科学性、实用性、创新性和趣味性的结合,通过多种形式的教材和资源,共同促进学生对红色文化知识的深入理解和掌握,为培养具有红色文化精神的新时代青少年贡献力量。在实际操作中,我们要充分借助和结合具体地区的红色文化资源特色,进行有针对性的开发和应用,以实现最佳的教育效果。例如,在井冈山地区,可以充分利用其丰富的红色景区资源,开发特色辅助教学资源;在山东沂蒙山区,则可以依托开发成熟的红色旅游资源,打造沉浸式的研学旅游产品,带动其他红色文化的发展。

四、制定区域性研学课程标准

课程标准是指导课程设计、实施和评价的基础性文件,红色文化资源课程的开发关键是课程标准的建设,标准化建设对于确保红色文化研学课程内容的相对统一性和规范性至关重要。

在研学范畴,标准化建设才刚刚起步,目前只有《研学旅行服务规范》(LB/T054-2016)是国家层面发布的推荐性行业标准。另外,湖南省发布了《红色研学旅行服务规范》(DB43/T 2231-2021),是跟红色研学相关的地方性行业标准,但这些内容是偏重服务标准,跟课程设计内涵外延不同。

红色文化资源研学课程标准,是依据基础教育的目标定位和培养计划,结合中小学综合实践活动实施纲要的要求,以区域红色文化资源为主要内容,制定课程目标、课程内容、课程实施、课程评价等一系列规范和准则。通过制定课程标准,可以确保不同学校和地区在实施红色文化研学课程时具有一致性和可比性,提高教学质量,促进学生全面发展。课程标准是红色文化资源研学课程内容开发的基石,它不仅为课程实施提供了明确的方向,还确保了课程目标的达成与教学效果的评价具有可参照的标准。在制定课程标准时,必须综合考虑红色文化资源的独特性及其在教育

---

① 刘海舰. 高中思想政治课教学论文 [J]. 中华少年:研究青少年教育, 2012 (1).

领域的应用价值,从而明确课程在知识传授、能力培养和情感熏陶等方面的具体要求。

课程标准的制定应首要关注课程目标的设定。红色文化资源研学课程的目标应以基础教育的总目标为指引,落实具体的三维目标,即知识与技能、过程与方法、情感态度与价值观。我们也可以借鉴《中小学综合实践活动课程指导纲要》的文件内容,将课程目标表述为价值体认、责任担当、问题解决和创意物化四维目标。具体到红色文化研学课程的目标,重点应包含三个方面的内容,即对红色文化基本知识的掌握、对红色精神的理解和感悟,以及通过红色文化资源研学活动所培养的实践能力和创新精神。这些目标应具体、明确,既体现红色文化的核心价值,又符合学生的认知发展规律。

在课程内容方面,课程标准按照地域性规定应知应会红色文化知识点。红色文化资源在我国分布广泛,所以,课程应结合地域红色文化资源,进行乡情、县情、市情、省情教育的优势凸显。这要求我们要根据不同地域的红色文化资源特色,选取具有代表性的文化资源,如重要的历史事件、革命人物及其事迹等,进行红色文化知识脉络化梳理。设计课程时要明确区域性红色文化知识点的呈现方式和教学要求,针对不同的红色文化资源点,设计红色文化资源实地考察、互动体验等实践活动的具体安排和指导,以确保学生在亲身体验中加深对红色文化的认知[①]。

教学方法的选择也是课程标准制定中不可忽视的一环。结合红色文化资源的特性和学生的实际需求,推荐适宜的教学方法,如情境教学、案例教学、小组讨论等,以激发学生的学习兴趣,提高教学效果。同时,课程标准还应鼓励教师根据教学实际进行教学方法的创新和尝试。

课程评价是检验课程设计和实施是否达标的具体体现,目的是激励学生自主学习、主动学习,促进学生的全面发展和综合素质的提高。评价应涵盖知识掌握、能力发展、情感态度等多个维度,采用多元化、多样化的评价方式,将教师评价、学生自评、小组互评多元结合,同时采用书面测试、实践操作、口头报告多样态评价,全面、客观地评估学生的学习成果

---

① 赵珑. 红色文化校本课程开发的价值及其实现途径[J]. 教学与管理:中学版,2017(7).

和课程的教学效果。通过科学的评价，可以及时发现教学中存在的问题和不足，为后续的课程改进提供有力的依据。

制定课程标准还需注意以下几点：一是要充分体现红色文化资源的特色和精神内涵，避免千篇一律的教学模式；二是要注重课程的实效性和可操作性，确保课程能够在实际教学中得到有效实施；三是要不断更新和完善课程标准，以适应时代发展和学生需求的变化。

制定红色文化资源研学课程标准是一个系统性、综合性的过程，它的制定可以在一定程度上规范中小学研学旅行的市场，确保红色文化资源主题研学课程的顺利实施，充分发挥其在青少年教育中的重要作用。

五、安全保障机制

在红色文化研学课程实施过程中，确保学生的安全至关重要。因此，必须建立全面的安全保障机制，这一机制应涵盖多个方面，包括详细的安全预案制订、加强安全教育工作、落实各级安全责任等。

红色文化资源研学课程内容通常包含实地考察和实践活动，因此对学生的安全保障提出了更为严格的要求。在课程设计的执行部分，对学生的行车、饮食、住宿，以及活动的过程必须制订详尽的安全预案和应急措施，以确保学生在参与课程时安然无虞。

从内部角度看，在研学课程开始前，应组织学生进行安全教育培训，让他们了解安全方面的规章制度，掌握基本的安全知识和技能。进行比较特殊的研学体验活动前，课程开发者应该配合学校完成方案策划、模拟演练、家校合作等，帮助学生掌握必要的安全知识和技能，强化学生安全意识，提升学生的自我保护能力。同时，在研学过程中，教师应不断强调安全注意事项，提醒学生保持警惕，避免发生意外事故。

落实安全责任也是确保研学安全的重要环节。学校应明确各级领导、教师和学生的安全责任，形成层层抓落实的工作格局。鉴于研学旅行的受众是中小学学生，课程开发者还可以建立全面的学生安全档案，详细记录学生在研学过程中的安全表现，以便及时发现潜在问题并采取有效的干预措施。

课程开发者应尽可能与专业的安全教育机构合作，共同制订针对性的安全教育方案。这些方案应涵盖学生在实地考察过程中可能遇到的各种安全风险，并提供相应的防范措施和应对方法。

从外部角度看，课程开发者应积极主动地与当地政府部门、医疗机构等建立紧密的合作关系，以确保在紧急情况下能够迅速得到必要的支持和援助。与相关部门和机构建立良好的合作关系也是确保学生安全的关键。这包括与当地医院签订正式的合作协议，以确保学生在发生意外受伤时能够得到及时、专业的医疗救治。同时，课程开发者还需与红色教育基地的管理部门保持密切且有效的沟通，根据基地实际情况共同制定并实施科学的安全管理措施，以确保学生在实地考察过程中绝对安全。

安全保障机制是红色文化资源研学课程内容开发过程中不可或缺的一环。研学旅行的主体是中小学生，安全问题更是重中之重的关键问题。要充分准备、细致工作，在课程设计之初做好安排，确保为学生提供一个安全、有序的实践学习环境，使他们在感受红色文化熏陶的同时，加强安全意识，提高自我保护能力，助力学生身心健康，保障红色文化资源研学课程的顺利开展。

第四节 红色文化资源研学课程教学方法

一、探究式学习

探究式学习（Inquiry – Based Learning）鼓励学生通过主动探索、提问、研究和反思来构建知识。这种学习模式强调学生的主体性，让学生在教师的引导下，围绕特定的问题或项目进行深入研究，从而获得更深层次的理解和技能。探究式学习的核心在于培养学生的批判性思维、解决问题的能力和自主学习的能力。在红色文化资源研学课程中，探究式学习不仅是一种教学方法，而且是一种教育理念。它鼓励学生积极参与、主动探究，从红色文化资源中汲取养分，深化对历史和文化的理解。在实施探究式学习的过程中，教师应当注重从以下几个方面为学生提供引导和支持。

教师应精心设计红色研学中的探究问题或任务。这些问题或任务应具有明确的目标和指向，具有可操作性，能够激发学生的好奇心和求知欲。围绕某一革命历史事件或人物，以设计"重要历史事件背后的历史原因和影响"的研学内容为例，如果教师设计的问题是"探究红军长征的历史背景、路线及意义"，则学生应通过查阅书籍、观看纪录片、网络搜索等多种方式，搜集资料，进行研学旅行前的知识资料准备。在研学旅行过程中应组织学生实地考察长征途中的重要地点，如遵义会议遗址、泸定桥等，结合前期资料的收集、整理和归纳，进行研究性学习问题的讨论和表达，培养学生的独立思考能力和思辨能力。史料搜集与实践考察结合的探究式学习方式，能引导学生进行深入挖掘和思考，促使学生亲身感受长征的艰辛与伟大，更加全面地理解红色文化的内涵和价值。探究式学习并不意味着放任自流。在学生的整个探究过程中，教师应当始终保持高度的关注，当好"引路人"，及时了解学生的学习进展和所遇到的困难，并提供有针对性的指导和帮助。当学生在查找资料或分析问题的过程中遇到困难时，教师可以给予适当的提示和引导。

在探究过程中，学生的合作精神和分享意识得到加强，要鼓励学生分组探究，共同解决问题、完成任务。在小组合作中，学生可以相互启发、互相帮助，形成良好的学习氛围。同时，教师也应组织学生进行成果展示，并加强交流，让他们分享彼此的探究经验和心得。

探究式学习的评价也应注重过程与结果的结合。教师不仅要关注学生的探究成果，更要关注他们在探究过程中所表现出的学习态度、合作精神和解决问题的能力。全面、客观的评价和反馈，可以更好地激发学生的学习动力，促进他们的全面发展。

在红色文化资源研学课程中设计探究式学习，对激发学生的学习兴趣和主动性，培养他们的独立思考和解决问题的能力具有重要作用。通过教师的精心设计和引导，以及学生的积极参与和合作，探究式学习红色文化资源的研学课程可以在红色历史知识了解、情感养成和价值观塑造方面对学生产生深刻而积极的影响。

二、体验式学习

体验式学习（Experiential Learning）是一种以学习者为中心的教育方法，它强调通过直接体验和反思体验来获得知识和技能。这种学习方式认为知识来源于经验，学习者可通过参与活动、感受过程、反思结果来构建自己的理解和知识体系。体验式学习的核心在于"做中学"（learning by doing），它鼓励学习者主动参与、积极探索，并在实践中学习和成长。研学实践活动设计的本意就是带领学生走出校园，进入广阔的自然、社会和生活课堂，学会学习、学会生活、学会生存。

红色文化体验式学习强调学生的亲身体验和实践参与，身临其境地感受红色文化的深厚底蕴和革命精神的伟大力量，加深对红色文化的理解。例如，参观革命纪念馆、烈士陵园等红色教育基地，学生可以近距离接触历史文物，聆听讲解员的讲解，了解革命先烈的英勇事迹。在体验式学习的过程中，教师扮演着引导者和组织者的角色，他们精心策划和安排各种实践活动，就是让学生置身于历史的现场，亲身感受那些激荡人心的革命瞬间。在这些基地中，丰富的历史文物和珍贵的影像资料为学生们提供了直观的学习材料，使他们对红色文化有了更加真切的感知。

红色文化体验式学习还可以设计角色扮演体验活动，让学生在研学课堂上进行角色扮演活动，如在沂蒙纪念馆，让学生扮演支前民兵，通过推小车运粮食的体验，模拟革命时期的场景，增强历史代入感和沉浸式体验。这种学习方法强调学生的亲身体验和实践参与，使他们能够身临其境地感受红色文化的深厚底蕴和革命精神的伟大力量。

除了实地考察，角色扮演，情景模拟也是体验式学习中不可或缺的部分。目前，很多红色革命纪念馆、遗址遗迹都有高科技声光电设备情境再现革命场景，在这样的情境下组织学生进行革命历史故事和革命英雄人物事迹讲述和文艺作品创作，如与红色文化相关的绘画、诗歌、音乐等作品，以此来传达他们对革命精神的崇敬之情，学生们能够更加深入地理解历史事件和人物的精神风貌。这种学习方式不仅增强了红色文化历史的时代感，还激发了他们的想象力和创造力，使红色文化的学习变得更加生动和有趣。

体验式学习并非仅仅停留在感官体验的层面，它更强调学生在实践中的思考和感悟。在参观和模拟活动结束后，教师会组织学生进行深入的讨论和反思，引导他们系统地提炼和总结从实践中获得的宝贵经验和深刻启示。这种由感性认识到理性思考的升华过程，对于培养学生的批判性思维能力和独立思考能力具有积极作用，能够使他们对红色文化产生更加深刻的认识和理解。

体验式学习以其独特的魅力和显著的效果，在红色文化资源研学课程中发挥着不可替代的作用。通过以红色文化资源为背景的体验式学习，学习者不仅能够获得历史知识，还能在情感上与红色文化产生共鸣，增强文化认同感和社会责任感。这种学习方式使学习者能够在亲身体验中学习和成长，从而更深刻地理解和感受红色文化的精神内涵。

三、小组合作学习

小组合作学习在红色文化资源研学课程中扮演着举足轻重的角色。这种教学方法不仅有助于培养学生的团队协作能力，还能通过交流互动提升其沟通能力，从而实现学生的全面发展。

在实施小组合作学习的过程中，教师需要精心进行策划和组织。首先，根据学生的兴趣、特长和认知水平，将学生合理分组，确保每个小组的成员具有多样性和互补性。其次，为每个小组分配具体的红色文化资源研学任务或项目，如某一革命历史事件的调研、红色人物的专访等，使小组成员能够围绕共同的目标展开合作。在小组合作学习的过程中，教师应给予适时的引导和支持。鼓励学生通过查阅相关资料、实地考察、采访专家等方式，深入挖掘红色文化资源的内涵和价值。同时，教师还需密切关注学生的合作过程，引导他们学会倾听、尊重并理解他人的观点，从而培养其团队协作精神和民主意识[1]。当小组完成任务后，教师应组织学生进行成果展示和交流分享。这不仅能让学生感受到成功的喜悦，还能让他们在相互学习中拓宽视野、汲取新知。通过小组合作学习，学生不仅能够深入理解和掌握红色文化知识，还能在实践中有效提升其团队协作、解决问

---

[1] 胡艳华．语文教学中小组合作的重要性［J］．学园，2014（3）．

题以及创新思维等综合能力。

小组合作学习还能有效促进学生的情感交流和心理健康发展。在合作过程中,学生逐渐学会了如何与他人建立和谐的人际关系,以及如何妥善处理合作中可能出现的矛盾和冲突。这些经验对他们的未来生活和职业发展都具有重要的指导意义。

小组合作学习是红色文化资源研学课程中一种不可或缺的教学方法。通过合理分组、明确任务、适时引导和成果分享等环节的有效实施,能够充分发挥学生的主体作用,培养他们的团队协作和沟通能力,促进其全面发展。

四、Steam 教学法

Steam 教学法是一种综合性的教育方法,它整合了科学(Science)、技术(Technology)、工程(Engineering)、艺术(Art)和数学(Mathematics)五个领域的知识与技能。Steam 教育强调跨学科学习,鼓励学生通过实践和项目驱动的方式,将不同领域的知识融合在一起,以解决实际问题和挑战。Steam 教学法的核心在于培养学生的学习兴趣、创新思维、问题解决能力和团队合作精神。

Steam 教学法在红色文化资源研学课程中的应用,为学生提供了一个全新的学习视角和体验方式。这种教学法不仅打破了传统学科之间的界限,还使红色文化的学习变得更加生动、有趣且富有创造性。但这种教学法因为跨学科领域,所以更适合高中学段的学生,有一定的知识和能力积累,可以独立完成部分项目。通常,这种教学法在研学课程设计中的应用基于项目和任务的形式比较常见。比如,以红色文化资源为主题,设计一个研学活动的跨学科研究项目:红色文化遗址的数字化保护与展示。从科学与技术层面,学生学习红色文化的历史背景,并使用现代技术(如 AR/VR)来模拟和展示红色文化遗址。在工程与艺术层面,学生可以结合工程学知识,设计一个互动展览,结合艺术元素,如绘画、雕塑等,来增强展览的吸引力。数学应用角度是在设计过程中,应用数学知识进行测量、计算和规划,确保项目的精确性和可行性。归于实践操作方面,学生动手制作模型或数字化作品,将理论知识转化为实际操作。在项目实施过程中,学生需要解决各种技术、设计和实际操作中的问题，必须通过分组合作共同完成整个项目，培养问题解决和团队合作的能力。

通过 Steam 教学法，学生不仅能够深入了解红色文化，还能在实践中学习科学、技术、工程、艺术和数学的应用。这种教学方式激发了学生的创造力和解决问题的能力，同时也增强了他们对红色文化价值的认识和尊重。通过这种跨学科的研学课程设计，学生能够在多个领域发展技能，为未来的学习和生活打下坚实的基础。

第五节　红色文化资源研学课程评价体系的构建

课程评价标准是指为研学活动制定科学合理的评价标准和方法，以便对学生的学习成果和课程实施效果进行客观评价。课程评价标准是衡量课程效果的工具，是整个研学课程体系开发过程的闭环。它包括了对学生学习成果的评估、对课程实施过程的反思以及对课程目标达成度的判断。评价标准应该全面、公正，并且能够为课程的持续改进提供依据。

具体来说，在课程评价标准的开发过程中，应当明确评价的目的和重点，设计多元化的评价内容和方法，通过观察记录、作品展示、口头报告、评价量表等方法，对学生知识掌握、技能提升、情感态度与价值观等方面进行全方位跟进和过程性评价并反馈给学生，帮助增强学生的自我认知和自我反思能力，促进其全面发展。同时，要对课程设计内容和课程实施效果进行全面、客观地评价，为课程设计和实施改进和优化提供依据。

一、评价体系构建的原则

在构建红色文化资源研学课程评价体系时，我们必须坚持科学性、全面性和可操作性的原则。这些原则不仅是我们设计评价体系的基石，也是确保评价结果准确、公正、有效的关键。

科学性是评价体系的根本，它要求我们在构建评价体系时，必须依据科学的教育理论和评价标准。这意味着我们需要深入理解红色文化资源研学课程的特点和目标，明确评价的目的和意义，从而选择恰当的评价方法和指标。同时，我们还应关注评价过程的严谨性和规范性，确保评价结果能够真实反映课程的实际效果。

全面性则要求评价体系能够涵盖课程及实施的各个方面和环节。红色文化资源研学课程涉及的内容丰富多样，包括课程目标编制的合理性、教学内容资源选择的恰切性、教师或者研学导师教学方法的熟练性、整个课程实施效果的有效性等多个方面。因此，在构建评价体系时，我们必须充分考虑这些因素，确保每一个重要环节都能得到合理的评价。这样，我们才能全面了解课程的整体效果，为课程的改进和优化提供有力的依据。

可操作性是评价体系实用性的体现。一个优秀的评价体系不仅应该具备理论上的完善性，还应该具有实践中的可操作性。这意味着我们在设计评价指标和方法时，必须注重其明确性、具体性和可测量性。只有这样，我们才能在实际操作中轻松运用评价体系，得出准确、可靠的评价结果。同时，可操作性还要求我们在评价过程中注重简便性和效率性，避免过于烦琐和复杂的操作程序，以确保评价工作的顺利进行。

科学性、全面性和可操作性是构建红色文化资源研学课程评价体系不可或缺的原则。只有坚持这些原则，我们才能构建出既符合教育理论要求，又能满足实际操作需要的优质评价体系，为红色文化资源研学课程的实施和发展提供有力的支持。

在构建红色文化资源研学课程的评价体系时，我们首要关注的是评价目标的设定。这一目标不仅仅局限于学生对红色文化知识的掌握程度，更重视他们在能力提升、情感态度以及价值观方面的全面发展。我们期望通过研学课程，学生能够深入理解红色文化的精神内涵，提升自身在实践中的应对能力，并培养出对红色文化的热爱与尊崇之情。

为实现这一目标，评价体系的构建必须遵循客观性和公正性原则。客观性要求我们在评价过程中，以事实为依据，避免主观臆断和偏见，确保每一个学生的表现都能得到真实、准确的反映。而公正性则意味着在评价时，我们要对所有学生一视同仁，不偏不倚，确保每个学生都能得到公平的评价和对待。

除了客观性和公正性，评价体系的可操作性和实用性也是我们不可忽视的重要原则。一个优秀的评价体系，应当能够方便教师进行教学评价，提供清晰、明确的评价标准和方法。同时，它还能够在实际教学中发挥实效，帮助教师及时了解学生的学习情况，调整教学策略，从而提升教学质量[①]。

我们在构建红色文化资源研学课程评价体系时，将始终围绕学生的全面发展，坚持客观、公正、可操作和实用的原则，以期通过科学、有效的评价，推动红色文化资源研学课程的深入发展，为培养具有红色精神的新时代青少年贡献力量。

二、评价内容与指标

红色文化资源研学课程的评价体系，作为衡量课程实施效果的重要标尺，其评价内容与指标的设定显得尤为重要。这一体系不仅关注学生的知识掌握情况，更致力于全面评估学生的实践能力和情感态度，以确保课程的深入实施并有效达成预定目标。红色文化资源研学课程的评价内容涵盖多个层面，最重要的是全面评估学生的学习成果和课程效果。首先，就知识掌握而言，评价应关注学生是否深入了解革命历史事件、革命精神以及红色文化的内涵。这可以通过书面测试、课堂讨论或小组报告等方式来检验学生对相关知识的理解和记忆。

在能力提升方面，评价应主要关注学生的团队协作能力、沟通能力、创新思维以及解决问题的能力。为此，可以设置团队项目，要求学生在规定时间内完成，并通过对他们在项目中的具体表现进行细致观察，来评估其团队协作和沟通能力。同时，鼓励学生提出新颖的观点或解决方案，以培养其创新思维和解决问题的能力。

情感态度与价值观的评价也是不可或缺的一部分。这部分评价主要聚焦于学生的情感体验、对红色文化的认同程度以及价值观的形成。教师可以通过观察学生在课程活动中的具体表现、收集学生的反馈意见或开展专门的情感态度调查，来深入了解学生的内心感受和价值取向。

为了更具体地评估学生的学习成果，可以制定一系列具体的评价指标。例如，学生对革命历史事件的了解程度可以通过他们对历史事件的时间线、重要人物和事件意义的掌握情况来衡量；对革命精神的理解和感悟

---

① 夏一涵．实践教学评价指标体系构建［J］．锋绘，2019（1）．

程度则可以通过学生对革命精神内涵的阐述、相关事迹的举例以及个人感悟的深度来评判；团队协作和沟通能力的发展情况可以通过观察学生在团队项目中的参与度、贡献度和与他人的互动情况来评价；创新思维和解决问题的能力则可以通过分析学生提出的问题解决方案的新颖性、可行性和实际效果来评估。

在实施评价时，应注重评价方式的多样性和灵活性。研学实践活动不同于学校课堂教学，最常采用的是作品展示、口头报告、实地考察报告等形式来评价学生的学习成果，同时，学生手册也是对学生知识、能力和素质检验的一种手段。在进行评价时，常常结合学生的自我评价和同伴评价，以更全面地了解学生的学习情况和进步。

红色文化资源研学课程的评价内容与指标应涵盖知识掌握、能力提升、情感态度与价值观等多个方面，通过多样化的评价方式全面、客观地评估学生的学习成果和课程效果。

三、多元评价方法

在红色文化资源研学课程评价体系的构建中，建议使用多元评价方法。为了确保评价的全面性和准确性，我们既要关注学生对知识的掌握程度，还要关注他们在能力、情感态度以及价值观等方面的综合发展。因此，采用多种评价方法相结合的方式成为我们构建评价体系的必然选择。

作品展示是一种能够充分展示学生创新思维和实践能力的评价方式。在红色文化资源研学课程中，学生可以通过制作手抄报、PPT展示、微电影等多种形式来表达他们对红色文化的理解和感悟。作品展示不仅能够激发学生的创造力和想象力，还能够培养他们的实践操作和创新能力。通过对学生作品的细致观察和评估，我们可以更加深入地了解学生在课程学习过程中的收获和成长。

口头报告则是评价学生语言表达和沟通能力的有效方式。在红色文化资源研学课程中，学生可以围绕某个红色文化主题进行深入研究，并将研究成果以口头报告的形式进行展示。这不仅要求学生具备扎实的知识基础，还要求他们具备良好的逻辑思维和语言表达能力。通过口头报告的评价，我们可以对学生的综合素质进行更为全面的考量。

学生手册是课程设计的配套成果检验资料,是伴随研学课程行前、行中、行后实施的记录手册,是检验学生研学活动效果的最重要的评价方式。在学生手册中,伴随课程设计单元和实践活动,每个环节都有知识点资料补充、学习过程重点部分记录和学习成果检验三部分内容,保证学生能够在研学实践活动中随时进行记录和思考,是能够最全面反映整个研学实践活动课程实施中学生学习效果的文件。

除了上述三种评价方法,我们还可以根据课程特点和学生实际情况引入更多元化的评价方式,如小组讨论、同伴评价等。另外,还可以开展学生对研学课程设计内容的评价以及学生对导师指导的评价等,这些评价可以从不同角度揭示学生的学习状况以及研学旅行课程设计是否具有客观性、合理性和教育性,为我们提供更丰富、更立体的评价信息。

多元评价方法在红色文化资源研学课程评价体系的构建中发挥着举足轻重的作用。通过综合运用各种评价方法,我们可以更加全面、准确地评估学生的学习效果,为课程的持续改进和优化提供有力支持。

四、评价结果的反馈和改进

在红色文化资源研学课程中,评价结果的反馈和改进环节具有至关重要的意义。这一环节不仅有助于学生及时了解自己的学习状况,发现自身的优点和不足,从而调整学习策略,提升学习效果,也为教师提供了宝贵的教学反馈,帮助教师准确把握教学效果,针对性地改进教学方法和手段,以进一步优化课程设计。

评价结果的及时反馈是确保评价有效性的关键。通过公布优秀学生手册、作品展示评分、口头报告评价等具体数据,学生可以清晰地了解到自己在各项评价指标上的表现。这种透明化的反馈机制有助于激发学生的学习动力,促使其针对薄弱环节进行有针对性的改进。同时,教师也能根据学生的反馈情况,及时调整教学进度和难度,以确保教学的顺利进行[1]。

对评价结果的深入分析和总结是发现问题、提出改进措施的重要途径。教师需要对各项评价指标进行细致的数据分析,找出学生普遍存在的

---

[1] 李一红,余英. 基于课堂派的过程性评价研究[J]. 现代交际,2017(7).

问题和难点，从而明确教学改进的方向。例如，如果发现学生在革命历史事件的理解上存在困难，教师可以考虑增加相关背景资料的介绍，或者设计更为生动的实践活动来帮助学生加深理解。此外，教师还可以积极引导学生参与自我评价和同伴评价，以便从多个角度收集反馈信息，从而更全面地掌握学生的学习需求和存在的问题。

评价结果的反馈和改进是一个持续不断的过程。教师需要定期回顾和总结评价结果，及时调整和改进课程设计，以确保教学内容始终与学生的实际需求相契合。同时，学生也需要在教师的指导下，不断反思和调整自己的学习策略，努力实现自我超越。通过这种良性的互动与循环机制，红色文化资源研学课程的设计将不断得以优化和完善，其教学效果和质量也将得到显著提升。

经过系统的研究与分析，我们在课程设计原则上强调了深挖红色资源内涵与实践体验的重要性。课程内容开发方面注重资源整合与优化，以及内容的系统设计与组织。在教学方法与手段上倡导探究式、体验式及小组合作等多元化学习方式，开拓性使用 Steam 教学法以期通过跨学科融合的教学方式，进一步拓宽学生的学习视野和思维深度。在评价体系构建上调评价的全面性、客观性和反馈机制的重要性。

红色文化资源研学课程设计的最终目的是应用于实际教学，且在实践中不断优化和完善。因此，教学实践与应用推广是课程设计不可或缺的一环。首先，我们在实施中应当根据学校的实际情况和教育特色，结合红色文化资源的特点，开发适合本校的红色文化资源研学校本课程。在校本课程的实施过程中，应注重课程的灵活性和适应性，根据学生的学习需求和反馈及时调整课程内容和教学方法。其次，注重教师培训与能力提升。教师是红色文化资源研学课程实施的关键。因此，应加强对教师的培训，提高其红色文化知识和研学课程设计和实施能力。再次，加强校际合作与资源共享，实现红色文化资源研学课程的资源共享和优势互补。可以通过建立校际合作机制，共同开发课程资源，组织联合教学活动，促进校际的交流与合作，提高课程设计的水平和实施效果。最后，也是极为重要的，就是积极争取社会各界的参与和支持，为红色文化资源研学课程的实施提供有力保障。可以与革命纪念馆、烈士陵园等红色教育基地建立合作关系，共同开展教育教学活动，也可以邀请相关领域的专家学者、老革命等人士走进课堂,为学生提供更加生动、真实的红色文化教育。资源以及完善评价体系等。同时,还应注重持续改进的系统性和长期性,确保课程设计能够在不断实践中得到优化和完善。

综上所述,我们将加强对红色文化资源研学课程评价体系的研究。建立完善的课程评价体系,明确评价标准和方法,对课程实施效果进行科学评估,以指导课程的优化和改进;深化对红色文化资源研学课程与学科融合的研究(见表5-1)。探索如何将红色文化资源研学课程与其他学科进行有效融合,发挥红色文化在学科教学中的独特作用,促进学生的全面发展;推动红色文化资源研学课程的国际化发展。加强与国际教育机构的合作与交流,推动红色文化资源研学课程走向世界,展示中国红色文化的独特魅力,增进国际社会对中国的了解和认同。

表 5-1　　　　　　　　　　课程评价体系

评价维度	评价指标	评价点
课程设计	课程目标设计	1. 目标指向性 2. 目标知识性 3. 目标教育性
	课程内容设计	1. 内容有用性 2. 内容深度 3. 内容广度 4. 内容体验性
	教学方法设计	1. 适应授课内容 2. 多样化教学方法相结合
课程实施	学生参与度	1. 学习活动参与度 2. 实践活动参与度 3. 思维意识的参与度
	资源保障	1. 资金支持 2. 设施支持 3. 人员支持
	安全与应急措施	1. 活动后勤保障方案 2. 活动安全方案 3. 突发情况应急预案
	合作机制	有效的内部、外部合作机制

续表

评价维度	评价指标	评价点
课程效果	学生学习成果评价	1. 有多维度的评价方法 2. 知识掌握评价 3. 能力提升评价 4. 情感态度变化 5. 社会实践能力
	教师教学效果评价	1. 组织能力 2. 执行能力 3. 互动能力 4. 解说能力 5. 专业能力
	课程满意度评价	1. 学生满意度 2. 教师满意度 3. 家长满意度 4. 其他利益相关者的满意度
课程影响	课程可复制性	在其他地区和学校的可复制性
	社会认可度	课程社会影响力和认可程度
	红色文化传播传承效果	1. 传播范围和传播效果 2. 对文化传承的积极意义

第六章

促进红色文化资源研学课程实施的策略

本章在前文基础上对如何进一步促进红色文化资源研学课程的实施的内外部环境策略进行了探讨,旨在推动课程的更加规范化、专业化发展。政策支持与资源整合是课程实施的重要基础,政策引导和资源优化配置,可以显著提升课程的教育价值。师资队伍建设与专业发展是课程质量提升的关键,加强教师培训、引进优秀人才及建立激励机制,可以打造一支高素质、专业化的师资队伍。学生需求分析与个性化课程设计是提升课程吸引力的有效途径,深入分析学生需求,设计具有针对性和实践性的课程内容,可以满足学生的个性化学习需求。家校社合作与社区参与是课程实施的重要支撑,加强家庭、学校与社区的合作,可以形成教育合力,共同推动课程的有效实施。现代信息技术在提升课程实施效果方面发挥着重要作用,数字化平台、虚拟现实技术等手段,可以为学生提供更加丰富、生动的学习体验。

第一节 政策支持与资源整合

一、政策支持与资金投入

研学旅行是中小学综合实践活动的一种校外形式,开展研学旅行的目的是促进学生综合素质的提高和全面发展,受众群体是中小学生,活动组织由政府、学校、企业三方协作和共同完成。政府部门及教育机构高度重视这项工作，在国家层面和地方层面制定了一系列政策。2013年，国务院印发了《国民旅游休闲纲要（2013—2020年）》，提出要"逐步推行中小学生研学旅行"。2014年，国务院发布了31号文件《国务院关于促进旅游业改革发展的若干意见》，第一次提出要建立在不同学习阶段乡情教育内涵的研学旅行体系。2016年11月，教育部等11个部委联合印发《关于推进中小学生研学旅行的意见》，将研学旅行作为中小学生的必修课程，研学旅行从此进入新的发展阶段。2017年8月，教育部印发的《中小学德育工作指南》，强调了研学旅行在德育工作中的重要性，鼓励学校组织研学旅行活动，加强学生的社会实践能力。紧接着《普通高中课程方案和课程标准（2017年版）》发布，在新的课程方案中，研学旅行被纳入综合素质评价体系，鼓励学生通过研学旅行提升综合素质。2019年《关于实施旅游服务质量提升计划的指导意见》一文中，文化和旅游部发布指导意见，提出要提升旅游服务质量，其中包括研学旅行服务，强调要规范研学旅行市场，提高服务质量。

各地方政府积极响应国家层面制定的政策，根据本地实际情况出台了一系列推动研学旅行发展的政策，如建立研学基地、提供资金支持、制定安全标准等。例如，北京市中小学生社会实践大课堂计划，旨在通过组织学生参与社会实践活动，提高学生的综合素质和社会责任感。上海市中小学生研学旅行实施方案，鼓励学校结合课程教学，组织学生进行研学旅行，强调安全和教育效果。广东省推进中小学生研学旅行的指导意见，提出建立研学旅行基地，开发研学旅行课程，加强研学旅行的组织和管理。江苏省中小学生研学旅行实施细则，明确了研学旅行的目标、内容和形式，强调与学校教育的衔接。浙江省中小学生研学旅行工作实施方案，旨在推动研学旅行与地方文化、历史和自然资源的结合，培养学生的实践能力和创新精神。四川省中小学生研学旅行工作指导意见则强调研学旅行的安全性和教育性，鼓励学校与研学旅行基地合作。陕西省中小学生研学旅行实施方案，突出陕西丰富的历史文化资源，鼓励学生通过研学旅行深入了解和体验传统文化。山东省中小学生研学旅行工作指导意见，强调研学旅行的实践性和体验性，鼓励学生参与多种形式的研学活动。湖南省中小学生研学旅行工作实施方案，推动研学旅行与湖南的红色教育资源结合，培养学生的爱国情怀。河南省中小学生研学旅行工作指导意见，鼓励学校利用河南丰富的历史文化资源，开展研学旅行活动，提升学生的综合素质等。这些省市级地方性政策在 2016 年教育部等 11 个部委联合印发《关于推进中小学生研学旅行的意见》出台后密集发布，体现了各地政府和教育部门在推动研学旅行方面的努力和创新，这些政策的出台能够规范研学旅行市场，提高研学旅行的质量和效果，促进研学旅行的健康发展，同时能够鼓励和引导中小学生通过研学旅行活动增长知识、拓宽视野、提高学生的实践能力和综合素质。

虽然各地具体政策内容有所差异、具体实施也会根据当地的实际情况进行调整，但研学旅行作为一种教育实践活动受到政策的支持和各方的重视毋庸置疑，也会不断走向标准化和规范化发展。教育部基础教育司在总结"十三五"我国基础教育改革发展成就时提到，已遴选了 622 个全国中小学生研学实践教育基地和营地，开发了 6397 门研学实践课程和 7351 条精品线路，社会实践育人蓬勃开展，中小学生的社会责任感、创新精神和实践能力不断增强①。

国家和地方政府不但制定了一系列针对性的政策措施支持研学实践教育的开展，而且提供了相应的资金支持。2017 年、2018 年连续两年设置了中央专项彩票公益金中小学生校外研学实践项目，遴选在全国中小学生研学实践教育基地进行资金支持。2021 年 9 月，财政部官网发布《关于印发中央专项彩票公益金支持教育相关项目资金管理办法的通知》〔财教 156 号〕，公布了由财政部、教育部制定印发的四个中央专项彩票公益金支持教育项目资金管理办法。四个项目中，中央专项彩票公益金中小学生校外研学实践活动项目是四个项目之一。"中小学生校外研学实践活动项目"是指使用中央专项彩票公益金支持"全国中小学生研学实践教育基地"和"全国中小学生研学实践教育营地"，开展中小学生研学实践教育活动，帮助中小学生了解国情、开阔眼界、增长知识，着力提高中小学生的社会责任感、创新精神和实践能力。根据相关规定，"十四五"时期，根据全国中小学生校外研学实践活动发展需要，进一步完善基地、营地规划布局，每年支持 20 个新增基地开展研学实践活动，新增基地应未获得过中央专项彩票公益金支持；支持 32 个营地开展研学实践活动，实行动态调整。在资

---

① http://www.moe.gov.cn/fbh/live/2020/52763/mtbd/202012/t20201210_504727.html.

金使用方面，上述管理办法规定，项目资金原则上按照基地不超过150万元/（个·年），营地不超过500万元/（个·年）的基本标准予以支持。根据公布的名单，以红色文化资源为主题的研学基地占比达到30%。项目资金主要用于支持基地、营地开展学生研学实践活动，以及为做好研学实践活动改善教育教学基本条件等方面。

政策的支持和资金的投入在红色文化资源研学课程的建设和开发中起到了重要的作用，体现在以下几个方面：一是相关政策的制定，明确红色文化资源在教育领域的特殊地位和作用，并且为资源整合提供政策依据；二是专项资金的设立，极大支持和发展红色文化资源基地的保护和建设，推动资源整合的深入开展；三是通过政策搭建合作平台，促进政府部门、学校、社会机构等多元主体之间的协同合作，实现资源共享和优势互补。

各地政府在政策和资金支持的双重推动下，近年来非常重视对红色文化资源的挖掘、保护和利用，不断加大红色文化教育基地的资金投入和建设力度，明确红色文化资源在教育领域的地位和作用，为资源整合提供政策依据。同时，设立专项资金用于支持革命遗址遗迹、纪念场馆等的硬件设施改造提升，进行针对中小学生的课程的研发和推广。通过平台搭建，促进研学活动各主体之间的协同合作。有些地区的政府对学校组织的研学活动实施生均补贴，对家庭困难学生实施费用全免制度。

国家及各级政府在政策层面和资金方面的支持为红色文化资源研学实践的开展提供了支持和保障。这些政策的实施不仅有助于传承和弘扬红色文化精神，更能够激发学生的爱国热情和历史责任感。未来，随着政策的持续深入和资金的支持，相信红色文化资源将在研学实践教育领域发挥更加重要的作用。

二、资源整合与课程开发

资源整合在红色文化资源研学课程中具有深远的意义。它不仅可以解决地域和部门间的资源分散问题，更重要的是通过资源共享和优势互补，能显著提升红色文化资源研学课程的实施效果。地域性红色文化资源各具特色，但往往由于地域、部门的限制，这些资源未能得到充分利用。资源整合正是为了打破这些壁垒，实现资源的高效利用。

资源整合的核心目标是构建一个系统化、多元化的红色文化资源体系。这一体系能够为红色文化资源研学课程提供丰富的素材，使课程内容更加生动、具体。同时，多样化的教学方式也可以依托这一体系得以实现，如情景模拟、角色扮演、现场教学等，从而提高学生的学习兴趣和参与度。

以山东的红色文化资源为例，整合红色文化资源，渗透进高校思想政治教育过程中，打造"思政+研学"的育人模式。这不仅丰富了教学内容，还增强了思想政治教育的针对性和实效性[①]。同样，在河北省的红色旅游资源整合中，以西柏坡为例，将红色资源与地理知识相联系，设计出富有教育意义的研学旅行活动，既加深了学生对地理知识的理解，又提升了他们的思想觉悟[②]。

（一）资源整合策略

为了实现红色文化资源研学课程中资源整合的目标，可以采取以下具体策略。建立红色文化资源数据库是关键一步。通过数字化、网络化技术，将分散在各地的红色文化资源进行集中整理与分类存储。这不仅包括物质样态的红色文化遗产如革命遗址、纪念馆等，还应涵盖精神样态的文化遗产如英雄故事、红色歌谣等。数据库的建立能够打破地域限制，使教师和学生能够便捷地查阅和使用这些资源，为研学课程提供丰富的素材。

加强部门间的合作与交流也是实现资源整合的重要途径。红色文化资源的保护与利用涉及多个部门，如文化部门、教育部门、旅游部门等。通过加强部门间的沟通与合作，可以推动红色文化资源在部门间的共享和互认，避免资源的重复建设和浪费。此外，还可以共同开展红色文化资源研学课程的设计与实施工作，形成合力，提升课程的质量和效果[③]。

---

① 许辉. 红色文化资源在高校思想政治教育中的实践路径——以镇江市为例［J］. 太原城市职业技术学院学报，2018（10）.

② 闫俊霞. 河北省红色旅游资源整合与研学旅行设计研究——以西柏坡为例［J］. 职业教育，2023（7）.

③ 王嵩涛. 爱国主义教育基地是研学课程的红色文化资源——关于"四史"学习与研学课程融合的思考之一［J］. 教育艺术，2021（7）.

鼓励社会力量参与红色文化资源的保护与利用也是不可或缺的一环。社会力量的参与可以弥补政府投入的不足，为红色文化资源的保护与利用提供更多的资金、技术和人才支持。同时，社会力量的参与还能够增强公众对红色文化资源的认同感和归属感，形成全社会共同关注、共同参与的良好氛围。这不仅有利于红色文化资源的传承与发展，还能够为研学课程的实施提供更为广阔的社会背景和实践平台。

在实施资源整合策略的过程中，还应注意以下几点：一是要确保资源的真实性和准确性，避免出现误导性的信息；二是要重视资源的更新与维护工作，保持数据库的时效性和完整性；三是要加强资源整合与课程设计的衔接工作，确保资源能够有效地服务于研学课程的教学目标和学习需求。通过这些措施的实施，可以进一步推动红色文化资源研学课程的规范化、专业化发展，提升课程的实施效果和教育价值。

资源整合对红色研学课程发掘深度、拓宽广度以及落地执行有密切联系。它们相互依存、相互促进，共同推动着红色文化教育的深入发展。资源整合通过优化资源配置、提高资源利用效率，为研学课程跨场域设计和实施提供了坚实的实践基础和成果支撑。资源整合在红色文化资源研学课程的重要意义在于：首先，通过整合各地各类红色文化资源，能够打破地域和部门壁垒，构建统一、开放、共享的资源体系，从而为课程实施提供丰富多样的素材和典型案例。其次，资源整合有助于优化课程结构，将红色文化资源有机融入课程体系中，丰富课程内容，提升课程质量。最后，资源整合还能够推动红色文化教育的创新发展，通过探索多样化的教学方式和手段，激发学生的学习兴趣和爱国情怀。

（二）红色文化资源课程开发

红色文化资源涵盖革命遗址、纪念馆、博物馆等多种形式，承载着丰富的革命历史和红色精神。为了有效整合这些资源，开发出适合学生的研学课程和教材，政府和教育部门需携手合作，共同建立资源共享机制，确保资源的最大化利用。组织专家团队对各类红色文化资源进行深入的研究和整理。通过对资源的细致分类、全面评估，提炼出具有深刻教育意义的元素和内容，为课程的开发提供坚实的历史和文化支撑。同时，还可以邀请一线教师参与课程开发的过程，结合他们的实际教学经验和学生的需求、兴趣，设计出既具有针对性又富有趣味性的研学课程和教材，从而激发学生的学习兴趣，提升教学效果。

课程开发过程中，应注重内容的丰富性和形式的创新性。可以设计多元化研学活动，如实地参观革命遗址、纪念馆等，让学生在亲身体验中感受革命先烈的英勇事迹和崇高精神；还可以组织互动体验活动，如模拟革命情景剧、红色故事分享会等，让学生在参与中深化对红色文化的理解和认同。此外，利用现代科技手段如虚拟现实技术，打造虚拟红色博物馆、在线红色课程等数字化教学资源，可以为学生提供更加便捷、高效的学习方式，还能有效拓展红色文化的传播渠道和影响力。

为了确保红色文化资源研学课程的持续推进，建立完善的课程设计评估体系，发现问题并进行针对性的改进，从而不断提升红色研学课程的质量和效果，还可以鼓励学生和家长参与课程设计评估，从参与者角度提出建设性意见和建议，为课程的持续优化提供有力的支持。

以山东地区红色文化资源研学课程为例，政府部门出台了一系列支持政策，包括设立红色文化教育资源库、推动校企合作开发红色研学项目等。这些政策的实施有效促进了当地红色文化资源的整合与利用，为研学课程的开展提供了有力保障。同时，学校也积极响应政策号召，主动对接政府部门和企业机构，开展多种形式的红色文化资源研学活动，取得了显著的成果。

三、统筹规划与规范管理

目前，关于研学旅行规范管理的文件还较少，只有相关行业服务标准颁布。2016年，文化和旅游部发布《研学旅行服务规范》这一行业标准并于2017年5月1日起实施，这一标准在规范研学旅行服务流程，提升服务质量，引导和推动研学旅行健康发展方面起到了很好的作用。2021年，教育部为规范研学服务，制订"中小学生研学旅行服务合同（示范文本）"，对于研学旅行中的服务标准用规范合同的方式进行管理，规范了研学市场，显示出政府规范管理研学市场的决心。

但上述操作仅是服务规范保障，并没有触及研学实践活动的核心目标。为确保红色文化资源研学课程的质量和效果，政府和教育部门在推进课程实施的过程中，必须高度重视统筹规划和规范管理的重要性，必要时应通过颁布文件的方式确定下来。通过制定详尽的课程实施方案和流程的方式，可以明确研学课程的具体目标、核心内容、教学方法以及评价标准，从而为课程的顺利开展提供有力的指导。在实施方案的制订过程中，应充分考虑红色文化资源的独特性和教育价值，以及学生的认知水平和兴趣点，确保课程内容既符合历史事实和教育要求，又能激发学生的学习兴趣和探究欲望。同时，实施流程在规范化的同时应注重灵活性和可操作性，以便教师能够根据实际情况进行适时调整，确保课程实施的高效性。建立完善的管理制度和监督机制也是确保红色文化资源研学课程质量的关键环节。通过对课程实施情况进行多方评价，可以及时发现存在的问题和不足，并采取有效措施进行改进，从而确保课程实施的持续性和有效性。

在规范管理方面，注重课程内容的科学性和准确性至关重要。组织专家对课程进行审核和把关，可以确保课程内容的历史真实性和教育性，防止出现误导学生的情况。同时，加强对带队教师的教学指导和培训，也是提高课程质量的重要举措。提升带队教师的专业素养和教学能力，可以确保他们能够更好地理解和传授红色文化资源的精神内涵，从而引导学生树立正确的历史观和价值观。

为进一步提高红色文化资源研学课程的管理水平，还可以借鉴先进的管理理念和技术手段。例如，可以引入项目管理的方法，对课程实施过程进行精细化管理，确保各项任务能够按时完成并达到预期效果。同时，利用信息技术手段建立课程管理平台，可以实现对课程资源的整合和共享，提高教学资源的使用效率，并为教师和学生提供更加便捷的学习和交流环境。

加强统筹规划和规范管理，可以确保红色文化资源研学课程的质量和效果得到全面提升。这不仅有助于传承和弘扬红色文化精神，还能够培养学生的爱国情怀和社会责任感，为他们的全面发展奠定坚实基础。

第二节 师资队伍建设与专业发展

一、师资队伍现状

红色文化资源研学课程的师资队伍状况不容乐观。目前，中小学红色研学实践活动的师资主要构成是革命遗址、纪念馆、博物馆的讲解员，研学行业导游转型而来的研学指导师、少量学校教师。其中，讲解员占比最大。其面临的主要问题是师资力量的数量不足与素质的不均衡。这种现状直接影响了红色文化资源研学课程的教学质量与效果。

在数量方面，由于红色文化资源研学课程相对新颖且涉及领域广泛，对实施课程的研学指导师的专业素养提出了较高要求，因此，具备相应教学能力和经验的研学指导师数量相对有限。这一问题的存在，使很多学校在开设红色文化资源研学课程时，难以找到足够的合格师资来承担教学任务，从而制约了课程的推广与实施[1]。

在素质方面，红色文化资源研学课程要求研学指导师不仅具备扎实的教育学、心理学等专业知识，还需对红色文化有深入的了解和研究。目前，部分研学指导师在这方面的知识储备和研究能力尚显不足。在红色文化资源课程实施过程中，红色纪念馆、红色遗址遗迹都是以各自培养的讲解员代替研学指导师的角色，这导致他们在教学过程中，难以深入挖掘红色文化资源的内涵和价值，无法将红色文化与研学课程教学有效结合，影响了课程的教学效果和育人功能的发挥。

红色文化资源研学课程的跨学科性质也对研学指导师的综合素质提出了更高的要求。研学指导师需要具备跨学科整合知识的能力，能够将红色文化资源与其他学科知识相融合，设计出富有创意和实效性的研学活动。目前，很多研学指导师在这方面的能力还有待提升。

---

[1] 王兆峰.长征国家文化公园红色研学旅行的逻辑理路与铸魂育人机制[J].湘潭大学学报（哲学社会科学版），2024（5）.

因此，加强红色文化资源研学课程的师资队伍建设显得尤为重要。这需要通过多种途径和方式，提升教师的专业素养和跨学科整合能力，打造一支数量充足、素质优良的红色文化资源研学课程师资队伍，为课程的顺利实施和高质量发展提供有力保障。同时，也需要建立健全师资培养机制和激励机制，吸引更多优秀人才投身红色文化资源研学课程的教学与研究工作。

二、师资队伍建设策略

为了有效提升红色文化资源研学课程的实施质量，加强师资队伍建设显得尤为重要。针对当前师资队伍中存在的问题，可以采取以下具体策略进行改进。

（一）加强师资培训

通过定期组织专题培训活动，邀请红色文化领域的专家学者进行授课，提高研学指导师对红色文化资源的认知水平和理解深度。此外，还可以开展学术交流活动，鼓励研学指导师之间分享教学经验和研究成果，促进研学指导师队伍整体素质的提升。

在培训内容的设置上，应注重红色文化资源的内涵挖掘、教学方法的创新探讨以及课程开发实践经验的分享等方面的内容。深入剖析红色文化资源的核心价值，引导研学指导师正确理解红色文化的精神实质，从而更好地将其融入研学课程中。同时，还应关注教师在教学过程中的实际需求，提供有针对性的教学指导和帮助，确保培训成果能够转化为实际的教学效果。

（二）引进优秀人才

为了进一步优化师资队伍结构，应积极引进具有红色文化背景和相关学科背景的优秀人才，可以通过多渠道、多方式来进行。例如，可以面向全国范围进行公开招聘，吸引那些对红色文化资源有深入研究、具备丰富教学经验的研究者或者研学指导师加入。同时，也可以考虑与高校、研究机构等建立合作关系，邀请相关领域的专家学者担任客座教授或指导教师，他们深厚的学术背景和独特的见解往往能够给学生带来全新的学习体验。这些人才不仅具备深厚的红色文化底蕴，还能够为研学课程带来新的教学理念和教学方法。通过引进优秀人才，可以激发教师队伍的活力，提高课程的教学质量和水平，带动研学指导师队伍的理论修养和教学能力全面提升。

在引进人才的过程中，应注重人才的选拔标准和培养机制的建立健全，确保引进的人才具备所需的专业素养和教学能力。可以通过设置合理的招聘标准，严格把控人才的入口关，确保引进的人才具备所需的专业素养和教学能力。同时，还应为引进的人才提供良好的工作环境和发展空间，激发他们的工作热情和创造力，为红色文化资源研学课程的发展贡献力量。

（三）建立激励机制

为了充分调动研学指导师的工作积极性和创造力，应建立完善的激励机制。可以采纳设立教学奖励、职位晋升等方式，对在红色文化资源研学课程教学中表现突出的研学指导师进行表彰和奖励，激发他们的教学热情和创新精神。同时，还应关注职业发展需求，为研学指导师提供个性化的职业发展规划和指导，帮助他们实现自我价值的提升。

在构建激励机制的过程中，应注重公平性和激励效果的可持续性，确保激励机制能够公平地覆盖所有研学指导师，并持续有效地发挥作用。应确保激励机制能够公平地覆盖所有研学指导师，避免出现人为的不平等现象。同时，还应根据师资队伍的实际情况和教学需求，不断调整和优化激励机制，确保其能够持续有效地发挥作用，推动红色文化资源研学课程的不断发展。

通过加强师资培训、引进优秀人才和建立激励机制等策略的实施，可以有效提升红色文化资源研学课程的师资队伍水平，为课程的顺利实施和高质量发展提供有力保障。政府、教育部门和学校、红色文化研学基地四方应共同努力，通过资源整合、政策支持、协同规划、梯队培养的方式，全面促进研学指导师的专业成长，为红色文化资源研学课程的顺利实施提供坚实的师资保障。

三、研学指导师专业发展途径

在红色文化资源研学课程中,研学指导师专业发展是提升教育质量的关键环节。为了实现他们的专业发展,可以采取多种途径,这些途径有助于教师不断更新知识、提高教学技能,并促进教师间的交流与合作。

参与专业培训和研修活动是研学指导师专业发展的重要途径之一。通过组织专题培训、学术讲座和研修课程,可以帮助教师深入了解红色文化资源的内涵和价值,提升对研学课程的认识和理解。参与课程开发和教学研究活动也是研学指导师专业成长的重要途径。在课程开发过程中,研学指导师需要深入研究红色文化资源,结合学生的实际情况,设计出具有针对性和实效性的研学课程。同时,教学研究活动能够帮助教师反思教学过程,总结经验教训,不断提高自己的教学水平和课程设计能力。在开发红色文化资源研学课程时,通过集体备课、教学观摩和课后研讨等方式,共同探讨教学方法和策略,可以有效提升课程的教学效果。加强与其他基地研学指导师的交流与合作同样是实现专业发展的重要途径之一。在交流与合作中,研学指导师可以共享教学资源和经验,互相学习、互相启发,共同提高教学水平。例如,通过组织教师沙龙、教学论坛等活动,可以为研学指导师提供一个自由交流的平台,让他们分享自己在红色文化资源研学课程中的教学心得和体会,从而实现资源共享和优势互补。

研学指导师专业发展是红色文化资源研学课程实施的重要保障。通过参加专业培训和研修活动、参与课程开发和教学研究活动以及加强交流与合作等途径,可以有效提升研学指导师的专业素养和教学能力,为培养具有红色文化素养的学生奠定坚实基础。

四、师资队伍建设与专业发展的关系

师资队伍建设与研学指导师专业发展在红色文化资源研学课程中呈现出紧密的相互关联与互相促进的态势。加强师资队伍建设,能够为研学指导师的专业发展奠定坚实基础,通过引进杰出人才、完善培训体系等措施,才能全面提升研学指导师的专业素养和教学能力。同时,研学指导师的专业发展又为师资队伍建设注入了新鲜血液，不断提升研学指导师的专业素养和教学水平，从而推动整个师资队伍的整体素质和水平不断提升。

在红色文化资源研学课程中，师资队伍建设的重要性不言而喻。优秀的师资队伍是课程质量提升的关键，他们不仅拥有深厚的红色文化资源知识储备，还能够运用创新的教学方法来激发学生的学习兴趣。构建这样一支队伍，学校和教育部门以及研学从业者需要采取一系列措施，如加大人才引进力度，吸引更多具备红色文化研究背景或教育热情的优秀人才加入；加强随队学校教师的培训，通过组织专题研讨会、实地考察活动、教学观摩等，提升学校教师对红色文化资源的理解和应用能力。

随着师资队伍的不断壮大，研学指导师的专业发展问题也日益凸显。在红色文化资源研学课程中，研学指导师的专业发展不仅关乎其个人的职业成长，更与课程的教学效果紧密相关。为了实现教师的专业发展，学校和教育部门需要提供多样化的发展平台和机会。例如，鼓励研学指导师积极参与课程开发和研学课程方案编写工作，通过实践不断提升其课程设计能力和教学创新能力；支持研学指导师参加学术交流和研修活动，以拓宽视野，吸收先进的教育理念和教学方法；同时，建立完善的激励机制，通过表彰优秀研学指导师、提供晋升机会等方式，激发研学指导师追求专业发展的内在动力。

师资队伍建设与教师专业发展在红色文化资源研学课程中具有举足轻重的地位。二者相互促进、相辅相成，共同构成了提升课程质量和效果的关键因素。因此，学校、教育部门以及相关行业企业应高度重视师资队伍建设与研学指导师专业发展的工作，采取有效措施推动二者的协调发展，为红色文化资源研学课程的深入实施和长远发展提供有力保障。

第三节　学生需求分析与个性化课程设计

一、学生需求分析

红色文化资源研学课程实施的对象是中小学生，因为不同对象的年龄、性别、心理特征、认知水平等存在个体差异，所以制定差异化的教学目标和教学内容非常有必要。因此，对学生进行需求调查是课程设计的前提。

调研采用的主要方法有问卷调查法、个别访谈法、焦点小组讨论法等通用方法。问卷调查法是通过设计问卷来收集学生的基本信息、学习兴趣、期望和需求等的一种方法，这种调研方法具有抽取的样本数量大、易统计、不记名的特点，被调研的学生没有压力和心理负担，调查统计结果比较真实可靠。个别访谈法是通过面对面或电话访谈的方式，与学生进行深入交流，了解他们对红色文化研学旅行的看法和建议。另外，还可以通过学校教师推荐或者随机选取的方式选择访谈学生。在调查过程中，要注意营造轻松愉快的氛围，这样才能得到客观真实的调研结果。还有一种是焦点小组讨论法，组织学生进行小组讨论，引导他们分享对研学旅行的看法、经验和期望。这种方法因为形式轻松随意、参与性强的特点，比较容易得出客观的调查结果。在实践应用中可以结合三种方法，取长补短。

需求调查，可以帮助教师了解学生对红色文化已有的知识水平，从而确定课程设计的起点和深度，还可以了解学生的兴趣点和学习需求，设计出与学生实际需求和兴趣相符合的课程内容，也可以通过调查发现最能激发学生的兴趣教学方法和活动，识别学生不同的学习风格和偏好差异，为不同学生提供个性化的学习体验，进而提高学生的参与度和学习动力。

在进行了广泛的问卷调查和深度访谈之后，我们能够获得学生对红色文化资源研学课程需求的一手数据。这些数据可进一步优化课程设计。对收集到的问卷和访谈数据进行深入分析整理，可以清晰地把握学生对红色文化资源研学课程的需求特点和趋势。以此为基础进行不同学段学生红色文化资源研学课程的设计，可为提升课程质量和教学效果奠定坚实的基础。

二、个性化课程设计

基于学生需求的多样化，个性化课程设计在红色文化资源研学课程中显得尤为重要。课程设计应充分考虑学生的兴趣爱好、学习风格和认知水平,以满足不同层次、不同需求的学生。

针对不同学段的学生,课程设计应体现出明显的层次性。对于小学生,课程内容可以以生动的红色故事为主,通过讲述革命先烈的英勇事迹,培养他们的爱国情怀和崇尚英雄的意识。对于中学生,则可以适当增加历史知识的深度和广度,引导他们深入理解革命历史的背景和意义,培养他们的历史责任感。而对于高中学生,课程设计可以更加注重思辨性和探究性,鼓励他们通过自主研究、小组讨论等方式,深入探讨红色文化资源的当代价值和社会意义。

针对不同需求的学生,课程设计可以设置不同主题。例如,深入了解红色文化历史背景和时代背景的学生,可以设计以"红色历史探究"为主题的研学课程。通过组织学生参观红色教育基地、研读红色经典文献、开展红色历史讲座等活动,可引导学生深入了解红色文化的起源、发展历程及其影响,从而加深对红色文化的认识和理解。对于关注红色文化资源在现实生活中的应用和价值的学生,可以设计以"红色文化与现代生活"为主题的研学课程。通过组织学生开展社会实践活动,如红色旅游线路规划、红色文化创意产品设计等,让学生亲身体验红色文化在现代生活中的实际应用,感受红色文化的独特魅力。对红色文化资源中的英雄人物和感人故事感兴趣的学生,可以设计以"红色英雄传奇"为主题的研学课程。通过讲述红色英雄人物的事迹、观看红色题材影视作品、开展红色故事分享会等活动,激发学生的爱国热情和民族自豪感,同时培养学生的道德品质和人文素养。

个性化课程设计还需要注重课程评价设计的多元化,对于红色文化资源研学课程来说,对课程设计的评价、对课程实施的评价、对学生学习结果的评价、研学服务的规范化都应当成为评价的内容。其中,对学生的评价采用口头报告、实践作品、团队协作等过程性评价方式,这种不同于学校课堂教学的评价手段更加适用于研学实践教育,可以全面、客观地评估学生的学习成果和综合素质。

个性化课程设计是红色文化资源研学课程实施的关键环节。通过深入了解学生需求,结合学生的实际情况和兴趣爱好,设计具有针对性的研学课程,可以激发学生的学习兴趣和积极性,提高课程的教学效果和质量。同时,个性化课程设计也有助于培养学生的创新精神和实践能力,为学生的全面发展奠定坚实基础。

三、个性化课程设计原则

在红色文化资源研学课程的个性化设计中，以学生为中心、尊重学生差异是个性化课程设计的核心理念。这意味着课程设计应当充分考虑学生的兴趣、爱好和学习特点，以及他们对红色文化资源的认知水平和需求。通过增强学生在课程中的主体性和参与度，不仅可以激发学生的学习兴趣和积极性，还能帮助他们在主动探究和合作学习中深化对红色文化资源的理解。

注重课程内容的多样性和灵活性也是个性化课程设计的重要方面。由于学生对红色文化资源的需求和兴趣点存在差异，课程内容应涵盖红色文化的多个方面，如历史背景、英雄事迹、文化内涵等，并提供多种学习资源和活动形式，以供学生根据自己的喜好和需求进行选择。这种灵活多样的课程设计有助于满足不同学生的学习需求，促进他们的个性化发展。

红色文化资源研学课程的实践与应用是课程设计的核心环节。我们选取具有代表性的红色文化遗址、纪念馆等作为实地考察的地点，让学生亲身感受红色文化的历史氛围和英雄事迹的感染力。红色文化资源研学课程的目的不仅在于传授知识，更在于培养学生的红色文化意识和精神品质。因此，课程设计应包含丰富的体验式教学环节，如实地考察、红色故事分享、主题演讲等，让学生有机会亲身感受和体验红色文化的魅力，从而在实践中深化对红色文化资源内涵和价值的理解[①]。同时，我们还可以设计一系列与红色文化相关的实践活动，如模拟演讲、历史剧表演等，让学生在参与中体验红色文化的精神内涵。我们还鼓励学生将所学红色文化知识应用到实际生活中去。例如，可以组织学生开展红色文化主题的社会实践活动，如红色故事宣讲、红色旅游线路规划等，让学生在实践中深化对红色文化的理解，并培养他们的社会责任感和使命感。

[①] 李星．基于区域特色的红色研学旅行课程体系构建研究——以邯郸市为例［J］．邯郸学院学报，2023（3）．

四、课程内容与方法创新

为了满足学生的个性化需求，对红色文化资源研学课程的课程内容与方法进行创新显得尤为重要。这种创新不仅能够提升课程的吸引力和影响力，还能够更好地实现红色文化的传承与弘扬。

在课程内容方面，我们可以深入挖掘红色文化资源中的历史事件、英雄人物和感人故事，将这些鲜活的素材引入研学课堂。例如，通过讲述革命先烈的英勇事迹，可让学生感受到红色文化的精神力量；通过展示红色根据地的历史图片和文物，可让学生更加直观地了解革命历史的艰辛与辉煌。这些内容的加入，不仅能够丰富课程的内涵，还能够激发学生的学习兴趣和产生情感共鸣。

在教学方法上，我们同样需要进行大胆的创新。传统的教学方式往往注重知识的灌输，而忽视了学生的主体性和参与度。因此，我们可以尝试采用问题导向、项目式学习等多样化的教学方式。例如，研学指导师可以围绕某个红色文化主题，设计一系列具有挑战性的问题，引导学生通过自主探究和合作学习来解决问题；或者让学生以小组为单位，选择一个感兴趣的红色文化项目进行研究，并在研学课堂上展示研究成果。这些教学方式的应用，不仅能够提高学生的主动性和创造性，还能够培养学生的团队协作能力和批判性思维。

现代信息技术手段也为红色文化资源研学课程的创新提供了无限可能。我们可以利用虚拟现实技术，为学生打造沉浸式的红色文化学习体验；通过网络教学平台，实现优质红色文化资源的共享和传播；还可以利用大数据和人工智能技术，对学生的学习情况进行分析和评估，为个性化研学提供有力支持。这些技术手段的引入，不仅能够提升课程的科技含量和时代感，还能够为学生提供更加便捷、高效的学习服务。

通过对红色文化资源研学课程的课程内容与方法进行创新，我们可以更好地满足学生的个性化需求，提升课程的质量和效果。这种创新不仅是对红色文化传承与弘扬的有益尝试，也是对新时代教育背景下教学改革的积极探索。

五、学生需求与课程设计的关系

学生需求与课程设计之间的关系紧密，不仅影响着课程的质量，更直接关系到学生的学习效果和兴趣培养。

学生需求是课程设计的出发点和落脚点。只有深入了解学生的真实需求，课程设计者才能有针对性地规划课程内容，选择合适的教学方法，从而确保课程与学生的实际需求紧密相连。例如，对于渴望了解红色文化历史背景的学生，课程设计者可以重点安排相关的历史事件讲解和讨论；对于关注红色文化资源现实应用的学生，则可以引入更多的案例分析和实践操作环节。

课程设计也要随着学生需求的变化而不断调整和优化。学生的学习需求并非固定不变，而是会随时间推移、环境变化以及个人认知水平的提升而不断发生变化。因此，课程设计者需要密切关注学生的需求动态，及时调整课程内容和教学方法，以保持课程的时效性和吸引力。例如，随着信息技术的不断进步，学生可能更倾向于采用数字化、互动化的学习方式探索红色文化资源，这就要求课程设计者积极探索并应用新型教学手段，以满足学生的新需求。

学生需求与课程设计之间的关系还体现在课程的评价环节。学生对课程的满意度和反馈意见是评价课程质量的重要依据。通过系统地收集和分析学生的反馈意见，课程设计者能够准确识别课程在满足学生需求方面存在的不足，并据此进行有针对性的改进和优化。这种以学生需求为核心导向的课程设计模式，不仅能够有效提升红色文化资源研学课程的实施效果，还能为学生的全面发展和个性化成长提供有力支持。

在教学实践中，我们要加强与学生的互动，完善反馈机制，不断调整红色文化资源课程设计，使之更加贴合学生需求、更具实效性，更好地满足学生的学习需求，激发他们对红色文化的热爱和对学习的热情，促进他们的全面发展。

第四节 家校社合作与社区参与

一、家校社合作的意义

在红色文化资源研学课程的实施过程中,家校社合作发挥着举足轻重的作用。这种合作模式不仅有助于增强学生的学习效果,还能促进学校、家庭和社区之间的紧密联系,共同为培养学生的全面发展贡献力量。

家校社合作能够丰富红色文化资源研学课程的教学内容。学校通过社区的合作,可以将社区更多的红色文化资源引入课程设计,如当地的革命历史遗址、英雄事迹等,使课程内容更加生动、具体。这种资源具有地域特色、真实可触,不仅能有效激发学生的学习兴趣,还能使学生在实际环境中亲身体验红色文化的独特魅力,进而深化对红色文化的理解和认同。

家校社合作有助于拓宽红色文化资源研学课程的实施途径。学校可以借助家庭和社区的力量,开展形式多样的实践活动,如组织学生参观红色教育基地、邀请老一辈革命者讲述亲身经历等。这些活动不仅能有效提升学生的实践能力和社会责任感,还能让他们在亲身体验中深刻感悟红色文化的精神内涵。

家校社合作还能够促进学校教育与家庭教育的有机结合。以社区红色文化资源为主要内容的研学课程中,家长可以积极参与孩子的学习过程中,与孩子共同探索红色文化,分享彼此的感受和体会。这种互动式的教育方式不仅能有效增进家长与孩子之间的沟通与理解,还能使家庭教育成为学校教育的重要补充和延伸。

通过学校、家庭和社区的共同努力,研学课程内容得到丰富、完善和优化,更加贴近学生的实际需求和发展规律,在一定程度上可以推动红色文化资源的持续发展。同时,这种合作模式还能够为课程的推广和普及奠定坚实的基础,让更多的学生受益于红色文化的熏陶和教育。

二、家校社合作的模式

在红色文化资源研学课程的实施过程中，家庭、学校和社区之间的有效合作，可以为学生提供更加丰富多彩的学习资源和更加广阔的学习空间。我们可以不断探索和拓宽家校社合作模式。

家长参与课程设计是一种有效的合作方式。家长作为孩子成长的重要陪伴者，对孩子的兴趣爱好和学习需求有着深入的了解。邀请家长参与课程设计，可以充分发挥他们的优势和特长，为课程注入新的活力和创意。例如，可以组织家长分享会，让家长分享自己跟红色文化相关的经历和体验，为课程提供宝贵的素材和案例。同时，家长还可以参与课程的评价和反馈，帮助教师不断完善和优化课程内容。

社区资源共享是另一种重要的合作模式。社区作为人们生活的重要组成部分，蕴藏着丰富的历史遗产和教育资源。为了充分发挥社区资源在研学课程中的作用，学校必须深入挖掘并妥善利用这些宝贵的资源，从而为学生提供更加真实、生动的学习环境。在红色文化资源研学课程的实施过程中，学校可以积极寻求与社区的合作，共同开展一系列富有教育意义的研学活动。例如，学校可以组织学生走进社区，参观体验身边的革命遗址和纪念馆。在这些实践场所，学生们更容易感同身受革命战争年代的革命先烈们的英勇故事所传达的不惜生命、保家卫国的革命精神，深刻理解红色文化的精神内涵。同时，学校还可以邀请社区内的革命先辈、英雄人物或相关领域的专家学者，为学生们举办讲座或座谈会，让他们能够直接聆听历史见证者的讲述，从而更加真切地感受到红色文化的魅力。除了上述活动外，学校还可以充分利用社区内的文化设施和资源，开展形式多样的研学活动。例如，可以与社区图书馆、文化中心等机构合作，共同举办红色文化主题读书会、展览或文艺演出等活动。这些活动不仅能够丰富学生们的课余生活，还能够让他们在参与的过程中更加深入地了解红色文化，增强对革命历史的认同感。

除了上述两种模式外，还可以探索更多的家校社合作方式。例如，可以建立家校社联动的红色文化研学平台，通过线上线下的互动交流，促进家庭、学校和社区之间的深度合作。同时，还可以开展形式多样的红色文化主题活动，如红色故事分享会、红色歌曲演唱比赛等，激发学生的学习兴趣和热情，让他们在参与中感受红色文化的独特魅力。

家校社合作在红色文化资源研学课程中具有不可替代的重要作用。家长参与课程设计、社区资源共享等具体模式的实施，可以为学生提供更加优质的学习资源和环境，推动红色文化资源研学课程的深入发展。

三、社区参与的途径

充分发动社区参与，可以为红色文化资源研学课程的实施提供更为广泛的社会支持和资源保障。

首先，加强与社区机构的合作。与当地博物馆、图书馆、文化中心等社区机构建立紧密合作关系，共同开展红色文化资源研学活动。这些机构拥有丰富的红色文化资源和专业的研究人员，可以为研学课程提供有力的支持和保障。

其次，鼓励社区居民的参与，推动红色文化资源研学课程的深入实施。这不仅能够为课程注入新的活力和视角，还能进一步促进学校与社区之间的紧密联系和合作。学校应当积极拓展与社区的沟通渠道，诚挚邀请社区居民参与红色文化资源研学课程的设计与实施。他们的丰富生活经验和独特视角，往往能为课程带来宝贵的补充和深化。通过举办座谈会、研讨会等活动，学校可以充分听取社区居民对于课程内容和形式的建议，从而确保课程更加贴近实际、符合学生学习需求。

再次，组织社区居民参与学校的研学活动也是一个极佳的共建方式。这不仅能让学生有机会参与社会课堂，将实践活动延展到生活中，充分发挥社区作用，增强社区居民对教育事业的参与感和成就感。在活动中，社区居民可以担任讲解员、导师等角色，与学生共同探索红色文化的奥秘，分享自己的感悟和体验。

最后，学校还可以通过与社区共同举办红色文化主题展览、演出等活动，进一步拉近彼此的距离，推动红色文化的传承与发展。这些活动不仅能丰富社区居民的精神文化生活，提升他们的文化素养，还能为学校的红色文化资源研学课程提供宝贵的实践机会和展示平台。

总的来说，社区参与共建，是推动红色文化资源研学课程深入实施的重要途径，应加强学校与社区之间的互动与协作，共同为传承红色文化、培养时代新人贡献智慧和力量。

四、家校社合作与社区参与的保障机制

在红色文化资源研学课程中，家校社合作与社区参与的保障机制，是确保各方能够持续、有效地共同投入和支持课程实施的关键。这一机制涉及多个层面，包括政策支持、组织协调、资源保障以及激励措施等。

政策支持，是家校社合作与社区参与的重要保障。政府及教育部门应制定并出台相关政策措施，明确鼓励和支持家校社合作与社区参与红色文化资源研学课程，为其提供坚实的法律和政策保障。同时，政府还可以通过设立专项资金、提供项目支持等方式，为家校社合作与社区参与提供物质保障。

组织协调，是家校社合作与社区参与得以顺利进行的关键。学校应建立专门的组织机构或指定专人承担家校社合作的协调工作，确保各方在课程实施过程中能够紧密配合、高效协同。此外，学校还应积极与社区、家庭沟通，了解他们的需求和期望，以便更好地整合各方资源，共同支持课程实施。

资源保障，是家校社合作与社区参与的基础。学校和社区都应充分调度和利用自身资源，如红色文化遗迹、主题文化广场、图书馆、多媒体教室等，为家校社合作提供必要的场地和设施支持。双方还可以积极争取社会资源的支持，如邀请相关领域的专家为研学课程实施和落地提供指导、与企业合作开展实践教学等，从而丰富课程内容，提升课程质量。

通过构建包括政策支持、组织协调、资源保障等在内的全方位保障机制，可以确保家校社合作与社区参与在红色文化资源研学课程中发挥积极作用，进而推动课程的顺利实施与高质量发展。

第五节　利用现代信息技术提高课程实施效果

一、现代信息技术在课程实施中的应用

在教育教学中，现代信息技术的应用已经变得越来越广泛和深入。这些技术不仅革新了传统的教学方式，还为学生带来了更加丰富、生动的学习体验。

虚拟现实技术，是一种极具潜力的教学工具。通过构建虚拟的红色文化场景，学生可以身临其境地感受红色文化的魅力。例如，可以利用虚拟现实技术模拟红军长征的艰辛历程，让学生在虚拟的环境中体验长征。虚拟现实技术把体验者带入沉浸式的学习方式，不仅能有效激发学生的学习兴趣，还能深化他们对红色文化的理解和认同。

在线教学，是现代信息技术在教育教学中的重要应用之一。借助网络平台，教师可以随时随地发布课程资源，组织学生进行在线学习和讨论。这种教学方式打破了时间和空间的限制，让学生能够更加灵活地安排自己的学习计划。同时，在线教学还能为学生提供更为丰富的学习资源和互动机会，进而促进他们之间的合作与交流。

除了虚拟现实和在线教学，现代信息技术还包括许多其他的应用方式，如多媒体教学、网络教学平台等。这些技术的应用，能够为红色文化资源研学课程的设计和实施带来革命性的变化，提升课程的教学效果和学习体验。

在应用现代信息技术的过程中也需关注并解决一些关键问题。首先，教师需要具备一定的信息技术素养，以便能够熟练运用这些技术进行教学。其次，学校和社会需共同营造良好的信息技术环境，确保学生能够顺利接触并应用这些技术。我们还需高度重视信息技术的安全问题，切实保障学生的个人隐私和数据安全。

总的来说，现代信息技术在红色文化资源研学课程中的应用是一种必然趋势。我们应该积极探索这些技术的应用方式，充分发挥它们的优势，

为红色文化资源研学课程的发展注入新的活力。

二、信息技术提高课程效果的具体策略

在红色文化资源研学课程中，现代信息技术发挥着越来越重要的作用，可采取以下具体策略与方法提升现代信息技术课程实施效果。

（一）构建红色文化资源数字化平台

利用数字化技术，对红色文化资源进行高清采集、分类整理及数字化高清重现，打造高品质的数字化教育资源库，进而构建红色文化资源数字化平台。在建设时可以通过与专业机构合作，共同开发适合学生研学的数字化资源，包括三维虚拟实景、交互式动画、在线测试等，虚拟现实技术可以为学生创造身临其境的学习环境，让他们在虚拟的红色文化场景中感受历史的沧桑和英雄的风采。通过虚拟现实技术，学生可以更加直观地了解红色文化资源的背后故事和历史背景，从而加深对红色文化的理解和认同。

通过建立统一的数字化资源管理平台，可实现对各类资源的分类、整合和共享，提高资源的使用效率。同时，要定期对数字化资源进行更新和维护，确保其内容的准确性和技术的先进性。所以，红色文化资源得以永久保存，还能通过互联网进行广泛传播，为更多的学生提供学习机会。

（二）开展在线教学与互动

利用在线教育平台，可以打破时间和空间的限制，可以提供丰富的教学资源和灵活的学习方式，还能提供丰富的互动功能，如在线讨论、虚拟现实体验，可以让更多的学生参与红色文化资源研学课程。在线教学可以通过实时互动、在线讨论等功能，增强师生之间、学生之间的交流与合作。平台资源也以其独特的交互性、可视化和跨时空特性，极大地拓宽了学生的学习视野，增强了愉悦学习体验。

在构建在线平台时，应确保平台的易用性和功能性。平台界面应简洁明了，便于用户快速找到所需资源。同时，平台应具备强大的资源整合能

力，能够系统地分类和展示各类红色文化资源，如文字资料、图片、视频等。此外，平台还应支持在线互动功能，鼓励师生可在平台上发表观点、提问答疑，形成良好的学术氛围。

为实现资源的最大化利用，建议学校、教育机构、文化部门的共同合作、共享资源。例如，学校可以与当地博物馆、图书馆等机构建立合作关系，共同开发红色文化资源研学课程，将实体场馆的资源与数字化平台相结合，为学生提供更为全面的学习体验。

（三）利用大数据和人工智能技术优化课程设计

通过全面收集并深入分析学生在学习过程中的数据，可以更加精准地把握学生的学习需求和偏好。基于这些数据，可以利用人工智能技术为每个学生量身定制个性化的学习方案，推荐适合他们的红色文化资源和学习路径。同时，大数据还能帮助教师及时获取学生的学习进度和反馈，以便灵活调整教学策略和方法。

综上所述，通过构建红色文化资源数字化平台、运用虚拟现实技术、开展在线教学与互动以及利用大数据和人工智能技术，可以有效地提高红色文化资源研学课程的实施效果，激发学生的学习兴趣和主动性，培养他们对红色文化的热爱和传承意识。

三、信息技术与传统教学方式的融合

在红色文化资源研学课程的实施过程中，信息技术与传统教学方式的融合不仅可以丰富教学手段，提升学生的学习兴趣，还能够有效增强教学效果。

传统的教学方式，如讲授、讨论、实地考察等，具有其独特的优势。它们能够为学生提供直接的知识传授和真实的实践体验。然而，这些方式也存在一定的局限性，如时间和空间的限制，以及信息更新速度的问题。而现代信息技术，如虚拟现实（VR）、增强现实（AR）、在线教学平台等，为红色文化资源研学课程提供了新的可能性。通过这些技术，学生可以身临其境地体验红色历史事件，与历史人物进行"对话"，从而更加深刻地理解红色文化的内涵和精神。同时，信息技术还能够打破时间和空间的限制，让学生随时随地学习成为可能①。

要实现信息技术与传统教学方式的深度融合，首要前提是教师应具备运用现代信息技术的能力。通过培训和学习，掌握各种信息技术的使用方法和教学策略，成为当代教师的必备技能。此外，学校和教育部门也应该加大对信息技术教学设备的投入，创造良好数字化教学条件。在实施过程中，教师可以根据课程内容和学生特点，灵活运用信息技术和传统教学方式进行教学改革。例如，在讲授红色历史事件时，可以使用 VR 技术让学生亲身体验历史事件的发生过程；在讨论红色文化精神时，可以引导学生通过在线平台进行交流和讨论；在实地考察前，可以利用 AR 技术让学生提前了解考察点的相关信息。

信息技术助力教学，是适应现代社会发展要求的必然，对于激发青少年的学习兴趣和主动性，提高学习效果具有重要意义。同时，信息技术与传统教学方式的结合也能够促进红色文化资源研学课程的创新性发展，为培养具有红色文化精神和创新能力的人才提供有力支持。

四、信息技术应用面临的挑战与对策

在红色文化资源研学课程中，信息技术的应用虽然带来了诸多便利，但同时也面临一些挑战。这些挑战主要体现在技术更新迅速、教师技术能力参差不齐、学生信息素养差异大以及信息资源整合难度高等方面。为了有效应对这些挑战，我们需要采取一系列针对性的对策。

技术更新迅速是信息技术应用面临的一大挑战。随着科技的不断进步，新的教学技术和工具层出不穷，这就要求教师和学生必须不断学习和适应新技术。为了应对这一挑战，学校和教育部门可以定期组织教师参加技术培训，提高他们的技术应用能力，同时，也可以鼓励学生通过自主学习和实践来掌握新技术②。

教师技术能力参差不齐也是一个问题。由于教师的年龄、教育背景和技术基础各不相同，他们在信息技术应用上的能力也存在较大差异。为了

---

① 后居锋. AR 设备在课堂教学中的运用 [J]. 新课程（下），2019（12）.
② 祝智庭，管珏琪. 教育变革中的技术力量 [J]. 中国电化教育，2014（1）.

解决这一问题，学校可以采取分层培训的方式，为不同水平的教师提供个性化的技术培训。此外，还可以通过开展教学研讨和交流活动，促进教师之间的经验分享和技术互助。

此外，学生信息素养的显著差异也是信息技术应用面临的重要挑战之一。不同学生的信息技术水平和兴趣点各不相同，这就要求教师在课程设计中充分考虑学生的个性化需求。为了应对这一挑战，教师可以采用分组教学的方式，将学生按照信息素养水平进行分组，并针对不同小组提供差异化的教学内容和辅导。同时，还可以利用信息技术手段设计丰富多样的教学活动，激发学生的学习兴趣和积极性。

信息资源整合难度高也是不容忽视的问题。红色文化资源研学课程涉及的信息资源种类繁多、分布广泛，如何有效地整合这些资源并运用到课程中是一个亟待解决的问题。为了应对这一挑战，先要尝试加强区域性的相关部门和机构的合作与交流，共同推动区域性的信息资源的整合与共享，还要利用现代信息技术手段建立统一的信息资源平台，旨在方便教师和学生高效地检索和利用相关资源①。

尽管信息技术在红色文化资源研学课程的应用中面临诸多挑战，但只要我们采取针对性的对策和措施，便能有效应对这些挑战，并充分发挥信息技术的优势和作用。随着社会对红色文化认知的不断加深，以及教育改革的深入推进，红色文化资源研学课程将迎来更加广阔的发展空间和更加多元化的发展机遇。

---

① 鲁志清．信息技术与课堂教学深度融合实施策略［J］．读写算，2020（3）．

第七章

红色文化资源研学课程设计案例研究
——以山东省为例

前文我们进行了红色文化资源课程设计的理论梳理和实践路径研究，本章以山东省为例，进行红色文化资源研学课程设计案例研究，旨在将理论研究与实践结合，为学校、红色景区以及研学行业从业机构等提供研学课程设计的实践借鉴。通过分析山东省红色文化资源的分布情况，从时间、空间和主题三个维度详细阐述红色文化资源的实存分类及提炼主题、优化为研学课程资源的途径。利用SWOT分析法，对红色文化资源研学课程设计开发的环境进行了全面评估，揭示了课程设计中的优势、劣势、机会和挑战。

通过对具有代表特色的山东红色文化资源"建党精神研学主题""重要战役研学主题""沂蒙精神研学主题"典型案例的深入分析，展示了红色文化资源在研学课程设计中的具体应用和实际效果。本章提出了山东省红色文化资源研学课程设计的策略，包括突出主题、注重实践、寓教于乐、系统性和创新性等原则，同时提出了加强历史事件和英雄人物介绍、增加互动环节以及引入虚拟现实和游戏化学习等创新教学方法。研究结果不仅为山东省红色文化资源的有效利用提供了新思路，也为全国范围内的红色文化资源研学课程设计提供了借鉴和参考。

第一节　山东省红色文化资源分布

一、山东红色文化资源时间分布

山东省的红色文化资源在时间分布上呈现出鲜明的阶段性特征，这一特点为研学课程的设计提供了丰富的素材和广阔的视角。从清末民初的革命萌芽时期，到抗日战争的全面爆发，再到解放战争的最终胜利，山东省的红色文化资源如同一部活生生的历史长卷，记录了中国共产党领导人民进行革命斗争的辉煌历程，同时也见证了广大人民群众不屈不挠、英勇奋斗的革命精神。

（一）建党初期与国民革命时期（1921—1927 年）

山东省济南市是最先建立中国共产党的早期组织的地区之一。中国共产党带领人民在建党初期和国民革命时期、土地革命时期、抗日战争时期、解放战争时期进行艰苦卓绝的革命斗争，并在此过程中孕育发展和逐步丰富了山东红色文化资源内涵。

这一时期是山东地区中国共产党团组织建立、发展和不断壮大，领导工人运动、农民暴动反对帝国主义和封建军阀统治的时期。

1920 年 11 月，王尽美、邓恩铭等组织成立进步学术团体——励新学会，创办《励新》半月刊，为济南的共产党早期组织的成立做了思想上干部上的准备。1921 年，王尽美、邓恩铭在济南建立了中国共产党的早期组织，山东成为全国最早建立的六个党组织地区之一。济南的共产党早期组织创办《济南劳动周刊》，积极宣传马克思主义，推动济南地区工人运动的开展，同时派党员到青州、淄博矿区、青岛等地开展革命活动，发展建立工会组织，推动山东省内工人运动的开展。这个期间，共产党发动工人群众在济南举行首次山东工人阶级纪念五一劳动节大会，扩大了马克思主义在济南工人群众中的影响，推动了正在兴起的山东工人运动。

1923 年，中国共产党第三次全国代表大会确定了国共合作方针，决定共产党员可以以个人身份加入国民党,采取党内合作的形式同国民党建立联合战线,以完成反帝反封建的革命任务。山东党组织积极动员共产党员和进步青年加入国民党,以推进国民革命运动。1924年4月,国民党山东省临时党部成立,选举王尽美等9人为执行委员,国民党山东省及济南、青岛等临时党部的建立,标志着第一次国共合作在山东正式形成。

1922—1923年,中国社会主义青年团济南地方执行委员会、中国社会主义青年团青岛支部、中国社会主义青年团烟台支部相继成立,山东地方党团组织逐渐发展壮大,并在1925年先后领导了胶济铁路工人罢工、四方机厂工人罢工、青岛日商纱厂工人大罢工等工人运动。1925年2月,济南、青岛、张店、淄川等地的党组织代表在济南召开联席会议,成立中共山东地方执行委员会,使山东的革命运动有了统一的领导机构,党组织在原有的基础上得到更大的发展,党组织活动遍及山东大地。

1926年8月,共青团山东省委成立,10月,中共中央正式批准建立中共山东区执行委员会,中共山东地执委在济南召开农民运动扩大会议,进一步推动山东农民运动的发展,为国民革命注入更广泛的阶级力量,也为北伐战争做好了准备。

这一时期的红色文化资源围绕党的创立和党领导的工人运动,主要分布在城市和铁路沿线。

(二) 土地革命时期 (1927—1937年)

1927年4月12日,蒋介石在上海发动反革命政变,成为大革命从高潮走向失败的转折点,第一次国共合作破裂。

1927年8月7日,中共中央召开紧急会议,确定土地革命和武装反抗国民党反动派的总方针。10月10日至11日,山东省委在济南郭店召开各地党组织负责人参加的扩大会议,传达贯彻八七会议精神,决定在之后的工作中大力加强职工运动,积极整顿党组织和指挥各地党组织发动农民暴动,实行土地革命。12月,鲁北县委在陵县发动农民暴动,这是八七会议后山东党组织领导的第一次武装暴动。此后,山东党组织相继发动阳谷坡里、高唐谷官屯、潍县等地的农民暴动。这些暴动虽然都以失败告终,但不同程度地打击了封建统治阶级和军阀势力,扩大了共产党在人民群众中的影响,为革命的进一步发展播撒了火种。

1928年5月3日，日本帝国主义在济南制造了震惊中外的"五三惨案"。在中国共产党的领导下，全省各界群众组织开展一系列反日斗争，6月，党组织协助曲阜山东省立第二师范学校的进步师生演出历史讽刺话剧《子见南子》，引起全国轰动。7月，青岛共产党领导组织青岛六大纱厂、铃木丝厂及华祥、山东火柴厂工人举行联合罢工，淄川炭矿工人连续罢工请愿，推动山东及全国反帝爱国运动的展开，推进工农革命运动的复兴。国民党忌惮中国共产党领导的工农运动和学生游行示威，展开了大肆屠杀中国共产党党员的行动，省市级党的重要领导干部邓恩铭、刘谦初、吴丽实、颜世彬、彭湘、赵一航被杀害。1929—1933年，中共山东省级党组织先后遭到十次大破坏，但依然百折不挠地坚持领导全省党员坚持斗争。

从1934年开始，济南、莱芜、潍县、益都、寿光、昌乐、广饶等县市基层党组织在艰难中纷纷恢复发展，到"七七事变"之前，全省共产党员已达到2000余人。1935年11月，胶东特委发动农民暴动，史称"一一·四"暴动。暴动被镇压后，突围出来的队伍退入昆嵛山区，红军胶东游击队在昆嵛山坚持武装斗争，不断打击和消灭敌人，他们的战斗足迹遍及胶东地区。

土地革命时期，山东人民团结奋进，多次进行了以城市为中心的武装斗争和农村武装暴动，抗击帝国主义和各路军阀的压榨剥削，形成了红色武装暴动遗迹遗址，比如高唐暴动、阳谷暴动、博兴暴动、益都暴动、潍河暴动、日照暴动、沂水暴动、苍山暴动、胶东暴动、龙须崮暴动等。除此之外，党的基层组织被国民党反动派破坏甚至损毁后的重建也成为山东红色文化资源的组成部分。总体来说，这段时期的红色文化资源数量偏少。

（三）抗日战争时期（1931—1945年）

进入抗日战争时期，山东省成为敌后抗日根据地的重要组成部分。山东以鲁南、鲁中、胶东、渤海、滨海为中心建立起山东抗日根据地。山东地方党政军民在中国共产党的领导下抗击外来侵略，以鲜血和生命谱写了"水乳交融，生死与共"的伟大沂蒙精神。在这个时期，山东省涌现出大量的抗日英雄和感人事迹，这些红色文化资源对于开展红色文化研学课程来说，具有极高的价值。

第七章　红色文化资源研学课程设计案例研究——以山东省为例

1937年，日本帝国主义发动"七七事变"，中国进入全面抗战时期。1937年9月，中华民族解放先锋队山东省队部成立，进行抗日救亡运动宣传和动员，在发动抗日武装起义和创建山东抗日根据地中发挥了重要作用。1937年7月到1938年6月，中央红军在山东的干部和山东部分共产党员在没有八路军主力部队支持的情况下，独立自主地在冀鲁边、鲁西北、天福山、黑铁山、牛头镇、徂徕山、鲁东南、泰西、鲁南、湖西等地区领导发动十大抗日武装起义，建立起十余支抗日武装。同时，山东省委恢复了鲁西北特委、鲁北特委、胶东特委三个特委和鲁中工委、鲁东工委、鲁西南工委、淄博矿区工委和济南市工委五个工委的组织建设，领导组织发动抗日武装起义，创建抗日根据地。

为支援抗日根据地建设，中共中央先后派干部和部队来到山东，并将山东省委扩大为苏鲁豫皖边区省委。到1938年底1939年初，山东先后创建冀鲁边、鲁西北、胶东、清河、鲁中、鲁东南、泰西、鲁南、湖西等若干块抗日游击根据地，标志着山东抗日根据地初步形成。1940年2月，由铁路工人、矿工组成鲁南铁道游击队成立，在微山湖上、铁道线上与日军斗智斗勇，出奇制胜，令敌人闻风丧胆。4月，八路军纵队主力东进冀鲁豫边区，开始创建冀鲁豫抗日根据地。1941—1942年，日军调集5万人对沂蒙山区抗日根据地进行大规模扫荡，其中，千人以上的"扫荡"70多次，万人以上的"扫荡"9次。山东军民一心，共同对敌。在反"扫荡"中，沂蒙山区涌现出一批妇女英雄群体，她们送子参军、送夫支前、缝军衣、做军鞋、舍生忘死救伤员，不遗余力抚养革命后代，被人们誉为"沂蒙红嫂"。罗荣桓在总结历次反"扫荡"、反"蚕食"斗争经验的基础上，创造性地提出"敌打到我这里来，我打到敌那里去"的"翻边战术"。1942年8月3日，国民党军第一一一师师长常恩多因不满国民党反动派的倒行逆施发动兵变，在滨海甲子山区率部2000余人脱离国民党部队进入莒南，随后转移到共产党领导的滨海抗日根据地。1943年3月，根据中共中央决定，山东抗日根据地实行党的一元化领导，山东分局是最高领导机关，山东抗日根据地建立统一的军事领导中心。

1938年12月，八路军山东纵队在沂水县成立，开始统一领导山东各抗日起义部队，山东人民抗日武装力量在战略上成为有统一指挥的游击兵团，并着手进行了整军运动。抗日战争进入战略相持阶段后，日军改变对国民党的军事进攻的战略布局,开始集中兵力对付共产党领导的抗日根据地。1942年8月1日,根据中央军委的命令,山东纵队正式改为山东军区,黎玉任政治委员。山东纵队改为地方部队后,由第一一五师统一指挥。从1939年3月开始,以八路军第一一五师作为开端,代师长陈光、政委罗荣桓率师部和第三四三旅的六八六团组成东进支队到达鲁西。在此前后,八路军其他主力部队也相继到达山东,打响了对日伪军作战的樊坝战斗、陆房战斗、梁山战斗,足迹遍布鲁西南兰陵县、临沭县、莒南县,为建设山东抗日根据地,赢得抗战胜利作出重要贡献。

1940年7月,山东省战时工作推行委员会成立,黎玉任首席组长,山东省级统一的抗日民主政权由此诞生,山东抗日根据地的正式形成。山东省总工会制定了一系列的条例和章程,保障了人民权利,如《减租减息暂行条例》《公平负担暂行办法》《惩治贪污暂行条例》《人权保障条例》等。1941年4月,山东省战工会作出《关于全省行政区域划分的决定》,将全省划分为胶东、清河、冀鲁边区、鲁中、鲁南、鲁西六个行政区。1943年8月,山东省战时工作推行委员会更名为山东省战时行政委员会。省战时行政委员会的成立,标志着党在山东革命根据地的执政提高到一个新的历史水平。1945年8月13日,山东省政府成立,这是中国共产党领导下的第一个省政府。

抗战初期,为稳定经济,胶东特委决定将胶东抗日游击第三支队筹建的北海银行收归特委筹建,以抵制伪钞,稳定抗日根据地的物价。抗日战争中,北海银行在对敌开展经济斗争、发展根据地经济、保证部队供应、改善人民生活等方面发挥了重要作用。1943年10月,山东抗日根据地开展军民大生产运动,彻底打破敌人的经济封锁,克服了困难,改善了人民生活,储蓄了大批粮、棉、油、盐等重要物资,为大反攻作了物质准备。

自1944年春至1945年夏,山东抗日根据地军民连续发起系列攻势作战,共歼灭日、伪军和顽军12万人,解放县城18座,解放区面积由1944年初的占山东津浦路以东地区的35%扩大到80%以上,胶济路以南3个战略区完全连成一片。到抗战结束时,山东抗日根据地面积达到12.5万平方公里,人口达到2400万,中共党员达20余万名。

抗战时期的山东是敌后战场主要组成部分,中国共产党不断发展和壮大各级党组织领导军民打游击战,建立抗日根据地,留下了大量的革命遗迹,如组织活动旧址、指挥部旧址、领导人故居等。同时,在根据地的政治、经济、文化、教育等方面,山东党委制定了相关制度和政策文件,这个时期的红色文化资源最为密集和丰富。

(四) 解放战争时期 (1945—1949 年)

解放战争时期,山东大地上著名的孟良崮战役、台儿庄战役、济南战役、莱芜战役,打击了国民党反动派的气焰,奠定了全国解放的基础。这些战争遗迹以及纪念战争的博物馆、纪念馆和烈士陵园是红色文化资源主要构成。

1945 年 10 月,新四军军部及主力进入山东,阻击国民党军北犯,极大地巩固和加强了山东解放区的军事力量。1946 年 6 月,国民党军队以围攻中原解放区为起点,发动全国内战。6 月下旬开始的 4 个月时间,鲁中、渤海、胶东军区部队发起的胶济路阻击战取得胜利,粉碎国民党军队"半个月打通胶济路"的计划,策应了新四军在苏中、淮北地区的作战。8 月,晋冀鲁豫野战军取得定陶战役、巨野战役、鄄城战役胜利并收复聊城。12 月,山东野战军联合华中野战军发动宿北战役,歼灭国民党军队 2.1 万余人。

1947 年 1 月,由陈毅任司令员、粟裕任副司令员的华东野战军成立,山东野战军、华中野战军和山东军区主力部队整合。至此,中国共产党实现了在华东地区政治上的统一领导、经济上的统一开支、军事上的统一指挥。2 月 20 日至 23 日,华东野战军发起莱芜战役,粉碎国民党妄图南北会师占领山东的"鲁南会战"计划,胶东、渤海、鲁中 3 个战略区再次连成一片。3 月,蒋介石改以陕北和山东解放区为进攻重点,在山东解放区聚集兵力达 24 个整编师 60 个旅约 45 万人。4 月下旬,华东野战军在泰(安)蒙(阴)战役中大胜。5 月 13 日至 16 日,华东野战军在孟良崮战役中全歼国民党"五大主力"之首的整编第七十四师,击毙该师师长张灵甫,粉碎国民党军的"鲁中决战"计划,重挫国民党军对山东解放区的重点进攻,极大地震动了国民党军队内部,有力地鼓舞了全国人民的胜利信心。在孟良崮战役中,蒙阴县野店烟庄村"沂蒙六姐妹"张玉梅、伊廷珍、杨桂英、伊淑英、冀贞兰、公方莲发动全村男女老幼为部队送粮草、烙煎饼、当向导、洗军衣、做军鞋、送弹药、护理伤病员,堪为"军民一心、水乳交融"的典范。6月30日，刘伯承、邓小平率晋冀鲁豫野战军4个纵队12万人强渡黄河，发起鲁西南战役，歼敌数万，揭开人民解放军战略进攻的序幕。9月7日至9日，华东野战军西兵团发动的沙土集战役扭转了鲁西南战事的被动局面。9月，华东野战军东兵团发起历时4个月的胶东保卫战，收复大片胶东，粉碎国民党军队对山东的进攻。

1948年1月，中央军委决定将华东野战军东兵团改称山东兵团，辖第七、第九、第十三纵队以及渤海纵队、鲁中纵队等部，执行山东战场作战任务。许世友任司令员，谭震林任政治委员。3月，山东兵团在周（村）张（店）战役中大胜，使鲁中和渤海两解放区连成一片。4月，山东兵团在潍县战役中解放潍县。5月，山东兵团在兖州战役中解放泰安、曲阜、宁阳、邹县、济宁，控制津浦路徐济段大部分铁路沿线，使山东与冀鲁两解放区连成一片。9月16日，华东野战军在济南战役中大胜，抓获国民党军第二绥靖区司令官兼山东省政协主席王耀武。济南战役具有重要意义，是人民解放军攻克敌人重点设防的大城市的开始，蒋介石以大城市为主的"重点防御"体系开始走向土崩瓦解，解放战争战略决战序幕拉开。

1949年2月9日，根据中共中央和中央军委的指示，华东野战军改编为中国人民解放军第三野战军，陈毅任司令员兼政治委员，粟裕任副司令员兼第二副政治委员。3月30日 山东省政府改称山东省人民政府。4月2日，山东军区成立，张云逸兼任山东军区司令员，隶属华东军区领导。1949年6月，青（岛）即（墨）战役后青岛解放；8月，长山列岛全部解放。至此，山东全境解放。

在战略防御阶段，解放区进行土改，发展生产，支援前线。1946年9月，依据中共中央《关于土地问题的指示》的精神，华东局作出《关于彻底实行土地改革的指示》，山东解放区全面开展大规模群众性土地改革运动。到1946年底，经过反奸清算、减租减息和土地改革，山东解放区从地主手中收回1964万亩土地。

1946年9月，山东省支援前线委员会成立，负责对各级政府和支前机关部署支前任务，指导支前工作。据不完全统计，1945年9月至1949年10月，山东先后有1106万人次支前，使用146.8万辆大小车、76.5万头牲畜和43.3万副担架，将11亿斤粮食和大批弹药、军需物资送往前线，把 20.4 万名伤员转移到后方，同时动员了 95 万多人参军入伍。同时，土地改革中颁布诸多文件文献、档案资源，以及支援前线过程中军民同心打击国民党反动派的生动故事，是山东红色文化资源的丰富和补充。

解放战争时期，山东省的红色文化资源不仅记录了中国人民解放军在山东地区的英勇战斗，也展现了广大人民群众积极支援前线、共同迎接解放的壮丽画卷。通过这个时期的红色文化资源的研究性学习，学生们可以更加深刻地认识到人民群众的力量是伟大的，只有紧紧依靠人民群众，才能取得革命的最终胜利。

山东省的红色文化资源在时间分布上的阶段性特点，为研学课程的设计提供了有力的支撑和丰富的素材。合理利用这些红色文化资源，可以设计出具有针对性、实效性和趣味性的研学课程，让学生们在亲身参与和体验中更加深入地了解革命历史、传承红色基因、弘扬革命精神。这不仅有助于培养学生的爱国主义情怀和民族精神，也有助于提高学生的综合素质，加强社会责任感。

二、山东红色文化资源的空间分布

山东红色文化资源的空间分布，是指山东省区域内红色文化资源的分布特点和基本格局。从空间分布上看，由中国新民主主义革命特点决定的红色文化资源大多分布在农村，与中国共产党在新民主主义革命各个时期的主要工作紧密相关。其分布有以下特点。

（一）以中国共产党早期组织建立城市为中心

山东早期，红色文化资源以中共早期党组织在济南建立为中心，通过发展党的基层组织、办设进步报刊、领导工人运动，在济南、淄博、青岛、潍坊等城市留下相关的组织机构旧址、报刊留存、红色人物活动轨迹、红色故事等。

（二）以沂蒙山革命根据地为核心

山东红色文化资源的地域分布以沂蒙山革命根据地为核心。沂蒙革命根据地，也称沂蒙革命老区，其地域指以沂蒙山区为中心、以今临沂市区为主体的包括毗邻部分地带,包括临沂、日照、淄博、泰安、莱芜等城市,其中,临沂是国家最早的18个革命老区之一。抗日战争和解放战争时期,中共先后在沂蒙老区建立了滨海、鲁中、鲁南革命根据地,有20多万人参军入伍,120多万人拥军支前,10万英烈血洒疆场,为抗击外来侵略和中国革命胜利作出了巨大的贡献和牺牲。

以沂蒙老区为中心,鲁中、鲁南和滨海革命根据地时期留下来的指挥部旧址、战争遗址遗迹、纪念场馆、烈士陵园,革命遗物以及中共组织发布的纲领、文件、文献留存等是山东红色文化资源的宝库。

(三) 以菏泽为中心的冀鲁豫边区 (鲁西地区)

以菏泽为中心的原冀鲁豫边区为基本范围的鲁西地区,是山东红色旅游的重要区域,主要包括菏泽、济宁、聊城等市。这一地区具有边区革命特色,是山东重要的革命根据地,其中,菏泽的郓城、定陶、巨野,济宁的金乡、曲阜、梁山、嘉祥等,是山东红色旅游的主要区域。在这里发生的主要战役有鲁西北地区起义、定陶战役等。

1937年"卢沟桥事变"后不久,日军全面进攻华北,冀鲁豫边区作为华北的门户,自古以来就是兵家必争之地,战略地位极为重要,而菏泽就位于这块根据地的中心区域。抗日战争中,菏泽地区有6万人参加了主力部队,在多次的战斗中有两万多名干部战士和群众献出了宝贵生命,冀鲁豫边区根据地为抗战的全面胜利作出了重要贡献。边区发展过程由小到大,逐渐成为全国最大的平原抗日根据地。

1938年4月,中共中央发出《关于平原游击战的指示》。此后的一年里,广泛的游击战争如雨后春笋般在冀鲁豫边区的大地上轰轰烈烈地展开。1938年冬至1939年初,八路军根据党中央"开辟敌后根据地"的指示,先后派出三支主力部队挺进菏泽地区,先后开辟了鲁西抗日根据地、湖西抗日根据地、郓西抗日根据地。八路军主力部队连续作战,打击了日伪的嚣张气焰,这三块抗日根据地为冀鲁豫边区抗战的胜利发挥了重大作用。1947年夏,我人民解放军由战略防御转向战略反攻,刘邓大军以大无畏的英雄气概强渡黄河,打响鲁西南战役的第一仗——郓城战斗。

(四) 以枣庄和微山湖为核心的铁道游击队活动区

铁道游击队是抗日战争时期活跃在山东鲁南地区（现枣庄的临城、峄县、滕县）的一支抗日武装，成立于1940年1月25日，是一支由中国共产党领导的、英雄的抗日武装力量，接受八路军苏鲁支队的命令而成立，成立时，这支抗日武装队伍称"鲁南军区铁道大队"，别称"飞虎队"。人员最多时达300余人，苏鲁支队任命洪振海为铁道游击队队长，王怀文为铁道游击队指导员，杜季伟任政委，王志胜为副队长。该队以临城（今薛城区）为中心，依靠群众，开展游击战争，与日本侵略者展开浴血奋战，奏响了民族救亡的最强音。1945年，该游击队解散并入华东野战军。铁道游击队因小说《铁道游击队》而扬名，再经影视剧的改编，名声更为响亮。作品中大队长刘洪的原型是洪振海和刘金山。作家刘知侠在《铁道游击队》中把两任大队长的姓组合成刘洪，创造了这一英雄艺术形象，铁道游击队的故事因而家喻户晓，广为流传，成为红色文学及影视创作经典，塑造了一代传奇。

(五) 以烟台、威海、青岛、潍坊为中心的胶东革命根据地敌后武装（滨海地区）

以烟台、威海、青岛及潍坊为中心的胶东革命根据地旅游区的红色资源主要集中在平度、莱州、海阳、招远、栖霞、莱阳、文登以及潍城等地区，这一区域是山东敌后武装斗争的重要地区，是滨海地区重要的红色旅游地区。反映胶东革命故事的文艺作品有著名作家冯德英的"红色经典"系列长篇小说《苦菜花》《迎春花》《山菊花》等。

(六) 渤海老区红色文化资源

以滨州、东营和德州为核心的渤海革命老区的红色资源主要集中在垦利、阳信、惠民、邹平、博兴、沾化、乐陵等地区，这一区域是抗日战争、解放战争和土地革命时期的重要革命根据地。在广饶县，一个农民冒着生命危险保存了山东省唯一存世的陈望道翻译的第一版的《共产党宣言》43年，并将这个极其珍贵的版本捐献给了国家。

(七) 八路军第一一五师在山东的转战路线

八路军第一一五师在山东的主要转战路线。自 1939 年 3 月开始，第一一五师转战大半个山东，从鲁西南冀鲁边区到沂蒙革命根据地，再到滨海根据地，第一一五师进行了大小数百次战斗，留下了数量众多的革命遗迹，成为山东红色旅游资源中的重要部分。这条主线将山东红色旅游的一个核心区域与四个分散的片区串联起来，在空间上形成山东大红色旅游圈。

1939 年 3 月开始，以八路军第一一五师作为开端，代师长陈光、政委罗荣桓率师部和第三四三旅第六八六团组成东进支队到达鲁西地区。在此前后，八路军其他主力部队也相继到达山东，打响了对日伪军作战的樊坝战斗、陆房战斗、梁山战斗，足迹遍布鲁西南的兰陵县、临沭县、莒南县，为建设山东抗日根据地、赢得抗战胜利作出重要贡献。

1937 年 10 月，日军向山东进攻。中共山东省委在没有主力部队的情况下，指示各地党组织广泛发动群众，举行抗日武装起义。从 1937 年 11 月至 1938 年 3 月，山东先后有十几个地区爆发武装起义，并与原国民党山东省第六区专员兼保安司令范筑先建立了合作抗日的亲密关系，开辟了鲁西北 30 多个县的抗战局面。中共中央和中央军委非常重视山东抗日游击战争的发展，要求有计划地建立根据地，使山东成为八路军在华北的一个重要战略基地和联系华中的战略枢纽。1938 年 5 月，中央派郭洪涛率一部分军政干部到山东工作，并由郭洪涛任省委书记。7 月，中央根据徐州失守后的形势，将山东省委扩大为苏鲁豫皖边区省委，并决定派一部分八路军主力部队到山东，以加强这一地区的抗日游击战争，扩大和巩固抗日根据地。1938 年六七月，冀南的第一一五师第五支队和第一二九师津浦支队向冀鲁边的宁津、乐陵地区挺进，协同地方党组织领导的抗日武装开展游击战争，建立根据地。1938 年 9 月下旬，第一一五师政治部副主任萧华率第三四三旅的百余名干部到达乐陵，随即成立冀鲁边区军政委员会，并将这个地区党领导的各种武装力量合编成八路军东进抗日挺进纵队，共计 1 万余人，萧华任军政委员会书记、纵队司令员兼政治委员。到 1938 年底，开辟了以宁津、乐陵为中心，包括沧县、盐山、庆云、东光、南皮等县的平原游击根据地。山东地方部队在鲁南、鲁中、鲁北、胶东等地建立游击根据地。1938年12月，中央根据形势的变化，又决定改苏鲁豫皖边区省委为中共中央山东分局。山东地方部队还在鲁南、鲁中、鲁北、胶东等地建立游击根据地。为了加强对山东各地武装起义部队的统一领导，决定成立八路军山东纵队，任命张经武为指挥，黎玉为政治委员，江华为政治部主任，共约2.5万人。至此，八路军山东纵队成为在战略上有统一指挥的游击兵团，对创建、巩固和发展山东根据地，坚持长期抗战，起了重大的作用[1]。从地域视角审视，山东省红色文化资源呈现广泛分布态势，深深烙印在全省各地。不论是胶东半岛的沿海城市，还是鲁西南的革命老区，均蕴藏着丰硕的红色文化瑰宝。这种地域上的广泛分布，为山东省开展红色文化研学课程提供了得天独厚的条件，使各地能够依托当地资源，有针对性地组织学生进行实地考察与学习[2]。

山东省众多具有代表性的红色旅游景点，如台儿庄大战纪念馆、孟良崮战役纪念馆等，不仅吸引了大量游客前来参观学习，也成为开展红色文化研学课程的重要基地。通过这些景点的实地考察和学习，学生可以更加深入地了解革命历史，感受革命精神的力量[3]。

山东省红色文化资源的空间分布特点为开展红色文化研学课程提供了丰富的素材和广阔的平台。各地应充分利用这些资源，结合实际情况，设计出具有特色的研学课程，让学生在实践中学习革命历史，传承红色基因[4]。

三、山东红色文化资源的主题分布

在对山东省红色文化资源的时间、空间分布的整理和研究的基础上，依据研学课程设计的需要，对典型代表性资源的核心内容进行分类梳理，确定山东省红色文化资源的主题，以此作为山东省红色文化资源研学课程

---

[1] 中国中共党史学会编. 中国共产党历史系列辞典[M]. 北京：党建读物出版社，2019.

[2] 陈翠. 大别山红色研学旅行课程设计与开发[J]. 红色文化资源研究，2019（12）.

[3] 陈喜林. 云浮青少年红色历史研学基地课程设计研究——以梁家庄园、黄公祠为例. 广东教育（职教版）[J]. 2022.

[4] 许辉. 红色文化资源在高校思想政治教育中的实践路径——以镇江市为例. 太原城市职业技术学院学报，2018（10）.

设计的前期背景准备。

(一) 建党主题

建党精神主题主要聚焦于中国共产党成立初期的奋斗历程和初心使命。这一主题强调了党的诞生背景、早期党员们的坚定信仰和无私奉献，以及党在成立初期所面临的挑战和取得的成就。

在20世纪20年代初，山东省内的中国共产党早期组织在济南等地悄然兴起。这些组织主要由具有先进思想的知识分子和革命者组成，他们深受马克思主义思想的影响，决心为中国的独立和人民的幸福而奋斗。

1. 中共早期党组织的建立与发展

在1921年春天，王尽美、邓恩铭等人在济南成立了共产主义小组。这是山东省内最早的中国共产党组织之一，为后来的革命斗争奠定了坚实的基础。1921年7月，中国共产党在上海和嘉兴南湖成功召开第一次全国代表大会，标志着中国共产党的正式成立。这次大会确立了党的纲领、路线和方针，为党的发展奠定了坚实基础。王尽美、邓恩铭作为代表参加了中共一大。随着革命形势的发展，山东的共产党组织逐渐发展到青岛、淄博等地并不断巩固和壮大。这些组织在革命者的领导下，积极开展宣传和组织工作，吸引了越来越多的先进青年加入党组织。

2. 中国共产党党组织开展活动情况

中国共产党人在山东的早期活动是中国革命历史上的重要组成部分。他们牢记中国共产党的初心和使命，培养起坚定的革命信仰和崇高的革命精神，并在艰苦的内外部环境下开展领导中国人民走向民族独立和自由解放之路。中国共产党人在山东的早期活动主要有：

（1）组织建立和宣传活动。早期共产党人在山东积极建立党的组织，宣传马克思主义和共产党的理念，争取群众支持。通过办学、办报等方式，提高群众的文化水平和政治意识。这些早期的红色文化资源，不仅为后来的革命斗争奠定了坚实的基础，也为今天的研学课程提供了宝贵的历史资料。通过这一时期的红色文化资源的研究性学习，学生可以更加深入地理解中国共产党的初心和使命。

（2）组织和领导工人运动。为争取改善工作条件和提高工资，早期党组织领导了济南、青岛等地的工人罢工。在1922年，青岛的日商内外棉四厂工人因不堪忍受资本家的残酷剥削，举行了大规模的罢工斗争。这次罢工得到了济南共产主义小组的有力支持，王尽美等革命者亲自到青岛指导罢工斗争。经过艰苦的斗争，工人们最终取得了胜利，为山东的工人运动树立了榜样。在淄博地区，煤矿工人也受到了资本家的残酷剥削和压迫。为了争取自身的权益，工人们多次举行罢工斗争。在这些斗争中，山东的共产党组织发挥了重要的领导作用，为工人们提供了必要的支持和指导。通过这些斗争，淄博煤矿工人的政治觉悟得到了提高，为后来的革命斗争培养了骨干力量。

（3）组织农民运动。在农村地区发动和组织农民运动，反抗封建剥削和压迫，推动土地革命的开展。1927年10月，山东省委传达八七会议精神，指挥各地党组织发动农民运动，实行土地革命。山东陵县、阳谷坡里、高唐谷官屯、潍县等地都发动了轰轰烈烈的农民运动。

（4）组织学生运动。"五四运动"期间，山东党组织在学校中组织学生参加抗议活动，山东的学生团体组织了一系列的游行示威、演讲宣传等活动，反对帝国主义和封建主义，表达对中国政府屈辱外交的愤怒和对国家前途的担忧。同时，他们的行动与全国的爱国人士进行了呼应和合作，共同推动了这场运动的深入发展。

山东省内中国共产党早期组织的建立、发展以及领导工人、农民运动，通过艰苦的努力和不懈的奋斗，积极传播马克思主义思想，坚定信仰、无私奉献，为山东的革命事业奠定了坚实的基础。同时，这些斗争也为中国共产党的成长和发展提供了宝贵的经验和教训。

在庆祝中国共产党成立100周年大会上，习近平总书记首次提出"坚持真理、坚守理想，践行初心、担当使命，不怕牺牲、英勇斗争，对党忠诚、不负人民"的伟大建党精神。山东早期中国共产党组织的建立和发展，其指导思想和精神内涵核心就是伟大建党精神。

（二）战役主题

在民主革命时期，山东这块土地上发生了多场重大战役，这些战役不仅对抗日战争和解放战争的胜利起到了重要作用，而且对中国革命的阶段性贡献也极为显著。战役主题研学课程设计时主要聚焦于中国共产党在革命战争时期的英勇斗争和辉煌战绩。这一主题强调了党在战争中的坚定意志、战略智慧和英勇牺牲，以及党在战争中取得的重大胜利和战略成果。

1. 台儿庄大战

时间：1938 年 3 月 16 日至 4 月 15 日

参战双方：国民革命军、日军

简述：台儿庄大捷，又称台儿庄战役、鲁南会战或血战台儿庄，是中国军队在山东地区取得的一次重要胜利。战役历时一个月，中国军队约 29 万人参战，日军参战人数约 5 万人。中方伤亡 5 万余人，毙伤日军 1 万余人。此次战役挫败了日军重兵会师台儿庄的企图，为赢得整个战役的胜利争取了时间。

2. 梁山歼灭战

时间：1939 年

参战双方：中国、日本

简述：1939 年 3 月，八路军第一一五师主力进入山东创建鲁西抗日根据地。7 月底，日军从津浦线抽调 600 人准备在鲁西平原与八路军决战。8 月 2 日，八路军经过激战，全歼日军，生俘 620 名敌军。

3. 沂蒙抗日根据地的战斗

时间：1938—1945 年

简述：沂蒙抗日根据地是山东抗日根据地的核心部分，被誉为"山东的小延安"。在抗战时期，中共中央山东分局进驻沂蒙，在八路军第一一五师的帮助下，广泛发动群众，迅速扩大部队，普遍建立政权，创建了沂蒙抗日根据地。其间，沂蒙人民与日军进行了艰苦卓绝的斗争，包括临沂阻击战、大青山战役、苏家崮战役等，为山东抗战作出了巨大贡献。沂蒙山区的游击队员们以灵活多变的战术和英勇无畏的精神，与日军展开了长期的游击战争。他们利用地形优势，不断袭击日军的补给线和交通要道，为抗日战争的胜利作出了重要贡献。

4. 孟良崮战役

时间：1947 年 5 月 13 日至 16 日

参战双方：华东野战军、国民党军

简述：华东野战军在山东蒙阴孟良崮山区全歼国民党"五大主力"之一的整编第七十四师。这一战役开创了在敌重兵密集并进的态势下，从敌军阵线中央割歼其进攻主力的范例，是打破国民党军对山东解放区重点进攻和转变华东战局的关键一战。在这场战役中，华东野战军以少胜多，成功歼灭了国民党军整编第七十四师，为解放战争的胜利奠定了坚实基础。

5. 济南战役

时间：1948年9月16日至24日

参战双方：华东野战军、国民党军

简述：华东野战军执行中央军委关于"攻济打援"的指示，打响济南战役。经过8个昼夜的激烈攻坚作战，全歼守敌，解放了山东省省会济南。这一胜利开创了人民解放军夺取敌人坚固设防和10万重兵据守大城市的先例，揭开了战略决战的序幕。

山东抗日根据地的创建，特别是沂蒙抗日根据地，为山东抗战提供了坚实的战略基地。山东战场牵制了大量的日伪军，减轻了其他战场的压力，这些根据地不仅成为山东抗战的支点，也为华北、华东乃至整个中国的革命战争提供了重要的战略支持。在抗战中，山东人民军队迅速发展壮大。从最初的少数红军干部和地下党员，到后来的八路军主力部队和基干武装，山东人民军队在抗战中发挥了重要作用。这些军队不仅数量多，而且政治军事素质和战斗力也很高。在解放战争中，山东解放区成为人民解放军粉碎国民党全面进攻和重点进攻的战略前沿阵地和主要战场。山东人民为解放战争的胜利也提供了有力的支援和保障。

综上所述，民主革命时期，在山东大地上发生的重大战役不仅对抗日战争和解放战争的胜利起到了重要作用，而且对中国革命的阶段性贡献极为显著。这些战役不仅彰显了中国人民的英勇和顽强，也为中国革命的胜利奠定了坚实基础。

（三）沂蒙精神

沂蒙精神是中国共产党人精神谱系的重要组成部分。沂蒙精神的内涵具体表述为"党群同心、军民情深、水乳交融、生死与共"。沂蒙精神是中国共产党领导下的在革命和建设实践中形成的宝贵精神财富，这种精神不仅深深植根于沂蒙大地，还在全国各地广泛传播，成为中华民族优秀文化的重要组成部分，具有重要的历史意义和独特的时代价值。

沂蒙精神的核心体现在多个方面："党群同心"是沂蒙精神的本质特征，以党心换民心、以民心聚党心，是沂蒙精神形成发展的根基所在。

"党群同心"体现了党与群众之间的紧密联系和共同奋斗的决心强调党同人民群众之间高度一致的目标和信念。"军民情深"是沂蒙精神的鲜明特质,反映了军队与人民群众之间深厚的情感纽带和相互支持的关系。人民军队为了人民安危出生入死、前赴后继,广大人民群众舍生忘死、拥军支前,充分展现了沂蒙人民与人民军队之间的深厚感情。"水乳交融、生死与共"共同铸就了沂蒙精神,"水乳交融"是沂蒙精神的生动写照,党、军队与人民群众之间高度融合、密不可分,这种关系超越了普通的情感纽带,达到了一种高度融合的境界。党、军队与人民在思想上、行动上高度一致,相互依存、相互支持,形成了强大的凝聚力和战斗力。"生死与共"体现了党、军队和人民之间生死相依、命运与共的深厚情谊,这种情谊超越了生死,充分体现出战争年代中的无私奉献和无畏担当。

"党群同心、军民情深、水乳交融、生死与共"共同构成了沂蒙精神的丰富内涵。在战争年代,沂蒙精神有着具体的历史体现,深刻融入党领导人民进行的艰苦斗争。其中,沂蒙红嫂是沂蒙精神的一张闪亮的名片。在抗日战争和解放战争时期,沂蒙山区的妇女们积极投身革命斗争,不仅为战士们送粮送药,还要照顾伤员。其中,以"沂蒙红"为代表的妇女们更是以无私的奉献精神和坚定的革命信仰,为革命事业作出了巨大贡献。明德英乳汁救战士、王换于兴办战时托儿所、李桂芳架起火线桥的故事广为流传。在孟良崮战役期间,沂蒙山区的六位姐妹自发组织起来,为前线战士提供后勤保障。她们冒着生命危险,穿梭在战火纷飞的战场上,为战士们送去了急需的物资和药品。她们的英勇事迹和无私奉献精神,成为沂蒙精神的生动写照。

在中国共产党人精神谱系中,沂蒙精神以其独特的魅力和深厚的底蕴,在中国共产党人精神谱系中占有重要地位。它是党和国家的宝贵精神财富,与延安精神、井冈山精神等一样,都是中国共产党人不断前行的强大动力。沂蒙精神所蕴含的党群同心、军民情深等特质,为其他革命精神提供了有益的补充和借鉴。当今时代,沂蒙精神也是推动中国特色社会主义事业不断前进的重要力量。未来,我们应该继续传承和弘扬沂蒙精神,让其在新的时代条件下焕发出更加璀璨的光芒。

山东省的红色文化资源主题分布的三个维度特色鲜明,涉及的资源涵盖了革命历史、英雄人物、战争遗址等多个方面。这些主题资源为开展红色文化研学课程提供了丰富的教学素材和案例,有助于增强学生的历史认同感和民族自豪感。

在革命历史资源方面,山东省拥有众多具有代表性的历史事件和战役遗址。例如,抗日战争时期的沂水战役、解放战争时期的济南战役等,这些历史事件都留下了深刻的红色印记。组织学生参观相关遗址、纪念馆,可以让他们亲身感受革命斗争的艰辛与伟大,从而加深对革命历史的理解与认识[①]。

在英雄人物资源方面,山东省涌现出大批革命英雄和先烈,他们的英勇事迹和崇高精神是红色文化的重要组成部分。如王尽美、邓恩铭等,他们的故事不仅激励着后人不断奋进,也为红色文化研学课程提供了生动的教学案例。讲述英雄人物的故事,可以引导学生学习他们的革命精神和爱国情怀,进一步激发学生的民族自豪感和责任感[②]。

战争遗址也是山东省红色文化资源的重要组成部分。这些遗址见证了革命战争的残酷与壮烈,是历史的见证者。通过实地考察战争遗址,学生可以更加直观地了解战争的真实情况,感受革命先烈们英勇奋斗的精神风貌。同时,战争遗址也是进行爱国主义教育和革命传统教育的重要场所,对于培养学生的历史责任感和使命感具有重要意义[③]。山东省红色文化资源遗存时空分布广泛且多样化,为开展红色文化研学课程提供了得天独厚的条件。充分挖掘和利用这些资源,可以设计出具有地方特色、主题鲜明的研学课程,为培养学生的坚定信仰、正确的价值观和爱国主义精神奠定坚实基础。

第二节 山东红色文化资源研学课程开发环境分析

本章将基于 PEST-SWOT 模型分析方法对山东省红色文化资源研学实践课程开发的现状进行全面的梳理和总结,对影响其开发的外部及内部因素进行全面评估,对当前红色旅游开发的形式和红色旅游深度发掘研究理

[①③] 蒋施瑞,孙莹炜.红色文化研究综述与简评[J].文教资料,2020(5).
[②] 王慧,王学刚.网络自我表露研究综述[J].现代交际,2019(2).

论和实践价值意义进行探讨，同时为后续设计以红色文化资源为主题和载体的研学实践教育开发路径、开发策略提供必要的基础。

一、PEST – SWOT 模型理论及其在研学课程开发中的作用

SWOT 分析法是一种较为成熟的分析方法和研究体系，在旅游资源战略开发领域应用广泛。将 SWOT 分析法用于山东红色文化资源研学课程开发，分析红色文化资源研学课程开发面临的优势、劣势、机会和威胁，可建构 SWOT 模型，在现有红色旅游资源建设基础上进行研学实践教育开发规划，充分利用资源优势和机会，化解劣势和威胁，从而合理选择资源并制定科学的发展规划策略。

（一）PEST 分析的含义与基本模型

PEST 分析是一种重要的外部宏观分析方法，通常通过对比分析对象所处的外部宏观环境即政治（Political）、经济（Economic）、社会（Social）、技术（Technological）这四大类影响因素进行分析，全面评价其对分析对象乃至整个行业的影响（见表 7 – 1）。"PEST 模型分析是一种思维框架，其价值更多地在于为企业战略制定者提供一种对趋势、机会和挑战的判断依据[①]。"将 PEST 方法用于对山东红色文化资源研学旅行实践开发的宏观环境分析，主要可以分为以下四个层面。

表 7 – 1　　　　　　　　　　PEST 分析模型

分析维度	政治环境分析	经济环境分析	社会环境分析	技术环境分析
具体因素	国家战略 法律法规 产业政策 ……	经济增速 可支配收入水平 消费倾向 ……	居民受教育程度 社会价值观 社会文化 ……	研发费用支出 新技术发展情况 ……

[①] 刘春英，肖娜. 基于 SWOT – PEST 模型的我国生物能源产业发展模式探讨［J］. 商业时代，2011（6）.

一是政治环境。政治环境的分析涵盖了非常多的细分因素，在本书的研究主题下，政治环境的分析更倾向于针对党的方针路线、国家战略布局、法律政策环境的相关分析。例如，《中华人民共和国旅游法》《中华人民共和国未成年人保护法》《红色旅游发展规划纲要》等法律政策文件都会对红色文化资源的研学旅行实践开发产生重要的影响。

二是经济环境。通常来说，经济环境分析可以分为宏观经济环境和微观经济环境两个方面。宏观经济环境分析主要包括一个国家或地区的人口数量及其增长趋势，国民收入、国内生产总值及其变化情况以及通过这些指标能够反映的国民经济发展水平和发展速度；微观经济环境分析则主要包含企业所在地区或所服务地区的消费者的收入水平、消费偏好、储蓄情况、就业程度等因素。重要的经济环境变量有 GDP 及其增长率、可支配收入水平、居民消费（储蓄）倾向、消费模式等。疫情前我国旅游市场高速发展，正是基于我国宏观经济环境不断走向利好、微观经济日趋合理的强力推动。后疫情时代来临，经济环境因素向好的趋势将对研学旅行市场的持续向好发展产生积极影响。

三是社会环境。社会环境分析包括对一个国家或地区的居民的受教育程度和文化水平、宗教信仰、风俗习惯、审美观点、价值观念等的分析。有学者认为，文化水平会影响居民的需求层次；宗教信仰和风俗习惯会禁止或抵制某些产品或服务；价值观念会影响居民对企业目标、活动以及组织本身的认可与否；审美观点则会影响人们选择产品或服务的偏好。研学旅行市场的供求变化在很大程度上是受社会环境中一系列要素影响的，如青少年（学生家长）的研学需求层次和认可度，研学旅行基地或营地的选择、消费的结构和水平、研学旅行产品的价值等。

四是技术环境。技术环境除了要考察与企业活动直接相关的技术手段的发展变化，还应及时了解国家对科技开发的投资和支持重点，以及科学技术发展动态和研究开发费用总额、技术转移和技术商品化速度、专利及其保护情况等。在旅游行业，我国近年来持续加大对绿色、红色、生态、环保以及智慧旅游的政策扶持和投资引导，推动旅游业整体转型升级。研学实践活动面向伴随着互联网和数字技术飞速发展以及更新迭代成长起来的青少年，他们更易接受富于科技含量的红色文化资源展陈和体验模式。

（二）SWOT 分析的含义与基本模型

在 PEST 宏观环境分析的基础上，为了实现微观和内部的定性分析，得到全面客观的分析结果，通常引入 SWOT 分析方法。所谓 SWOT 分析，即基于内外部竞争环境和竞争条件下的态势分析，就是将与研究对象密切相关的各种主要内部优势、劣势和外部的机会与威胁等，通过调查列举出来，并依照矩阵形式排列，用系统分析的思想，把各种因素相互匹配起来加以分析，从中得出一系列结论（见表 7-2）。结论通常带有一定的决策性。SWOT 是以下四个英文单词的首字母组合，S（strengths）是优势，W（weaknesses）是劣势，O（opportunities）是机会，T（threats）是威胁。优势和劣势属于内部干扰因素，机会和威胁属于外部干扰因素。按照企业竞争战略的完整概念，战略应是一个企业"能够做的"（即组织的强项和弱项）和"可能做的"（即环境的机会和威胁）之间的有机组合。运用 SWOT 分析方法，可以对研究对象所处的内外部发展因素进行较全面、系统、准确的研究，从而根据研究结果制定相应的发展战略、计划以及对策等。

表 7-2　　　　　　　　　SWOT 分析矩阵

外部因素＼内部因素	优势	劣势
机会	SO 发挥内部优势 抓住外部机遇	WO 克服内部劣势 利用外部机会
威胁	ST 发挥内部优势 规避外部威胁	WT 克服内部劣势 规避外部威胁

SWOT 分析的结构模型的优势是简单实用，相比其他经济分析法，SWOT 分析需要依据精确的数据和相关分析软件做复杂运算，SWOT 分析法容易操作且分析效果并不逊色，所以经常在竞争分析和战略决策中使用。

（三）PEST-SWOT 分析模型构建

山东省红色文化资源研学旅行实践开发需要考虑外部宏观政策（P）、

经济（E）、社会（S）、技术（T）带来的机遇（O）和挑战（T），同时也需要考虑自身的优势（S）与劣势（W）。因此，结合 PEST 分析和 SWOT 分析构建 PEST-SWOT 分析模型，能够在充分考量研学旅行产业发展形势和趋势的情况下，透析影响企业经营管理、未来发展战略规划的外部要素，从而制订合理开发策略和计划。本书使用 PEST-SWOT 分析法，对山东区域红色文化资源研学实践教育开发的内部和外部因素进行全面考量、系统分析，并构建矩阵模型，匹配各种因素进行分析，制订相关的发展策略规划（见表 7-3）。

表 7-3　　　　　　　　PEST-SWOT 模型搭建

	政策因素（P）	经济因素（E）	社会因素（S）	技术因素（T）
机遇（O）	政策机遇	经济发展机遇	社会发展机遇	技术发展机遇
挑战（T）	政策挑战	经济发展挑战	社会发展挑战	技术发展挑战
优势（S）	内部优势总结			
劣势（W）	内部劣势总结			

二、山东红色文化资源研学实践开发 PEST-SWOT 分析

本部分将在前述 PEST-SWOT 理论框架搭建的基础上，针对山东红色文化资源研学实践开发的外部机遇挑战和内部优势劣势进行综合分析。

（一）外部机遇分析

1. 政策机遇：国家和地方政府政策扶持

2004 年以来，中共中央办公厅、国务院办公厅先后发布三期红色旅游发展规划纲要，即《2004—2010 年全国红色旅游发展规划纲要》《2011—2015 年全国红色旅游发展规划纲要》《2016—2020 年全国红色旅游发展规划纲要》，指明了红色旅游发展方向，提供了红色旅游发展路径，肯定了红色旅游的教育价值及在发展区域经济方面的重要意义，极大推进了红色文化资源建设和红色旅游的发展。

国务院及教育部研学旅行教育相关政策的发布和实施，为红色研学实践开发提供了政策支持和市场需求保障。2016 年，教育部等十一部门《关

于进一步推进中小学研学旅行的意见》，提出中小学研学旅行是学校教育和校外教育衔接的创新形式，是教育教学的重要内容，是综合实践育人的有效途径，可以让青少年学生走出校门到社会大环境中进行研究性学习，促进学生了解社会、关注社会、力所能及地服务社会，在社会实践中培养青少年的理想信念和责任担当，促进学生的全面发展、提高整体素质。2018年7月，中央办公厅、国务院办公厅印发《关于实施革命文物保护利用工程（2018—2022年）的意见》，明确提出要开发以红色文化为主题的研学旅行、体验旅游、休闲旅游项目等。同年，山东省紧随其后出台了地方性政策《山东省红色文化保护传承条例（草案）》《关于加强文物保护利用改革的实施方案》，山东省文化和旅游厅印发了《山东省红色文化研学旅游实施方案》，提出在全省范围内重点打造红色旅游研学主题产品和项目。

2021年4月29日，文化和旅游部发布《"十四五"文化和旅游发展规划》。规划提出，要推出一批具有鲜明非物质文化遗产特色的主题旅游线路、研学旅游产品。开展国家级研学旅行示范基地创建工作，推出一批主题鲜明、课程精良、运行规范的研学旅行示范基地。2023年1月17日，教育部等十三部门联合印发《关于健全学校家庭社会协同育人机制的意见》，要求学校要用好社会育人资源，建立相对稳定的社会实践教育基地和资源目录清单，联合开发社会实践课程；家长要利用闲暇时间带领或支持子女体验社会，帮助子女更好亲近自然、开阔眼界、增长见识、提高素质；社会有效支持服务全面育人，要将家庭教育指导作为城乡社区公共服务重要内容，积极构建普惠性家庭教育公共服务体系；各类教育基地和活动场馆要面向中小学生及学龄前儿童免费或优惠开放，鼓励支持社会有关方面提供寓教于乐的优秀儿童文化精品。同年8月，《用好红色资源　培育时代新人　红色旅游助推铸魂育人行动计划（2023—2025年）》明确了力争利用三年时间，针对青少年打造百堂红色研学精品课程，推出千条红色旅游研学线路，开展万场红色旅游宣讲活动，覆盖全国上亿大中小学师生。一系列政策规划的出台为红色研学实践开发提供了有力的政策支持。

2. 市场机遇：研学市场需求量扩大

根据教育部等十一部门《关于进一步推进中小学研学旅行的意见》要求，研学旅行是校内教育教学活动的创新性校外延伸形式，纳入学校教育教学计划。各级学校根据实际情况灵活安排小学三到四年级、小学五到六年级、初中一到二年级、高中一到二年级学生参加集体组织、集中食宿的研学旅行活动。红色文化资源是承载青少年学生的理想、信念和价值观教育的最优秀的素材，也是学校进行研学实践首选主题要素。2023年，国内旅游复苏不断提速，全国国内旅游人数约49亿人次，同比增长约90%；实现国内旅游收入约4.9万亿元，同比增长140%。2024年旅游市场主要指标或超历史最高水平，国内旅游主要指标将保持两成以上增速。与此同时，研学市场需求被释放，成为旅游市场的重要组成部分。据预测，2022年中国研学游行业市场规模达909亿元；2023年全国中小学生研学实践教育基地超过1600个，市场规模或达1469亿元，同比增长61.6%，预计2026年将达到2422亿元。2021年山东省教育事业发展统计公报指出，截至2021年底，山东省小学教育在校生755.81万人，初中教育在校生388.12万人，特殊教育在校生5.18万人，普通高中教育在校生182.64万人。红色研学实践潜在客源量大，有广阔的市场空间可以发掘。

3. 社会文化机遇：爱国主义教育需求与青少年教育重视程度提升

一方面，国家与社会对爱国主义教育的需求不断增加。中国特色社会主义进入新时代，面对世界百年未有之大变局的加速演进，面对我国正在经历广泛而深刻的社会变革，大力加强新时代爱国主义教育，具有重要而深远的意义。《用好红色资源 培育时代新人 红色旅游助推铸魂育人行动计划（2023—2025年）》的印发、《中华人民共和国国防教育法》的正式出台，充分彰显爱国主义的重要性。红色研学旅行作为传承红色基因的重要途径、开展爱国主义教育和革命传统教育的生动课堂，成为展示中国革命、建设、改革、新时代伟大成就的有效方式，成为培育和践行社会主义核心价值观的重要举措，受到社会的广泛关注。另一方面，近年来，全社会对青少年教育的重视度日益提升，"少年强则国强"，青少年是国家的未来，"要系好人生的第一粒扣子"。红色研学旅行有助于青少年走出课堂，亲身体验和探索，通过实践活动提升学生的动手能力、团队协作和问题解决能力，培养创新思维和实践精神。在实地体验中感悟历史，感受革命先辈的崇高精神和坚定信念，形成正确的世界观、人生观和价值观，增强对中华文化的自信和自豪感。同时，红色研学旅行结合了旅行和教育，不仅能够增长学生的知识，还能够锻炼学生的社交能力、自理能力和适应能力，促进学生全面发展。这与高度重视青少年教育的社会共识相契合。

4. 技术机遇：科技发展、专项资金支持助力红色研学实践开发

互联网时代，VR、AR等创新科技迅速更新迭代。创新技术在旅游资源中的应用使红色文化资源展示突破静态实物、导游图览、宣传画册等传统方式，通过增加场馆和建筑设施等立体生动的情境性，创设富含感官体验的参与性，以易于青少年学生接受的学习方式，提高研学实践吸引力和研究性学习实效。党和国家对红色资源、红色传统、红色基因保护和赓续重视程度不断加强，增加了资金投入，使越来越多的革命历史文物和红色纪念馆被保护、开发和利用，结合3D、VR技术建设展示的场馆越来越多。在2021年、2022年中央专项彩票公益金中小学生校外研学实践活动项目资金支持基地和营地中，全国共有6家红色基地得到专项资金支持，这将成为一种趋势，红色文化资源的不可再生性应该得到重视，保护、发掘和利用实现社会和经济价值双赢已成为国家和地方政府共识。

（二）外部挑战分析

1. 政策挑战：政策落地滞后性、跨部门协作与法律监管面临挑战

首先，相关旅行的政策自上而下传递以及实施落地具有一定的滞后性。例如，《"十四五"文化和旅游发展规划》对红色研学旅行活动的组织和实施进行了明确的规划，但相应的地方性配套政策会延迟推出。同时，政策的落地到产生实效也会存在一定的滞后性，缺少红色研学旅行专项规划或专项提升计划，不利于红色研学旅行的要素集聚和业态培育。其次，红色文化研学旅行的设计和开展需要多部门共同协助推进工作，例如教育部门、文旅部门、交通部门等，跨部门协作存在困难和效率降低的挑战。最后，随着国家对红色研学的相关立法监管越发完善，研学旅行的组织和实施中存在的限制和监管也会随之增加，对研学旅行的组织者和承办方都提出了一定的挑战。

2. 市场挑战：研学资源竞争激烈、教育需求多样化个性化

山东区域内红色文化资源研学市场存在两类竞争：同质资源不同区域的竞争和区域内不同类型研学资源的竞争。一方面，山东地缘所处的华东地区在建党时期、大革命时期、抗战时期、解放战争时期等各个历史时期均有极为重要的战略地位，留存红色文化资源广博且数量庞大。周边江苏新四军红色旅游系列景区、安徽大别山红色根据地、浙江嘉兴南湖风景名

胜区都具有各自特色属性标签，而山东红色文化资源建设同质化，缺乏品牌、亮点和特色，导致资源获客能力下降，区域竞争压力加大。另一方面，红色文化研学属于历史类研学课程资源，与自然类、地理类、科技类、人文类、体验类等研学资源相比思想教育性优势突出，但作为红色研学资源，听讲解、看展品、谈体会的参观游览型研学体验对于青少年学生吸引力匮乏，研学课程开发不够深入导致研究型学习教育实践效果达不到学校目标要求和家长的心理预期，在与其他类型研学资源竞争中极易处于劣势。自然类、地理类、科技类、人文类、体验类等研学资源各自天然具有区别于学校课堂生活的特性，其课程内容设计和实施的生活化、丰富性和探究性在提高青少年学生学习研究兴趣和教育效果达成方面具有优势。此外，近年来，教育需求的多样化、个性化要求日趋明显。学校、家庭和社会的研学实践活动具有校本化、个性化的特色需求，红色文化资源建设依托红色旅游发展推进，各类纪念场馆、革命遗址遗迹、革命人物旧居的陈展建构设计大同小异，此类场馆公益性单位居多，通常由国家拨款维持运转，因缺乏外部竞争刺激而缺失发展活力，不进行课程体系建设和开发，特色课程难以满足青少年研学实践教育个性化需求。

3. 社会文化挑战：社会认知差异、安全问题以及本地化适应融合问题

首先，红色文化研学旅行并不是新兴概念，但在具体实践过程中依然要考虑地区社会文化认知差异的问题。不同地区对红色文化的认知和接受程度不同，可能影响研学旅行的推广和接受度。需要提高社会各界对红色研学旅行重要性的认识，鼓励更多的学校、家庭和社会团体参与红色研学旅行，形成全社会共同推动的良好氛围。其次，近年来，在校学生安全问题成为社会的重要关注点，家长和学校对研学旅行中的安全问题高度关注，如何确保参与者的安全是一大挑战。再次，红色研学旅行需要结合地域特色，挖掘和利用当地的红色资源，打造具有地方特色的研学旅行项目，这需要对当地文化有深入的了解和研究，打造出适配当地资源及同时满足学生学习需求的研学旅行课程。最后，在现代多元文化的社会背景下，如何有效地传承红色文化，让青少年深刻理解和接受红色文化的价值，是一个长期而艰巨的任务。

4. 技术挑战：技术鸿沟、技术更新成本挑战

信息化社会高速发展，各类新兴技术层出不穷，带动各行业进行科技

转型。然而，技术的迅速发展也为研学旅行实践开发带来了挑战。一方面，技术应用水平不一导致的技术鸿沟对研学旅行实践开发产生了不可忽略的影响。由于各个地区的社会经济水平发展不均衡，技术创新和应用环境存在差异，可能导致技术和设备的开发和应用在不同地区产生不同的效果，影响研学旅行体验的一致性和质量。另一方面，技术的迅速迭代和更新能够更迅速地响应使用者的需求，满足市场需要。但与此同时，技术迭代可能带来高昂的更新成本和学习成本，对研学旅行这一新兴产业来说，过高的成本不利于优势产业的发展，而技术的落后可能导致体验感的下降，从而削减受众兴趣，造成发展不良的局面。

（三）内部优势分析

1. 区域红色文化资源内涵丰富且底蕴深厚

山东省地处中国东部沿海，黄河下游，是中华文明的发祥地之一。山东红色文化资源内涵丰富且深远，是山东人民在民主革命时期为了国家大义舍生忘死、无私奉献的精神体现，是齐鲁文化的重要组成部分。据山东省文旅厅数据①，目前，山东省统计在册的革命遗址达2449处，全省有不可移动的革命文物2600余处，其中，全国重点文物保护单位15处，省级文物保护单位194处，市县级文物保护单位597处。省级爱国主义教育基地156家；革命类博物馆、纪念馆52家。全省119家国有文物收藏单位上报可移动革命文物共计94091件（套），其中，珍贵文物3162件（套）。

随着近年红色旅游的升温，山东底蕴深厚、内涵丰富的红色文化资源被不断发掘、整理，建设并完善了一批有影响力的红色文化纪念展馆、革命组织机构旧址、战争遗址遗迹、重要人物活动地故居等，做到红色文化资源保护利用和带动地方经济发展双重功能兼具。政府以红色文化资源为载体，通过丰富红色文化衍生产品、延长红色文化产业链的方式吸引游客，培育红色旅游市场，实现经济和社会效益双丰收。根据山东省文旅局统计数据，截至2020年，山东全省建成红色旅游景区近百个，其中，A级景区49个（5A级景区3个、4A级景区11个）、全国红色旅游经典景区24个，全国爱国主义教育示范基地18个、省级爱国主义教育示范基地34

---

① 济南日报. 2020年10月14日.

个;"革命战争或重大事件发生地"与"革命烈士陵园"所占比例较大,分别为31.99%和22.03%,"中国共产党各级重要机构曾经的所在地旧址"占16.74%,"为纪念与中国共产党有关的事件建立的各类综合性或专题性纪念馆、博物馆、展览馆"占12.71%,"中国共产党领导下建设的具有特定时代背景的标志性的建筑工程"占10.17%。基于红色旅游发展建设日趋完善的红色文化纪念展馆、革命组织机构旧址、战争遗址遗迹、重要人物活动地故居等为开展青少年研学旅行提供了场所保障。2017年,全国红色旅游工作协调小组发布"全国红色旅游经典景区名录",公布全国300个红色经典景区,山东省有13家景区入选[山东省入选"全国红色旅游经典景区名录"的13家景点为:(1)济南市红色旅游系列景区(济南革命烈士陵园、济南战役纪念馆、济南市解放阁);(2)枣庄市、济宁市铁道游击队红色旅游景区、枣庄市八路军抱犊崮抗日根据地遗址;(3)枣庄市台儿庄大战遗址;(4)临沂市红色旅游系列景区(华东革命烈士陵园,蒙阴县、沂南县沂蒙山孟良崮战役遗址,莒南县八路军第一一五师司令部,河东区新四军军部旧址,沂南县红嫂家乡常山庄村);(5)莱芜市莱芜战役纪念馆;(6)青岛市中国人民解放军海军博物馆;(7)威海市环翠区刘公岛甲午海战纪念地;(8)鲁西南战役纪念系列景区(菏泽市郓城鲁西南战役指挥部旧址、冀鲁豫边区革命纪念馆、济宁市金乡县鲁西南战役纪念馆);(9)聊城市东昌府区孔繁森同志纪念馆;(10)烟台市海阳地雷战遗址;(11)烟台市红色旅游系列景区(胶东革命烈士陵园、杨子荣纪念馆、海阳市地雷战纪念馆);(12)德州市冀鲁边区革命纪念园;(13)滨州市渤海革命老区纪念园]。

总的来说,山东红色文化资源内涵丰富,包括建党精神、革命斗争精神、支前文化等多个方面。这些资源不仅为山东人民提供了宝贵的精神财富,也为新时期齐鲁文化的塑造提供了丰厚滋养。对山东红色文化资源进行研学实践开发,以红色文化物质遗存和精神遗存作为研学资源点,进行实践教育课程设计,可以更好地挖掘、保护和传承红色文化资源,进而弘扬革命精神,传承红色基因,推动社会主义文化繁荣兴盛。

2. 区位交通优势明显

山东省地势中部高,西南西北地势低洼,中部东部有高山和丘陵。境内有10座机场,铁路公路网发达。山东是全国首个交通强国省域示范区,截至 2021 年底,山东高速铁路运营里程达到 2319 公里,居全国第三位;山东公路通车里程达到 28.8 万公里,公路密度每百平方公里 183.9 公里,均居全国第三位;山东民用运输机场 10 个,居华东地区首位。目前,山东已实现"县县通高速",高铁环状运行。优良的交通环境对研学旅行开发非常有利。山东省在发展红色旅游过程中,特别强调完善道路交通、信息通信等基础设施和公共服务设施的建设,为地处偏远山区的红色文化遗存的开发和利用提供了有利的交通条件和基础设施配备。山东较好的交通资源优势为红色文化研学实践开发提供了物质保障。

3. 红色文化资源有建设基础和一定影响力

山东红色文化资源建设的基础深厚且影响力广泛。山东作为革命老区,拥有丰富的红色文化资源,包括众多革命历史遗址、纪念馆、烈士陵园等。这些红色资源不仅记录了山东人民英勇斗争的历程,也承载着深厚的革命精神和红色传统。

在建设基础上,山东注重红色文化资源的挖掘、保护和利用。通过加大对红色遗址的保护力度,完善相关设施,提升展陈水平,使这些红色资源得到更好地传承和弘扬。同时,山东还积极推动红色文化与旅游、教育、文创等产业的融合发展,打造了一批具有影响力的红色文化品牌。

在影响力方面,山东红色文化资源已经成为展示山东形象、传承红色基因、弘扬革命精神的重要窗口。这些红色资源不仅吸引了大量游客前来参观学习,也成为开展爱国主义教育和革命传统教育的重要阵地。通过举办各种红色文化活动和展览,山东红色文化资源的影响力不断扩大,为推进社会主义现代化建设提供了强大的精神动力。山东红色文化资源建设基础坚实,影响力广泛,已经成为山东文化软实力的重要组成部分,未来,会为推进文化自信自强、建设文化强国作出更大贡献。

山东在推动红色文化与旅游产业融合方面,采取了一系列富有成效的措施。这些措施不仅深入挖掘了红色文化的内涵,还通过创新形式,将红色资源转化为旅游产品,进一步提升了山东红色旅游的品牌影响力和市场竞争力。首先,山东注重红色文化资源的挖掘与保护。通过系统梳理山东的革命历史,对重要的红色遗址、纪念馆、烈士陵园等进行修缮和保护,确保这些红色资源得到妥善保存。同时,山东还积极开展红色文化的研究与传播,通过举办学术研讨会、出版相关著作等方式,进一步丰富红色文化的内涵和外延。其次，山东创新红色旅游产品的开发与设计，结合当地的红色文化资源，设计了一系列具有特色的红色旅游线路和产品，如红色主题研学游、红色文化体验游等。这些产品不仅满足了游客的多样化需求，还通过亲身体验的方式，让游客更加深入地了解红色文化，感受革命精神。最后，山东还积极推动红色旅游与其他旅游业态的融合，将红色旅游与乡村旅游、生态旅游、文化旅游等相结合，打造了一批具有地方特色的红色旅游综合体。这些综合体通过整合各种旅游资源，为游客提供了更加丰富、多元的旅游体验。

在市场推广方面，山东也加大了对红色旅游的宣传力度，通过举办红色旅游文化节、开展红色旅游推广活动等方式，提高了山东红色旅游的知名度和美誉度。同时，山东还积极与旅行社、在线旅游平台等合作，拓展红色旅游的市场渠道，吸引更多游客前来体验。

山东还注重红色旅游服务的提升，通过加强旅游从业人员的培训，提高他们的业务素质和服务水平，确保游客在山东的红色旅游过程中能够享受到优质、贴心的服务。

综上所述，山东在推动红色文化与旅游产业融合方面采取了多项有效措施，这些措施不仅提升了山东红色旅游的品牌影响力，也为当地的经济社会发展注入了新的动力。

（四）内部劣势分析

山东区域内红色文化资源开发逐步深化，其教育价值功能备受重视，诸多红色文化纪念展馆、革命组织机构旧址、战争遗址遗迹、重要人物活动地和故居等虽已确定"红色+研学"发展规划，但面向青少年学生的研学产品跟面向游客的红色旅游产品同质化，甄别红色旅游与红色研学的基本要求、受众目标、实践操作差异是需要深思的关键点。本部分将具体阐述山东红色文化资源研学实践课程开发设计中存在的内部劣势。

1. 红色资源建设缺乏亮点和特色

红色文化资源物质实存以革命组织机构旧址、革命战争重大事件遗址遗迹、具有革命背景的标志性建筑、纪念展馆和革命人物旧居为主，其规划、开发区建设以爱国主义、革命传统和社会主义核心价值观为精神指引，与山东区域内革命历史事件发生背景、过程和结果紧密相关，开发中同质化现象不可避免。多数纪念展馆以图片、实物等静态展示方式为主，陈展格局及内容构成雷同，配合固定解说词，缺乏个性、亮点和特色。尤其是以青少年学生受众为主的研学实践项目，内容发掘深度不够，形式设计还需探索。部分红色旅游景区交通设施、服务设施尚存在瓶颈和限制，还不能满足青少年研学集体出行、团体为单位活动特点的需要。另外，红色资源建设联动融通育人机制尚需拓展。尽管省内的红色旅游资源提出以红色研学旅行为建设抓手，但各地红色研学旅行基地较为分散，各个红色主题文化资源转化创新缺乏研学导向，未能构建全线贯通、运行高效、良性互促的协同育人长效机制。

2. 研学课程设计未成体系

在红色研学实践教育中，红色文化资源是载体，研学活动是核心。随着红色研学旅行在红色旅游业态中地位渐受重视，大批红色革命遗址遗迹、红色纪念场馆、重要人物活动地和故居等已经申请成为青少年研学实践基地、爱国主义教育基地。2018年，山东沂蒙红色文化景区入选国家级教育实践营地；2019—2023年，山东省连续评选了5批省级中小学生研学基地，其中，红色文化景区占了30多家。但是，在面对青少年研学群体时，景区导游员、讲解员依然停留在为普通游客讲解那种千篇一律的讲解导览层面。有些景区虽有研学课程提供，但整体课程设计十分笼统，达不到青少年研学研究性学习目标要求。大部分基地没有构建分年级层次的青少年学生研学教育课程体系，未细化实施流程和完善评价体系，红色研学等同于红色旅游，走马观花，流于肤浅，不能实现教育价值提升的作用，利用率和教育实效大打折扣。

3. 研学专业人才配置不足

讲解员在研学研究性学习中扮演着多重角色，他们的专业素养、教育教学能力和情感态度对研学课程的成功实施具有重要影响。因此，提升讲解员的综合素质和能力水平，对推动研学研究性学习的深入发展具有重要意义。红色景区讲解员的讲解课程若达不到研学研究性学习要求，则会对研学成果造成极大影响。研学研究性学习注重学生的自主性、探究性和实践性，要求学生在教师的指导下，从自身生活和社会生活中选择和确定研究课题，通过类似科学研究的方式主动获取知识、应用知识、解决问题。红色文化纪念展馆、革命组织机构旧址、战争遗址遗迹、重要人物活动地和故居等红色景区陈展时，会根据本景区革命历史事件专门创作并确定讲解文本——服务讲解词，导游员、讲解员面向普通游客导览中使用固定讲解词介绍相关历史事件、关键人物、关键陈列物品概貌概览，不区分客源的年龄、地域、接受度等差异，也不必考虑游客参观所获，熟悉背诵就可以完成导览任务。红色景区讲解员的讲解，虽然能够传达红色文化的知识和精神，但可能缺乏对学生自主探究和解决问题的引导。

青少年以红色文化为载体的研学实践要求学生对红色文化资源进行研究性学习。不同年龄层次青少年学生研学实践教育预设目标不同，革命历史史实来龙去脉的浅层次解说仅仅是研学实践活动的基础，启发青少年学生探究并体悟其中的深层次精神内涵才是要义。按照这一标准要求，景区研学专业性人才需要具备的能力素质包括通晓并灵活讲解革命历史事件能力、研学课程设计和实践指导能力、与青少年学生互动沟通和服务能力以及纪念展馆的青少年研学活动组织管理和运行能力等。目前，红色景区此类专业性人才匮乏。景区为应对研学专业人才短板，通常通过推选导游员、讲解员参加研学旅行指导师培训学习的方式提升专业服务水平，但研学行业特殊的"教育+旅游"属性使专业人才需具备的熟悉教育理论规律和实操技能方法不是一蹴而就的，专业人才培养的痛点和难点始终存在。

根据前文对山东红色文化资源研学旅行实践开发的内外部环境分析，通过 PEST – SWOT 分析模型搭建，可以得出对其现状的分析结论，如表 7 – 4 所示。

表 7 – 4　　基于 PEST – SWOT 模型的研学实践开发现状分析

	政策因素（P）	经济因素（E）	社会因素（S）	技术因素（T）
机遇（O）	多项国家法律、战略规划、政策大力支持红色文化研学旅行发展	研学市场需求不断扩大；市场消费者存量大	爱国主义教育重要性日益凸显；青少年教育重视度不断提升	科技迅速发展；专项资金支持
挑战（T）	政策落地滞后性、跨部门协作、法律政策监管	市场竞争激烈、市场需求多样化个性化	社会认知差异、安全问题、本地化融合问题	技术鸿沟、技术更新成本挑战

续表

	政策因素（P）	经济因素（E）	社会因素（S）	技术因素（T）
优势（S）	区域文化资源内涵丰富、底蕴深厚；区位交通优势明显；红色文化资源有建设基础和影响力			
劣势（W）	红色文化资源缺乏亮点；缺乏研学实践教育课程体系；专业人才不足			

三、山东省红色资源研学实践开发策略

PEST-SWOT分析系统性地总结了山东省红色资源研学实践开发中面临的内外部环境特征。对于开发者来说，其决策的有效性和开发成果很大程度上取决于对优势项的利用程度以及对劣势项的有效规避程度。因此，环境分析的下一步就是将内外部环境特征进行交叉组合分析，得出最有效的开发策略。结合上文中PEST-SWOT分析的结果，下文将针对不同优势机遇组合情况提出山东省红色资源研学实践开发的策略。

（一）SO策略——优势明显且机会大，采取卓越型策略

SO策略要求充分结合内部自有优势与外部各方面机遇，把握优势明显且机会较大的领域进行重点发展，采取卓越型策略。在本书的分析中，卓越型战略主要针对的是已有一定发展基础的主要城市地区的红色文化样态。要积极响应国家政策要求，利用自身区位、资源、经济社会发展优势，推动红色资源的研学旅行实践纵深开发，塑造品牌影响力及知名度。具体来说有以下措施可以借鉴。

1. 运用科技赋能红色资源场馆建设，进一步提质培优，使优者更优，增强核心竞争力

将数字化技术全方位应用到红色文化资源的布局陈展中，创新体验方式增加交互互动性，传播和弘扬革命精神。"5G网络的'高速率、低时延、大连接'特性以及与人工智能（AI）、高清视频、增强现实（AR）、虚拟现实（VR）等先进技术的融合，将为旅游目的地文化内涵的彰显、

体验、传播和创新提供强有力的支撑①。"通过高科技 AI、VR、CR 等数字技术在红色主题展馆建设中营造情境氛围,实现空间布局多层次立体展示,运用幻影成像技术打造剧场体验效果,运用多媒体技术综合处理文本、图像、声音等信息加强传播效果,建立游客参与的互动魔墙、观众电子留言区等实现参与体验互动。在数字化背景中,传统红色文化与现代科技信息化完美融合,青少年接受来自视觉、听觉、触觉多角度红色文化渗透和浸润,于多元化展示中培育红色文化的探究兴趣。数字化技术辅助实现立体展示红色文化,建构展馆与游客的交互氛围,实现资源空间和个人体悟的融合碰撞和思想升华,产生红色文化内涵精神的共鸣。例如,在中国人民革命军事博物馆,全息技术将视频、影像与静态场景联系起来,270 度环绕纱幕逼真再现红军长征艰难画面;在南昌八一起义纪念馆,"5G+VR"技术广泛应用,三维幻象技术应用让参观者的活动成为展示的一部分;在贵州四渡赤水纪念馆,VR、AR 技术建构虚拟战争体验,打造全国第一家战争体验中心。这些尝试提供了数字化赋能场馆建设的蓝本。

2. 着力红色文化资源品牌培育和建设

红色文化资源精神价值核心为爱国主义和革命传统,具有一致性。山东区域内留存的红色文化资源体现了中国共产党领导人民群众历经中共建党、土地革命、抗日战争、解放战争的艰辛历程,各地场馆建设如果不擦亮红色标识、突出品牌,则无法突破同质化窠臼。红色文化研学是红色旅游走向精细化、品牌化建设发展的重要抓手,在发掘同质资源精神内涵的同时,明晰红色品牌,凝聚特色精神,能够增加红色旅游的吸引力。不可忽略的是,树立红色品牌是一个复杂系统工程,需要不断探索和实践。应邀请旅游规划设计专业人士充分调研并深挖本地红色文化资源特色,结合品牌定位、市场定位综合研判确定特色品牌,变产品营销为品牌营销,逐步树立品牌形象,扩大影响力和知名度,这是一项创新发展工程。目前,许多地区正在探索通过融合发展,不断延展红色旅游的辐射宽度和资源聚集深度,打造有影响力的红色旅游品牌,全力助推红色基因代代相传。例如,山东沂南县的红色文化品牌建设已颇具成效。在沂南县常山庄村建设

---

① 中国智慧文旅 5G 应用白皮书,2019.

的山东沂蒙红色影视基地，打造"红嫂"品牌，让红嫂唱主角，讲好红嫂故事，开发研学课程，拓展旅游市场，带动了周围贫困村脱贫致富，取得社会效益和经济效益双赢。

（二）WO 策略——劣势明显但机会大，采取差异型策略

WO 策略聚焦有劣势的内部资源，通过结合外部的有利机遇，转化现存资源劣势，打造自身的亮点，从而实现差异化竞争。在本书中，差异型战略主要针对拥有发展的资源基础，有一定开发潜力，但目前开发程度不足，尚未形成自身研学课程体系的红色文化样态，或是与其他已开发红色资源内核、历史背景相似的待开发红色文化样态。通过充分利用政策规定的支持，这部分红色资源应把握外部有利条件，打造差异型红色文化研学旅行实践项目。具体的实践措施如下：

一方面是建构特色化红色文化研学课程，扬长避短建设特色和亮点。按照中国学生发展核心素养框架确立的三方面六大素养，充分考量学生发展的人文底蕴、科学精神、学会学习、健康生活、责任担当、实践创新等 18 个基本要点，依托红色景区品牌特色，构建特色鲜明的研学教育课程体系。依据不同年级学生的知识储备和心理特点，分年级层次设计研学教育课程，打造与学校课堂教学链接的亮点课程，设计与课程配套的教师实施操作流程手册和学生研学学习报告手册，夯实研学教育实践基础，同时完善红色景区的基础设施、配套设施，严格管理，强化青少年研学后勤安全保障流程。在同质化竞争激烈的环境中，打造有竞争力的红色研学教育实践基地。

另一方面，要配置和培养高水平研学专业人才。高水平红色研学的发展依赖于专业人才队伍的建设，要加强培养专门化人才，构筑专业人才梯队。一是红色景区大力加强内部导游员、讲解员的学习培训，将优秀讲解员送出去参加研学指导师培训，提升业务能力；二是聘请研学实践教育专家进红色景区进行课程开发指导和课程实践操作指导，提升研学实践教育活动效度；三是加强校地合作，根据学校需求共同进行课程线路开发，在实践中摸准教育研学着力点，提高红色景区的研学实践开发能力；四是积极参加有关红色旅游研讨会和论坛活动，加强业界合作和交流，共同提高红色研学实践专业人才的质量。

2022年6月，人力资源和社会保障部向社会公示18个新职业中，"研学旅行指导师"被纳入新版职业分类大典，充分说明国家对研学实践教育专业人才的重视和职业教育培训方向。"研学旅行管理与服务专业"作为《普通高等学校高等职业教育（专科）专业目录》2019年增补专业已于2020年开始招生。2022年，研学旅行管理与服务专业的招生院校全国达到93所，随着高校专业人才培养招生人数增多、力度的不断加大，在一定程度上可以缓解研学专业人才匮乏问题。

（三）ST策略——优势明显但竞争激烈，采取竞争型策略

ST策略旨在利用内部优势，规避外部威胁或减少外部威胁产生的影响，竞争型战略又称为多样化战略。在本书的分析中，竞争型战略主要针对已有一定发展基础的红色旅游地，但由于市场竞争激烈，需求日益多样化等问题，未能充分凸显自身竞争优势。在这种背景下，应当充分分析外部威胁，结合自有优势形成有效发展规划，建立更明显的竞争优势。具体来说，有以下措施可以借鉴。

一是建设更好的配套服务设施和基础设施。加快景区融资，建设更为完善的交通通信设施和生活服务保障设施，优化研学旅行实践的附加体验，形成更为全面的竞争优势。此外，可以加大智慧旅游投入。充分借助新一代信息技术，与自身发展基础相结合，打造竞争优势。目前，国内有景区和研学基地引进智能机器人提供无接触式服务，为旅游和研学实践提供特殊体验。在旅游体验中，智能机器人与游客进行智能化交互方式的知识擂台赛、机器人发放纪念章等，为开展智慧研学、智慧党群活动提供了智能化体验。

二是跨界协同合作，设计多样化定制型红色研学实践教育课程。根据青少年研学需求，整合邻近资源，构建发展共同体。在整合红色旅游资源基础上，充分发挥地域的自然生态优势、科技发展优势、人文文化优势，加强区域合作，构建"红色研学+"的研学教育形式创新，富予红色研学新活力，带动区域红色旅游的整体发展。

（四）WT策略——劣势明显且竞争激烈，采取防御型策略

前文所述的三种策略均在内部或外部环境中存在有利因素，而WT策略则是旨在减少内部劣势并规避外部威胁，这种策略也被称为防御战略。当内部劣势与外部威胁同时存在时，需要采用更为审慎的发展策略，避免因处理不当造成更为严重的后果。在本书的分析中，防御型战略主要针对开发程度较低、面对激烈的市场竞争还未打造出自身研学实践亮点，且相应配套措施尚待完善的红色资源，主要集中表现为开发初期的红色资源景观或其他样态。在这种背景下，需要开发者审慎利用有限的资源、资金，全面梳理资源特征，对现有资源进行集约化开发，以尽快获得竞争优势，具体来说，有以下措施可以借鉴。

一是全面梳理自有资源，收缩合并现有开发成果，集中力量打造自身亮点。对于内外环境均有较大开发障碍的红色资源来说，实现可持续开发和发展的核心是形成自身亮点和竞争优势，从而面对外部的不利环境。基于此，开发者应当对红色资源现有的精神内涵、可开发内容及已有的开发经验进行全面的梳理，密切关注红色研学旅行发展导向及教育需求，提炼出少数潜在亮点线路或课程，集中自有资源进行"小而深"的开发，以实现高效打造亮点和竞争优势的目的。在少数亮点内容保持稳定发展后，再考虑开发多元化内容以吸引更多学校师生，切忌在开发初期形成"广而浅"的局面。

二是密切关注政策导向，充分政策支持实现初创期保护。近年来，国家及学校对研学旅行、红色教育的关注度日益提升，多次出台相关支持性政策保障其稳步发展。对于开发初期的红色资源来说，获得政策支持可以减少自身的开发和推广成本，一定程度上减少不利因素对其发展的影响。举例来说，针对红色资源研学实践开发的财政政策支持，能够最直接地解决融资问题，帮助开发者获得资金支持，避免开发初期大量投入造成的运营风险。政府出台的红色研学旅行基地名单等文件能够提供政府背书，从而吸引学校师生，减少了推广宣传的成本，一定程度上规避了市场激烈竞争带来的不利因素。

三是加强红色资源间协同协作，形成发展合力。处于开发初期的红色资源自身发展水平较低，设施建设和分布较为分散，各自为营，没有统筹规划。鼓励各个区域内的红色资源进行整合开发，形成发展合力，能够有效面对当前发展程度不足、规模小、竞争力低的局面。

对以上策略的总结见表7-5。

表 7-5　　　　山东省红色资源研学实践开发策略总结

内部要素＼战略选择＼外部要素	优势（S） 1. 区域红色文化资源内涵丰富且底蕴深厚 2. 区位交通优势明显 3. 红色文化资源有建设基础和一定影响力	劣势（W） 1. 红色资源建设缺乏亮点和特色 2. 研学实践课程体系有待设计 3. 研学专业人才配置不足
机会（O） 1. 国家和地方政府政策扶持 2. 研学市场需求量扩大 3. 科技发展、专项资金支持助力红色研学实践开发	卓越型战略（SO） 1. 提质培优，争取政策性扶持，用高新技术手段建设红色基地设施，增加体验性 2. 争取专项资金支持红色研学基地建设	差异型战略（WO） 1. 补短板，减少劣势 2. 建构特色化红色文化研学课程 3. 配置和培养研学专业人才
挑战（T） 1. 研学资源竞争激烈 2. 教育需求多样化、个性化要求	竞争型战略（ST） 1. 建设更为完善的配套服务设施和基础设施 2. 跨界合作，设计多样化定制型红色研学实践教育课程	防御型战略（WT） 劣势明显，竞争激烈，宜采取退出转型战略

　　本节对山东省红色文化资源研学旅行实践开发的内外部环境进行了系统的分析，并针对不同的优劣势组合提出了不同的开发策略。总的来说，虽然面临市场竞争激烈、自身亮点不足、技术发展不足等方面的劣势与挑战，但多方面要素表明，红色研学实践的开展具有强必要性。从国家政策方面来看，推动研学旅行、红色教育、爱国主义教育是大势所趋、政策所指，其具有的战略性意义十分显著；从地方发展角度来看，红色研学旅行的出现赋予了传统红色旅游景点新的发展方向，拓展了新的旅游消费市场，是实现经济高质量发展的有力途径之一。同时，红色研学旅行实践的发展对地方的红色历史资源保护、开发和传承具有重要的意义，呈现出经济效益和社会效益"双增加"的特征，充分说明了开发的合理性。最后，从教育需要角度来说，培养学生成为德智体美劳全面发展的时代新人已成为我们的共识，研学旅行能够实现将知识学习融入实践之中，全方面培养学生的个人能力，实现学习全面发展的目标。综上所述，红色文化资源研

继往开来：红色文化资源研学课程设计

学旅行实践的开发空间较大，增量市场广阔，具有较大的发展潜力，红色资源开发者应当把握发展趋势，推动红色文化资源研学旅行实践开发。

第三节 山东红色文化资源课程设计实践

一、研学资源的类型

前文我们陈述了山东红色文化资源的时空分布和主题分布，对山东红色文化资源的实存情况进行了初步介绍。这是研学课程设计实践的第一步，在对省内红色文化资源全面了解的基础上，进行研学资源类型的凝练，可保障我们在按照学校或者社会需求进行研学课程设计时把握研学的主题方向，这是研学课程设计实践的基础。研学旅行主题方向确定之后，可以依据前期我们对资源类型的整理和归类，统筹整合相关的研学教育资源，形成完整的课程路线和方案设计。具体来说，山东红色文化资源研学课程设计，既要体现红色文化的深厚底蕴，又要兼顾教育性、趣味性和可持续性。以下是一些研学资源类型凝练的示例，更为详尽的课程路线和方案设计会在后文的实践案例中叙述。

（一）革命遗址探访与重大战役纪念

山东作为传统革命老区，拥有丰富的红色革命文化资源，跨越时间长、范围广。在研学课程设计的主题选择中，可以将革命遗址探访和重大战役纪念作为主题导向，选取山东各地的革命遗址、纪念馆、烈士陵园等革命遗址，通过实地探访和现场教学，让参与者深入了解革命历史，感受革命先烈的英勇事迹和无私奉献；山东拥有重大历史意义的战役遗址，如莱芜战役纪念馆、孟良崮旅游区等，可以在研学课程中设计讲述战役背景和意义，以激发参与者的爱国情感和民族自豪感。

（二）党群同心与群众路线

山东是沂蒙精神的发源地，沂蒙精神为红色文化研学旅行提供了宝贵的资源基础。在研学旅行线路设计中,可以以"党群同心、军民情深、水乳交融、生死与共"的沂蒙精神为引领,设计以群众路线为主题的研学课程,如设计莒南山东省政府暨八路军第一一五师司令部旧址等参观课程,通过参观学习,深入理解党的群众路线和群众工作方法。同时,深入挖掘山东各地的军民情深的红色故事,如沂蒙红嫂、孟良崮战役中的英雄人物等故事,通过讲述这些故事,传承红色基因,弘扬革命精神。

(三) 文化传承与创新发展

红色文化的新时代更新与传承,是红色文化研学课程的重要组成部分,作为传统革命老区和经济发展大省,山东省在红色文化传承与创新发展研学旅行开发中拥有得天独厚的优势。在红色研学课程线路设计中,可以以此为主题,将红色文化资源与当地非物质文化遗产相结合,设计具有地方特色的研学线路。例如,结合乡村振兴战略,设计以红色旅游为主题的研学线路,如枣庄市山亭兴隆庄村、临沂市兰陵国家农业公园等。同时,研学旅行还能推动当地经济发展,促进乡村振兴。

二、山东红色文化资源研学课程设计实践案例

前文对山东红色文化资源遗存进行了主题凝练,并依据主题分别详尽地进行了建党主题、战役主题和沂蒙精神主题的内涵精神和典型事件的分析。在研学课程设计开发中,我们按照三个主题方向分别选择相应的红色文化资源类型搭建了研学主线,做好充分的前期背景准备,可以更好地依据研学课程需求方的要求完成研学旅行课程实践案例的设计。值得注意的是,随着国家和地方政府对红色文化研学旅游重视程度的不断提升,山东省文化和旅游厅持续推出了多条红色文化研学精品线路,这些线路的设计思路和选择内容可以供后续研学课程线路设计者参考。

(一) 建党主线:中共山东省级党组织发展壮大线

山东是国内最早建立党组织的六个地区之一。1925年3月,中共山东地方执行委员会成立,1926年10月扩建为中共山东区执行委员会,1927年6月改建为山东省委。土地革命时期,山东省委屡遭破坏,一度与中央失

去联系。抗日战争全面爆发后,山东省委在泰安领导了徂徕山抗日武装起义。1940年在临沂市沂南县成立了山东省战时工作推行委员会,这是中共领导成立的全国第一个省级政权。1943年8月,战时工作推行委员会改称山东省战时行政委员会,1945年8月又改称山东省政府。

具体的研学线路如下:

济南市:中共山东省委秘书处旧址(天下第一泉风景区)—中共济南乡师支部诞生地—中共济南市委重建纪念地(小清河五柳岛)—洛口九烈士纪念碑(百里黄河风景区)—中共山东省工委旧址

泰安市:徂徕山抗日武装起义旧址(徂徕山风景区)—徂徕山抗日武装起义磨山峪旧址—山东省委旧址暨八路军山东抗日游击第四支队司令部旧址

临沂市:山东分局党校旧址—中共中央山东分局旧址—常山庄山东省青代会会址(沂蒙红嫂故里景区)—抗大一分校旧址—临沂大青山突围战遗址—山东省战时工作委员会旧址—山东省政府旧址

(二)战役主线:抗日战争及解放战争时期的战役历史

战役主线的研学旅行线路以山东省抗日战争时期和解放战争时期的历史为基础,以地区、历史阶段、历史事件时间线为线索,对山东省内红色文化资源进行分类,并总结形成研学旅行路线。

1. "红色冀鲁边"——八路军东进抗日挺进纵队入鲁线

1938年6月下旬,一一五师第五支队和一二九师津浦支队增援冀鲁边。7月,一一五师三四三旅政委萧华率部队机关部分人员到达冀鲁边,将冀鲁边的抗日武装力量统一整编为"八路军东进抗日挺进纵队"。至1939年3月,平原、禹城以东,惠民以西,沧县以南,徒骇河以北的冀鲁边抗日根据地基本形成。1941年4月,中共山东分局决定成立中共冀鲁边区委,以加强对抗日武装斗争的领导。冀鲁边区抗战期间对敌作战近千次,对坚持华北敌后抗战和全国的持久战发挥了重要的作用,为抗日战争的胜利作出了突出贡献。

具体的研学线路如下:

德州市:宁津烈士祠—冀鲁边区革命纪念园—冀鲁边区军政干部训练学校旧址—冀鲁边区抗战遗址—宁津崔杨抗日战争纪念馆—大孙千人坑

遗址

2. "如鱼得水 红色胶东"——胶东抗日运动线

1935年,中共胶东特委在昆嵛山领导了"一一·四"武装暴动,成立了"中国工农红军胶东游击队",是土地革命时期在北方保留下来的两支革命武装之一。1937年12月,以昆嵛山红军游击队为基础组建的"山东人民抗日救国第三军"在昆嵛山支脉的天福山举行抗日武装起义,拉开了胶东人民抗日武装抗击日本侵略者的序幕。1939年12月,成立了胶东军区,许世友任司令员。抗日战争时期,在党的领导下,胶东人民开创了"地雷战"等典型战例,为胶东抗日根据地的建设和祖国的解放事业作出了卓越贡献。

具体的研学线路如下:

威海市:"一一·四"暴动旧址(昆嵛山风景区)—天福山革命遗址—天福山中学建筑群—中共胶东特委旧址—胶东特委诞生地旧址—冯德英故居—"三花"文博馆—胶东育儿所旧址—中共荣成县委成立旧址

烟台市:雷神庙战斗遗址—艾山八路兵器厂旧址(艾山国家森林公园)—栖霞国共谈判旧址—后寨胶东第一兵工厂旧址—郑耀南故居—许世友胶东抗战指挥所旧址—地雷战纪念馆—赵疃地雷战遗址

青岛市:高家民兵联防遗址—萌山区殉国烈士纪念塔—东石桥平度第一次党代会会址—中共罗头村党支部旧址

3. "渤海湾畔新潮涌"——环渤海革命文化线路

渤海根据地位于胶济铁路以北环渤海的大片地区,在抗日战争时期,渤海军民歼灭了大量的敌伪力量,为其他根据地输送了大批抗战力量和丰富的物资,为抗日战争的胜利作出了不可磨灭的贡献。解放战争时期,这里是未被国民党占领的"红区",开展了土地改革、剿匪、反特、支前、干部南下等,这里成为华东战场的大后方,为大决战、全国解放贡献了力量。

具体的研学线路如下:

滨州市:山东渤海军区教导旅成立旧址—渤海革命老区机关旧址—大商毛岸英旧居—张家集土改纪念室—高家渡革命历史纪念馆—陈户纪念烈士塔—王文抗战旧址—渤海革命老区纪念园—山东打渔张灌区引黄闸(打渔张森林公园)

东营市：刘集党支部旧址—东营市历史博物馆—渤海垦区革命纪念馆—牛庄烈士祠—中共清河地委旧址—郭景林故居—丁庄水利工程遗址—国家方志馆黄河分馆—胜利石油科技馆—胜利油田功勋井—东营市黄河口生态旅游区

4. "流动的红色记忆"——大运河革命主题线路

百年来，中国人民在大运河两岸的不屈抗争，遗留了丰富的红色文化资源，是大运河文化的重要组成部分。大运河见证了八路军一一五师挺进泰西，开辟巩固山东抗日根据地；中国军队在台儿庄歼灭日军1万余人，极大地激励了国人抗战的信心；活跃在苏鲁边界、运河两岸运河支队，"敢在鬼子头上跳舞"，有力地打击了日本侵略者；驰骋在津浦铁路和微山湖上的铁道游击队，有力地保障了抗战交通线的畅通，成就一段不朽的传奇。这些宝贵的红色文化资源，承载着中国共产党领导山东人民进行艰苦卓绝斗争的光辉历程，蕴含着党的优良传统和伟大的民族精神，构成了山东千年运河文脉的底色和不可磨灭的红色历史记忆。

具体的研学线路如下：

德州市：德州机床厂旧址

聊城市：箍桶巷张氏民居（张自忠故居）—中共清平县委旧址—张家楼抗日遗址—范筑先纪念馆及范筑先殉国处—孔繁森同志纪念馆—中国运河文化博物馆—冀南军区第七分区清平情报站旧址—沙河崖刘邓大军渡黄河指挥部旧址

泰安市：东平湖—东平工委诞生地（万里故居）

济宁市：独山抗日歼灭战遗址—济宁毛泽东思想胜利万岁展览馆—微山铁道游击队纪念园（微山岛旅游区）—微山铁道游击队队部旧址—微山湖英烈纪念园

枣庄市：铁道游击队纪念馆—台儿庄大战旧址（台儿庄古城）—台儿庄大战纪念馆

5. "伟大的转折"——"刘邓大军过黄河，千里挺进大别山"革命文化线路

1947年6月，刘伯承、邓小平率领晋冀鲁豫野战军12万大军，在东起位山，西到临濮，长150公里河段上，强渡黄河，发起鲁西南战役，千里挺进大别山，揭开了人民解放战争进入战略进攻阶段的序幕，成为中国

革命战争史上一个伟大的转折点。

具体的研学线路如下：

聊城市：刘邓大军渡黄河指挥部旧址

菏泽市：鲁西南战役指挥部旧址纪念馆—羊山战役前线指挥部旧址—羊山战役战地医院旧址—南赵楼刘邓大军过黄河军事会议旧址

济宁市：羊山战斗纪念地—羊山战斗王牌坊村遗迹—青山寺神游洞—将军渡—杨勇将军召开军事会议旧址

6."英雄山上说英雄，解放阁上话解放"——济南战役革命文化线路

1948年9月，华东野战军按照中央军委攻打济南的指示，于15日迫近城郊，16日午夜在外围展开全线攻击。20日，济南战役山东兵团指挥所由柳埠唐家沟村移驻仲宫镇的尹家店村。21日，山东兵团在尹家店村发布攻城命令。23日，外城全部解放。24日突破内城，济南解放。27日，山东兵团指挥所由尹家店移驻港沟镇刘智远村。济南战役的胜利，开创了人民解放军夺取大城市的先例，使华东、华北两大解放区连成一片，为辽沈、平津、淮海三大战役揭开了序幕。

具体的研学线路如下：

泰安市：宁阳东疏华东野战军司令部旧址

济南市：济南战役指挥所旧址—济南战役山东兵团指挥所纪念地—英雄山烈士陵园—济南战役纪念馆—解放阁（天下第一泉风景区）

7."南征北战"——莱芜战役、孟良崮战役革命文化线路

莱芜战役和孟良崮战役是解放战争时期，中国人民解放军华东野战军在陈毅、粟裕的指挥下，在莱芜和蒙阴发动运动战。莱芜战役歼灭国民党5.6万人，孟良崮战役全歼国民党"五大主力之首"的国民革命军整编第七十四师，一举扭转了华东战局。两大战役的胜利，粉碎了国民党军的"鲁中决战"计划，对挫败国民党军对山东解放区的重点进攻具有决定性意义，打击了蒋介石最强大的进攻方向，打击了蒋介石最精锐的部队。

具体的研学线路如下：

济南市：莱芜战役纪念馆—莱芜战役指挥所旧址

泰安市：新泰市龙廷太公峪党性教育基地—新泰市龙廷革命史纪念馆

临沂市：孟良崮战役遗址—孟良崮战役纪念馆—陈毅指挥所旧址

8. "英雄一一五"转战齐鲁主题游线

沂蒙山区地处鲁东南,它北接华北,南联华中,与晋察冀和晋冀鲁豫根据地成鼎足之势,战略位置十分重要。根据全国抗日形势的发展,在中共六届六中全会上,毛泽东作出了"派兵去山东"的指示,决定八路军一一五师进军山东。1938年底,八路军一一五师在政委罗荣桓、代师长陈光的率领下,挺进山东,英勇转战,进驻沂蒙山区。八路军一一五师为八路军三大主力之一,是由中国工农红军第一、第十五军团及陕南七十四师等部,于1937年8月在陕西省三原县改编而成的,师长林彪、副师长聂荣臻、参谋长周昆、政训处主任罗荣桓、副主任萧华。下辖三四三旅、三四四旅(每旅两个团)、独立团及数个直属营,全师共1.5万余人。平型关大捷后,因林彪被国民党军的哨兵误伤,由三四三旅旅长陈光代理一一五师师长。一一五师的到来,为发展壮大沂蒙山区抗日根据地发挥了巨大作用①。

具体的研学线路如下:

菏泽市:菏泽市红三村抗日联防遗址

济宁市:独山抗日歼灭战遗址

泰安市:东平湖至泰安市肥城一一五师后方医院旧址—泰安市东进支队办公室旧址—泰安市肥城陆房战斗遗址—泰安市肥城五埠藏兵洞

枣庄市:葫芦套八路军一一五师司令部机关旧址—枣庄市抱犊崮一一五师纪念园

临沂市:八路军一一五师桃峪高干会议旧址—临沂市大青山突围战遗址—临沂市莒南山东省政府旧址暨八路军一一五师司令部旧址—临沂市甲子山医院旧址

日照市:山东军区机关驻地旧址—日照市安东卫保卫战遗址公园

(三)沂蒙精神主线:水乳交融、生死与共——沂蒙精神线

抗日战争和解放战争时期,英雄的沂蒙儿女历经血与火的淬炼。他们以"最后一口粮做军粮,最后一块布做军装,最后一个儿子送战场"的无私奉献,书写了水乳交融、生死与共的沂蒙精神。

---

① http://www.sdkrzzjng.com/网上山东抗日战争纪念馆.

具体的研学线路如下:

临沂市:华东革命烈士陵园—新四军军部暨华东军区、华东野战军诞生地旧址—八路军一一五师司令部旧址—渊子崖抗日烈士塔—大青山突围战遗址—王换于故居—《沂蒙山小调》诞生地(天蒙旅游景区)—沂蒙六姐妹纪念馆—孟良崮战役遗址—沂蒙红嫂纪念馆

日照市:鲁东南特委和北海银行旧址—莒县本色老党员红色群落展览馆—莒县小店镇横山岁月展厅—莒县抗战展览馆

三、典型案例及分析

(一)沂蒙精神研学

1. 案例一:

"沂"路前行,不忘来时路
——沂蒙精神研学旅行主题设计方案

课程名称	"沂"路前行,不忘来时路					
设计人		项目组长		学校代表		联系方式
研学对象	高中一、二年级	研学人数	50人	带队老师		联系方式
总课时	两天一夜	研学目的地	沂蒙红色影视基地、孟良崮战役纪念馆、岱崮小镇、沂蒙红嫂纪念馆、大青山胜利突围纪念馆、《沂蒙山小调》诞生地			研学时间
研学目标	1. 通过参观探究孟良崮战役纪念馆、沂蒙红嫂纪念馆、大青山胜利突围纪念馆和《沂蒙山小调》诞生地等资源点,从和平、历史、爱国的角度,加深同学们不忘历史、牢记使命的责任感。培养学生的革命精神和优良作风,树立正确的世界观、人生观和价值观 2. 通过观察岱崮小镇的独特的地质地貌,引导同学们探索当地的自然资源,体验当地特有的乡镇文化,激发学生对生态资源的保护观念,增强责任意识,形成主动服务他人、服务社会的情怀,理解并践行社会公德,提高自我价值理念 3. 通过沉浸式体验沂蒙红色影视基地的项目,使同学们深入感受红色抗日战争的残酷,感受老一辈人的艰苦战斗,从而深刻领悟中国共产党的伟大领导和革命精神					

续表

研学线路	第一天：济南出发，乘坐大巴车到达沂蒙红色影视基地，并进行对基地的参观和体验，下午大家乘车前往孟良崮纪念馆进行参观和探究生态自然，然后大家乘车前往岱崮小镇进行实地考察 第二天：乘车前往沂蒙红嫂纪念馆进行红嫂文化的学习，下午大家到大青山胜利纪念馆进行参观，然后到薛庄镇进行《沂蒙山小调》的学唱，随后乘车返程，结束美好的体验
课程链接	统编版（2019）《历史》高中必修中外历史纲要（上）第十六课《抗日战争》 人教版（2019）《地理》高中必修第一册第四章《地貌》 人音版（2019）《音乐》高中必修音乐鉴赏第二单元第四节《腔调情韵——多彩的民歌》
研学方式	参观游览、考察探究
研学方法	讲授法、参观教学法、问题教学法、自主探究法、合作学习法
研学重点	深刻理解沂蒙精神的内涵与价值；亲身感受沂蒙精神的魅力，增强认同感
研学难点	在活动体验中激发和生成自觉传承沂蒙精神的使命感，沂蒙精神的当代创新弘扬和传承

课程内容及实施流程

课程单元一：感革命精神

研学时长：1 小时 20 分钟

研学地点：沂蒙红色影视基地

负 责 人：学校老师、指导师、讲解员

步骤一：乘坐大巴车前往影视基地，途中指导师或讲解员简要介绍沂蒙文化的背景和历史，激发学生对沂蒙文化的兴趣和期待。

步骤二：抵达影视基地后，同学们开始参观各个景点，了解影视基地的建设背景、拍摄历程以及在传承沂蒙文化方面的重要作用。

步骤三：在导游或讲解员的引导下，同学们开始沉浸式体验"跟着团长打县城"的旅游项目。同学们被分为不同的队伍，穿上军装，拿起道具枪，扮演成不同的角色，参与到模拟的战斗中。通过分享与交流，同学们加深了对沂蒙文化的了解，增进了彼此之间的友谊、加强了互动。

课程单元二：听红色故事

研学时间：1 小时 30 分钟

研学地点：沂蒙红嫂纪念馆

负 责 人：指导师、讲解员

步骤一：乘坐大巴车前往红嫂纪念馆，途中由指导师或讲解员简要介绍沂蒙红嫂的历史背景及其在革命战争中的重要地位，激发同学们对红嫂故事的浓厚兴趣。

步骤二：在导游或讲解员的指导下，同学们进行角色扮演与情景模拟。在角色扮演过程中，同学们穿上相应的服装，使用相关道具，模拟红嫂们在战争中的场景，如推小车支援前线、救治伤员、传递情报等。通过亲身参与和体验，同学们更加深刻地理解了红嫂们的艰辛与伟大。

课程单元三：寻特色地貌

研学时间：1 小时 30 分钟

研学地点：岱崮小镇

负 责 人：指导师、地理专家、安全员

方法：实地考察、分组探究

步骤一：乘坐大巴车，学生们前往岱崮地区进行实地考察。在实地考察过程中，学生们将深入探索岱崮地貌的成因、特点及其与周边生态环境的相互关系，进一步加深对岱崮地区的了解，涉及生态保护、旅游开发、资源利用等多个方面，旨在促进岱崮地区的可持续发展，同时保护其独特的自然和文化遗产。

步骤二：在岱崮地区的自然保护区或生态园区内，开展生态考察活动。观察岱崮地貌上独特的植被分布规律，了解适应这种特殊地貌的植物种类及其生态特征，寻找栖息在岱崮地区的动物踪迹，探究岱崮地貌生态系统的特点和生物多样性，引导学生思考地貌与生态之间的相互关系，培养学生的生态保护意识。

课程单元四：观壮美河山

研学时间：1 小时 20 分钟

研学地点：大青山胜利突围纪念馆

负 责 人：学校老师、指导师、讲解员

步骤一：前往大青山胜利突围纪念馆，通过参观展览、观看纪录片、听取讲解员介绍等方式，全面了解大青山胜利突围战役的历史背景、经过和结果。

步骤二：进行模拟讨论，参与者需要扮演不同的军事角色，如指挥官、侦察兵、炮兵等，根据战役的实际情况，分析并讨论可能的战术选择和战略部署。通过集体讨论和分享，参与者能够更全面地理解大青山胜利突围战役的历史价值和对后世的影响。

课程单元五：树爱国意识

研学时间：1小时20分钟

研学地点：孟良崮纪念馆

负 责 人：指导师、导师、讲解员

方　　法：分组探究讨论、动手制作

步骤一：组织学生乘坐大巴车前往孟良崮纪念馆，通过参观展厅、观看纪录片、听取革命老前辈口述历史、讲解员介绍等多元化方式，全面了解孟良崮战役的基本概况，包括战役的背景、参战部队、战斗过程及结果等。

步骤二：在小组探讨的基础上，各小组开始着手制作孟良崮战役作战沙盘。在沙盘制作过程中，学生需要参考历史资料，精心设计地形、兵力部署、作战路线等元素，力求准确还原战役的真实场景。通过亲身实践，学生不仅能够加深对战役的理解，还能培养团队协作和创新能力。

课程单元六：立报国之志

研学时间：1小时10分钟

研学地点：《沂蒙山小调》诞生地——薛庄镇

负 责 人：音乐老师、指导师

步骤一：乘坐大巴车到达《沂蒙山小调》诞生地——薛庄镇，深入了解《沂蒙山小调》诞生的历史背景，从抗日战争的烽火到解放战争的硝烟，讲述这首歌曲如何在艰苦卓绝的斗争中应运而生，成为激励沂蒙人民团结抗日、奋勇向前的精神力量。

步骤二：在了解创作背景的基础上，由音乐老师或擅长歌唱的同学领唱，全体学生跟随学唱《沂蒙山小调》。通过一句句悠扬的歌声，感受歌曲中蕴含的深厚情感和沂蒙人民的坚韧不拔。

步骤三：活动进入高潮部分，组织一场沂蒙故事分享会。邀请了解沂蒙历史、有亲身经历的老人或事先准备充分的学生，分享沂蒙山区发生的感人故事、英雄事迹或家族传承的记忆。通过一个个生动的故事，学生们可更加直观地感受沂蒙精神的伟大与崇高，激发对家乡、对祖国的热爱之情。

师资配置	每班研学指导师1名、带队老师2名、导游1名、安保人员1名、医护人员1名、家长志愿者2名
安全措施	详见《研学旅行安全管理工作方案》《研学旅行应急预案及操作手册》《未成年人监护方法》
研学评价	可采用学生评价、教师评价、研学指导师评价等评价方式（具体略）
活动经费	指导师会同财务部门确定，或者学校财务部门会同旅行社等服务方商定
研学反思	老师、学生、研学指导师均要反思
纪律要求	1. 统一行动，集中不脱离队伍，随时清点人数；2. 人员密集，注意防踩踏，防丢失财物；3. 不与小商贩发生交易，不随意买零食；4. 夏季高温防中暑；5. 景区内不得大声喧哗，要文明研学，服从管理

【案例述评】

1. 课程设计分析

"沂路前行，不忘来时路"作为一门独具山东特色的红色文化资源研学课程，其设计精妙、实施有效，堪称典型案例。该课程深入挖掘了沂蒙地区的红色文化资源，通过一系列丰富多彩的教学活动，使高中一二年级学生在亲身体验中感悟沂蒙精神的深厚底蕴。

在课程设计方面，该课程注重实地考察与理论教学相结合。学生们在导师的带领下，参观了孟良崮战役纪念馆、沂蒙红嫂纪念馆、大青山胜利突围纪念等具有代表性的革命历史遗址。在这些遗址现场，学生们目睹了革命先烈们英勇斗争的历史场景，深刻感受到了革命斗争的艰辛与伟大。同时，导师结合遗址背后的历史故事，为学生们详细讲解了沂蒙精神的形成过程、内涵特点以及时代价值，使学生们对沂蒙精神有了更加全面深入的理解。

该课程还特别安排了聆听革命老前辈口述历史的环节。这些老前辈亲身经历了革命战争年代,他们的讲述生动而真实,让学生们仿佛穿越到了那个烽火连天的时代。通过与老前辈的交流,学生们不仅了解了更多鲜为人知的革命故事,还感受到了老一辈革命家坚定的信仰、无私的奉献以及顽强的拼搏精神。这些精神品质正是沂蒙精神的核心所在,也是学生们需要学习和传承的宝贵财富。

除了实地考察和口述历史,该课程还设计了一系列红色文化主题活动。例如,学生们分组进行了以孟良崮战役作战沙盘、模拟沂蒙红嫂支援前线、学唱沂蒙山小调比赛等。这些活动不仅锻炼了学生们的语言表达能力和团队合作精神,还进一步加深了他们对沂蒙精神的理解和认同。通过这些活动的参与,学生们更加深刻地体会到了沂蒙精神的伟大力量,也激发了他们为实现中华民族伟大复兴而努力奋斗的豪情壮志。

"沂路前行,不忘来时路"这一课程设计案例充分利用了山东省丰富的红色文化资源,通过实地考察、专家讲座、互动体验等多种形式,让学生深入了解了沂蒙精神的内涵和价值。该课程设计内容翔实、体验活动多样、参与性强,不仅丰富了学生的学习生活,还培养了他们的爱国情怀和民族自豪感,为传承和弘扬红色文化作出了积极贡献。

2. 案例特点与创新点

"沂路前行,不忘来时路"作为山东红色文化资源课程设计的典型案例,其特点与创新点不仅彰显了红色教育的独特魅力,也为同类课程提供了有益的参考。

该课程设计的显著特点之一是主题鲜明。沂蒙精神作为中国共产党人精神谱系的重要精神之一,具有丰富的历史内涵和时代价值。课程设计者紧扣这一主题,通过精选教学内容、设计实践活动,使学生能够深入理解和体会沂蒙精神的精髓。这种主题突出的设计方式,确保了课程的深度和广度,使学生在有限的学习时间内获得最大的收益。

注重实践是该课程设计的又一亮点。与传统的课堂教学相比,实践教学更能激发学生的学习兴趣,提高他们的学习效果。在"沂路前行,不忘来时路"中,课程设计者安排了丰富的实践活动,如实地考察革命遗址、聆听口述历史、参与红色文化主题活动等。这些活动不仅让学生亲身感受到了革命历史的艰辛和伟大,也增强了他们的历史责任感和使命感。

该课程设计在教学方法上的创新也值得称道。课程设计者摒弃了单一的教学方法，采用了专家讲座、小组讨论、角色扮演等多种形式，以激发学生的学习兴趣和提高他们的参与度。这种多元化的教学方法不仅使课堂更加生动有趣，也促进了学生之间的交流与合作，提高了他们的学习效果。

"沂路前行，不忘来时路"课程设计主题鲜明、资源多元，活动课程注重实践、教学方法创新。这些特点与创新点共同构成了该课程设计的核心竞争力，使其在同类课程中脱颖而出，为红色文化资源研学课程的设计与开发提供了有益的借鉴和启示。

3. 案例实施与效果评估

"沂路前行，不忘来时路"的课程设计在实施过程中，每个阶段都经过了精心的规划和周密的安排。

在准备阶段，课程设计团队深入研究了沂蒙精神的内涵和价值，结合学生的认知水平和兴趣爱好，确定了课程的主要内容和教学目标。同时，团队还制订了详细的教学计划，明确了教学时间、地点、方式等具体细节，确保了教学的有序进行。此外，为了提高教学质量，团队还积极组织了优秀的师资力量，包括邀请相关领域的专家举办讲座，以及选拔有经验、有能力的教师担任课程主讲人。

在实施阶段，课程设计团队按照教学计划，有序地开展了各项教学活动。学生们在教师的带领下，参观了孟良崮战役遗址、沂蒙红嫂纪念馆、大青山胜利突围纪念馆等革命历史遗址，聆听了革命老前辈的口述历史，亲身感受到了革命历史的艰辛和伟大。同时，学生们还积极参与了红色文化主题活动，如红色歌曲合唱、革命故事分享等，这些活动不仅增强了学生们的历史责任感和使命感，还激发了他们的爱国情感和民族自豪感。在教学过程中，教师们注重与学生的互动和交流，鼓励学生提问、发表自己的观点和看法，营造了积极、活跃的学习氛围。

在总结阶段，课程设计团队对课程实施效果进行了全面、客观的评估。评估内容包括学生的学习成果、教师的教学效果以及课程设计的整体效果等。通过评估发现，学生们对沂蒙精神有了更深入的了解和认识，他们的历史素养和人文素养得到了显著提升。同时，教师们的教学水平和教学能力也得到了提高和锻炼。课程设计团队还根据评估结果，对课程设计进行了反思和总结，提出了改进和优化的建议，为今后的课程设计提供了有益的参考和借鉴。

总的来说,"沂路前行,不忘来时路"的课程设计在实施过程中取得了显著的效果,不仅提高了学生的历史素养和人文素养,还弘扬了红色文化,传承了革命精神。这一成功的案例为今后的红色文化资源研学课程设计提供了宝贵的经验和启示。

2. 案例二:

蒙山沂水,精神绵长
——沂蒙精神研学旅行主题设计方案

课程名称			蒙山沂水,精神绵长			
设计人		项目组长		学校代表		联系方式
研学对象	小学五、六年级	研学人数	30	带队老师		联系方式
总课时	一天	研学目的地	孟良崮战役纪念馆、中国红嫂革命纪念馆、沂蒙红色影视基地、华东革命烈士陵园			研学时间
研学目标	1. 通过专业讲解与实地参观,初步了解孟良崮战役、红嫂文化及沂蒙精神的历史背景与基本内容。学生将能够识别战役中的主要事件、人物和地点,理解红嫂文化中的核心精神与具体事迹,以及沂蒙人民在革命时期的贡献与牺牲。激发学生对革命历史的兴趣,深刻认识革命先烈的伟大与牺牲,培养对革命先烈的敬仰之情,对革命历史的尊重与敬仰 2. 通过参与担架制作与搬运、简易通讯密码破解等军事体验活动,体会战争时期的艰辛与不易。通过推磨、烙煎饼等传统手工艺活动,感受革命年代的日常生活,增强对革命历史时期的情感共鸣 3. 身临其境地感受《跟着团长打县城》的演绎体验,以及沉浸式小院演出的感染力,加深对沂蒙精神的理解。通过亲身体验影视剧的拍摄过程,了解影视剧背后的制作过程,增强对影视艺术的探究兴趣,培养探究意识与动手操作能力。在专业拍摄老师的指导下,了解影视剧背后的制作过程,从创作角度进一步认识沂蒙精神的传播与传承 4. 学习如何收集、整理英雄人物的相关信息,并运用绘画技能制作英雄卡片,表达对烈士的敬仰,培养学生的动手能力、信息整合能力和艺术表达能力						
研学线路	第一天参观孟良崮战役纪念馆,了解孟良崮战役的背景、过程、意义等,然后到达沂蒙红嫂纪念馆参观学习,聆听红嫂感人事迹 第二天在沂蒙红色影视基地体验革命战争,学习拍摄技巧,最后到达华东烈士陵园聆听背后的故事讲解,绕碑一周后返回						

续表

课程链接	鲁科版四年级第六单元《壮哉——沂蒙精神》 五年级上册《美术》——《画人像》
研学方式	情景体验式、考察探究式
研学方法	讲授法、激励法、讨论法
研学重点	重点理解爱党爱军、开拓奋进、艰苦创业、无私奉献，可通过参观沂蒙红嫂纪念馆等了解民众拥军故事，思考沂蒙精神在现代社会的意义和传承方式
研学难点	探寻沂蒙精神在当代社会的有效传承途径是一个难点。在市场经济和多元文化的冲击下，如何让年轻一代真正认同、践行沂蒙精神是一个亟待解决的问题

主题课程内容及实施流程

课程单元一：孟良崮战史映军民　鱼水情深共奋进

研学时长：3 小时

研学地点：孟良崮战役纪念馆

负责人：学校老师、指导师、讲解员

步骤一：在纪念馆的相关展区，安排专业讲解员或教师向学生详细讲解，展示解放军战士在孟良崮的崇山峻岭中奋勇作战的场景，介绍战役中人民群众积极支援前线的情况，展示老百姓为解放军送粮、送弹药、抬担架等生动场景，体现军民鱼水情深。

步骤二：组织小学生参与一些简单的军事体验活动，如担架制作与搬运、简易通讯密码破解等，让学生在趣味活动中体会战争时期的军事行动特点。

步骤三：在研学手册上书写研学心得。

课程单元二：红嫂文化承遗志，沂蒙精神育新苗

研学时间：3 小时

研学地点：中国红嫂革命纪念馆

负责人：学校老师、指导师、讲解员、安全员

步骤一：实地参观红嫂主题展馆展区、红嫂生活体验展区和沂蒙红色遗迹展区等，感受"最后一口粮当军粮，最后一块布做军装，最后一个儿子送战场"为核心内容的红嫂文化。

步骤二：参观明德英、王焕于等红嫂的展室，通过聆听研学旅行指导师的讲解，了解红嫂们的生活背景和革命经历，了解红嫂们拥军支前的感人故事，感受她们的无私和伟大，学习红嫂们的伟大精神品质。

步骤三：在研学旅行指导师和工作人员的指导下，体验推磨、烙煎饼等传统手工艺活动，感受革命年代的艰辛生活，感受临沂地方特色区域文化，培养学生的劳动意识，增强动手能力。

步骤四：在研学手册上书写研学心得。

课程单元三：古城演绎蒙山魂，影视探秘沂水情

研学时间：3小时

研学地点：沂蒙红色影视基地

负责人：指导师、安全员、景区专业人员、专业拍摄人员

步骤一：研学旅行指导师为学生们发放军装、战斗武器等，组织学生换好服装，排好队伍。在景区门城外，听从指挥，进行《跟着团长打县城》演绎体验，让学生亲身感受战争的残酷和革命先烈的英勇，激发历史责任感和使命感，为自己是中国人而感到自豪。

步骤二：观看在影视基地内举办的沉浸式小院演出，近距离感受沂蒙精神的生动体现。

步骤三：在专业拍摄老师的指导下，亲身体验影视剧的拍摄过程，了解影视剧背后的制作过程，增强学生的探究意识和动手操作能力，加深对沂蒙精神的理解。

步骤四：游览保存好的古村落，感受抗日战争时期的古村风貌，了解沂蒙人民在艰苦环境中的生活状态和抗争精神，懂得现代生活的来之不易。

步骤五：在研学手册上书写研学心得。

课程单元四：华东英魂耀千秋，烈士事迹励后人

研学时间：3小时

研学地点：华东革命烈士陵园

负责人：学校老师、指导师、讲解员

步骤一：实地探访华东革命烈士陵园的主纪念馆、烈士事迹陈列区和革命历史遗迹区等体会他们为了民族解放和人民幸福所付出的巨大努力。

步骤二：参观罗炳辉、刘震等革命烈士的纪念展室，在研学旅行导师的细致讲解下，深入了解这些烈士的成长背景、革命历程和英勇事迹。通过一个个感人至深的故事，学生可以感受革命者坚定的革命信念、无私的奉献精神和英勇的牺牲，学习并传承他们崇高的精神品质。

步骤三：在研学旅行导师和陵园工作人员的指导下，参与制作英雄卡片，引导学生了解华东革命烈士陵园中的英雄人物，并选择自己感兴趣的一位或几位烈士作为绘制对象。指导学生如何绘制英雄卡，包含烈士的肖像、姓名、生平事迹，表达自己对烈士的敬仰之情。

步骤四：在研学手册上书写研学心得。

师资配置	每班研学指导师 1 名、带队老师 2 名、导游 1 名、安保人员 1 名、医护人员 1 名
安全措施	详见《研学旅行安全管理工作方案》《研学旅行应急预案及操作手册》《未成年人监护方法》
研学评价	可采用学生评价、教师评价、研学指导师评价等评价方式
活动经费	指导师同财务部门确定，或者学校财务部门同旅行社等服务方商定
研学反思	老师、学生、研学指导师均要反思
纪律要求	1. 统一行动，集中不脱离队伍，随时清点人数；2. 人员密集，注意防踩踏，防丢失财物；3. 不与小商贩发生交易，不随意买零食；4. 夏季高温防中暑；5. 景区内不得大声喧哗，要文明研学，服从管理

【案例述评】

1. 课程设计分析

（1）课程目标明确且具体。沂蒙精神课程设计旨在通过一系列研学活动，使小学 5 年级和 6 年级的学生深入了解沂蒙精神的历史背景、基本内容及其在现代社会的意义。课程目标明确分为四个部分：初步了解历史背景与基本内容、体验战争时期的艰辛与不易、加深对沂蒙精神的理解、培养多种能力（如动手能力、信息整合能力和艺术表达能力）。这些目标清晰具体，有助于学生全面发展。

（2）内容丰富且层次分明。课程设计包括四个课程单元，每个单元都有明确的主题和研学地点，涵盖了孟良崮战役纪念馆、中国红嫂革命纪念馆、沂蒙红色影视基地和华东革命烈士陵园等多个重要地点。每个单元的内容都经过精心设计，既有专业讲解，又有体验活动，层次分明，确保学生在丰富多样的活动中获得全面的学习体验。

（3）方法多样且注重体验。课程设计采用了讲授法、激励法、讨论法等多种教学方法，并结合情景体验式、考察探究式等研学方式，让学生在参与中学习和成长。通过担架制作与搬运、简易通讯密码破解等军事体验活动，以及推磨、烙煎饼等传统手工艺活动，学生更能身临其境地感受革命年代的艰辛与不易，与革命者产生情感共鸣。

2. 案例特点与创新点

（1）红色文化与研学旅行相结合。沂蒙精神课程设计将红色文化与研学旅行紧密结合，通过实地参观和体验活动，让学生亲身感受革命历史的厚重与沂蒙精神的伟大。这种结合不仅有助于激发学生的学习兴趣，还能增强学生的历史责任感和使命感。

（2）体验式学习与创新性活动。课程设计应注重体验式学习，可以通过军事体验活动、传统手工艺活动、影视剧拍摄体验等多种创新性活动，让学生在实践中学习和成长。这些活动不仅有助于提高学生的动手能力和探究意识，还能加深对沂蒙精神的理解和传承。

（3）跨学科整合与综合素质培养。课程设计涉及历史、美术、劳动等多个学科领域，实现了跨学科整合。通过收集、整理英雄人物的相关信息并制作英雄卡片等活动，学生的信息整合能力和艺术表达能力得到了培养。同时，课程设计还应注重培养学生的劳动意识、动手能力和探究意识等综合素质。

3. 案例实施与效果评估

（1）实施过程规范有序。沂蒙精神课程设计的实施过程规范有序，从研学前的准备到研学中的指导，再到研学后的反思都制订了详细的规划。课程设计还明确了师资配置、安全措施、研学评价、活动经费和纪律要求等方面的内容，确保了研学活动的顺利进行。

（2）学生参与度高，反馈积极。通过实地参观、体验活动和创新性任务等多种形式的研学活动，学生的参与度得到了提高。学生在活动中表现出浓厚的兴趣和积极性，通过亲身体验和实际操作加深了对沂蒙精神的理解和认识。同时，学生还通过书写研学心得等方式表达了自己的感受和收获。

（3）效果评估多元化且全面。沂蒙精神课程设计的效果评估采用了学生评价、教师评价、研学指导师评价等多种评价方式，从多个角度对研学活动的效果进行了全面评估。这些评估不仅有助于了解学生在活动中的表现和收获，还能为今后的课程设计和实施提供有益的参考和借鉴。

（二）重大战役研学

1. 案例一：

探索穿越时空的英雄记忆
——济南战役主题研学课程设计方案

课程名称	探索穿越时空的英雄记忆						
设计人		项目组长		学校代表		联系方式	
研学对象	小学四至六年级学生	研学人数	30	带队老师		联系方式	
总课时	两天	研学目的地	济南战役纪念馆、英雄山、解放阁、济南战役山东兵团指挥所纪念地			研学时间	
研学目标	1. 通过对济南战役资源点的参观，初步了解解放战争的历史背景与英雄事迹，激发学生的爱国主义情感，感受伟大祖国的繁荣昌盛，为自己是中国人感到自豪 2. 通过在英雄山分享英雄故事，引导学生学习英雄人物的事迹，从中汲取正能量，培养坚韧不拔、团结协作、无私奉献等优秀品质，增强责任意识，形成主动服务他人及社会的情怀 3. 通过沉浸式情景剧扮演，让学生亲身体验先烈的革命斗争历程，深刻体会先辈们的牺牲与奉献，认识到和平生活来之不易，形成热爱生活的态度						
研学线路	第一天上午在济南战役纪念馆门口集合，举行开营仪式，下午从济南战役纪念馆出发，首先沿英雄山路向北行走，经过英雄山公园，到达仲宫镇济南战役山东兵团指挥所纪念地						
课程链接	人教版六年级《语文》上册《狼牙山五壮士》；人教版《语文》六年级上册《灯光》						
研学方式	参观讲解、角色扮演、手工制作						
研学方法	实地教学法、小组合作法、情境教学法						
研学重点	了解济南战役的历史背景和革命英雄事迹、培养爱国、责任和团结意识						
研学难点	培养爱国、责任和团结意识，掌握卡片制作的步骤和技巧、培养创新能力						

课程内容及实施流程

课程单元一：铭记历史，缅怀英烈

研学时长：3小时

负 责 人：专业讲解员、研学指导师、老师

活动一：参观讲解

让学生排成四队在老师的指导下进入纪念馆，随后由专业讲解员带领参观纪念馆的陈列厅和全景画馆，参观完毕后，随机抽取几个学生进行活动总结。

活动二：角色扮演

学生自由组合，6人一组，根据自己的兴趣选择不同的角色，并穿上相应的服装，由指导老师分发给每个小组一本情景剧脚本。随后，在老师的指导下，各小组依次上台表演自己准备的情景剧，其他学生作为观众观看并给予反馈。

课程单元二：青山不老，英魂永存

研学时间：3小时

负 责 人：研学指导师、老师

活动一：烈士墓祭扫

在烈士陵园向烈士们敬献鲜花、默哀致敬，了解墓区安葬的烈士情况，感受烈士们为革命事业奉献生命的伟大精神。

活动二：探索英雄山

组织学生开展"寻找英雄山的历史印记"活动，将学生分成若干小组，每组4~6人，明确每个小组的任务和目标，随后学生按照预订路线前往英雄山，并在老师的提示下开始寻找与革命历史相关的元素并作记录。

活动三：分享英雄故事

根据主题分配任务给各个小组，让每个小组负责收集不同英雄的故事。提供一些资料来源指导，如推荐的书籍、网站等。收集完毕后，每个小组有固定的时间进行展示，让其他小组成员有机会了解更多细节，加深对革命先烈的认识。

课程单元三：历史丰碑，精神家园

研学时间：2 小时

负 责 人：研学指导师、老师

活动一：寻找线索

学生在指导老师的带领下进入展馆，随后由老师向学生发放展馆指南或地图，根据老师给出的提示，在展馆内找到特定的信息点或物品。

活动二：我是小记者

让学生们扮演小记者，小记者们根据准备的问题列表，逐一采访不同的同学或老师，其他学生可以作为观众，观察并记录采访过程中的亮点和不足之处，采访完毕后并进行分享。

活动三：制作纪念卡

给学生们分发手工材料，并由指导老师详细讲解制作纪念卡片的基本步骤，包括选择材料、设计版面、粘贴装饰等，强调安全注意事项，老师巡视指导，帮助学生解决遇到的问题，鼓励学生在卡片上写下对英雄的敬语或感言。完成之后组织一次投票活动，评选出最受欢迎的纪念卡片并展示。

课程单元四：红色记忆，薪火相传

研学时间：2 小时

负 责 人：专业讲解员、研学指导师、老师

活动一：参观指挥所旧址

在老师的引导下，学生们排成四队，有序参观指挥所旧址，并在专业讲解员的带领下，了解这段历史的全貌。

活动二：互动环节

设置一些互动问答，老师提出一个主题，鼓励学生积极提问，加深他们对历史事件的理解，并让学生在笔记本上记录下参观过程中的感受与收获，活动结束后进行展示和分享。

师资配置	每班研学指导师 1 名、带队老师 2 名、专业讲解员 1 名、安保人员 1 名、医护人员 2 名

续表

安全措施	详见《研学旅行安全管理工作方案》《研学旅行应急预案及操作手册》《中华人民共和国未成年人保护法》
研学评价	可采用自我评价法、小组互评法、老师评价法、家长评价法
活动经费	研学指导师同财务部门确定，或者学校财务部门同旅行社等服务方商定
研学反思	老师、学生根据评价结果进行感悟反思
纪律要求	1. 统一行动，集中不脱离队伍，随时清点人数；2. 人员密集，注意防踩踏，学会自我保护，防丢失财物；3. 不与小商贩发生交易，不随意买零食；4. 景区内保持纪律，不得大声喧哗，要文明研学，服从管理；5. 保持环境整洁，不随意扔垃圾，爱护历史遗迹和自然环境

【案例述评】

1. 课程设计简介

济南战役研学课程旨在通过实地考察和理论讲解，使小学五、六年级学生深入了解济南战役的历史背景、战略意义及人民解放军的英勇事迹。课程设计包括知识学习、实地参观和互动体验等多个环节，旨在培养学生的历史意识、爱国情怀和实践能力。

具体课程内容涵盖济南战役的历史沿革、战役背景、战略部署及具体战斗过程。学生将参观济南战役纪念馆、解放阁和英雄山革命烈士陵园，通过丰富的历史文物和翔实的资料，了解战役的每一个细节。纪念馆展示了战役的珍贵文物和照片，再现了那段烽火连天的岁月；解放阁是济南战役胜利的纪念性建筑，象征着济南的解放和新生；英雄山革命烈士陵园则是缅怀先烈、传承红色精神的重要场所。

2. 案例特点与创新点

课程内容较丰富。济南战役研学课程不仅涵盖了战役本身的历史背景和意义，还融入了济南的历史文化、地理特点等内容。学生通过参观济南战役纪念馆、解放阁和英雄山革命烈士陵园，能够更全面地了解济南这座城市的历史和文化。

教学方法多样。现场参观与讲解结合、体验探究与情境模拟结合，在纪念馆、解放阁和烈士陵园等实地，研学导师现场讲解济南战役情况，并引导学生观察展品，使学生更直观地了解历史，通过小记者体验活动，加深对红色文化的敬仰和爱国之情。设计战术模拟演练、缅怀先烈纪念活动等互动环节，让学生亲身体验战役氛围，加深对历史的理解。组织学生分组讨论战役中的关键事件和人物，培养他们的团队协作能力和批判性思维能力。尤为突出的一点，是课程设计做到了跨学科整合的创新：课程设计尝试将历史、地理、文学等多个学科进行整合，引导学生从多个角度探讨济南战役的历史意义和影响。这种跨学科整合的方式，有助于培养学生的综合素养和创新能力。

3. 案例实施与效果评估

案例实施包括行前、行中和行后三个阶段。

前期准备主要是制订详细的行程安排，包括交通、餐饮、研学导师配备等。确保学生在研学过程中能够得到充分的照顾和指导。行中课程组织学生实地参观济南战役纪念馆、解放阁和英雄山革命烈士陵园，研学导师在现场进行讲解，引导学生观察展品、思考问题并进行互动体验。在纪念馆和烈士陵园等地，设计互动环节，如战术模拟演练、缅怀先烈仪式等，让学生亲身体验历史。后期的课程主要是组织学生撰写心得体会、进行小组讨论等，总结研学成果，深化对历史的理解。

本案例研学实践活动的效果评估包括观察学生在研学过程中的参与度和表现，评估他们对历史知识的理解和掌握程度。检查学生撰写的心得体会和小组讨论报告，评估他们对研学内容的深入理解和思考能力。通过与学生、研学导师的交流，了解他们在实地参观和互动体验中的感受和收获，评估课程设计的实际效果。评估方式紧扣培养学生综合素养的要求，强调过程性评价和多元化评价。

济南战役研学课程设计方案具有内容丰富、方法多样、红色教育深度挖掘和跨学科整合等特点与创新点。在实施过程中，通过现场教学、互动体验和小组讨论等教学方法的运用，学生能够获得良好的学习效果。从效果评估来看，此次研学活动对学生的历史意识、爱国情怀和实践能力都有显著的提升作用。因此，济南战役研学课程设计方案具有较高的推广价值和借鉴意义。

2. 案例二：

践行沂蒙精神 传承红色基因
——战役主题研学课程设计方案

课程名称	践行沂蒙精神 传承红色基因				
设计人	全组	项目组长		学校代表	联系方式
研学对象	小学生五年级和六年级	研学人数	30	带队老师	联系方式
总课时	两天	研学目的地	沂蒙红嫂旅游区、孟良崮战役纪念馆、孟良崮战役遗址	研学时间	
研学目标	1. 通过参观红嫂纪念馆、孟良崮战役遗址，了解沂蒙抗战历史，分别从和平、历史、爱国和军事的角度分析沂蒙精神，加深对以孟良崮精神为核心的沂蒙精神内涵的理解，树立传承和弘扬沂蒙精神的理念 2. 通过体验模拟战争，感受孟良崮战役的激烈，初步了解孟良崮战役军民融合，生死与共的党干群关系，加深对中国共产党的朴素感情，为自己是中国人感到自豪				
研学线路	第一天上午：红嫂纪念馆；第一天下午：沂蒙红色影视基地；第一天晚上：影视基地观看电影；第二天上午：孟良崮战役纪念馆；第二天下午：实地参观孟良崮战役遗址，瞻仰英烈亭				
课程链接	小学五年级上册《语文》（S版）第三单元第十五课《紫桑葚》				
研学方式	考察探究、情境体验式、团队教育式、场景教育式				
研学方法	1. 讲授法；2. 参观教学法；3. 问题教学法；4. 任务驱动法；5. 自主探究法；6. 合作学习法				
研学重点	1. 正确理解红嫂精神的内涵与价值，认识红嫂精神对当代社会的影响 2. 亲身感受孟良崮战役，缅怀先烈，弘扬革命精神，激发学生爱国情怀				
研学难点	在活动体验中激发和生成自觉弘扬爱国精神的使命感				

主题课程内容及实施流程

课程单元一：追寻红嫂足迹，领略传统魅力

研学地点：沂蒙红嫂旅游区

活动一：红嫂纪念馆参观——探寻战役历史根源

活动准备：教师与熟知战役历史的基地人员沟通讲解细节，准备思考问题。

活动内容：在讲解员讲述下，学生聆听战役故事，包括作战策略和战士英勇事迹。教师适时提问影视与历史的关联，如地形利用在影视和实际作战中的关系，引导学生讨论分享见解。参观结束后，在影视基地的标志性建筑前再次打卡合照，为这次参观画上圆满句号。

活动二：革命食品制作——感悟战役后勤保障艰辛

活动准备：教师联系体验场所，准备石磨、煎饼鏊子等工具和原材料，安排专业工作人员指导。

活动内容：工作人员示范煎饼制作，学生分组参与，品尝成果并分享体会，理解后勤保障对战役胜利的重要意义。食品制作完成后，学生们拿着自己的劳动成果，在体验场所的特色背景下进行合照。

课程单元二：重走孟良崮战役之路，传承红色革命精神

研学地点：沂蒙红嫂旅游区

活动一：军装体验——重走战役之路，点燃爱国热情

活动准备：准备八路军军装，规划好与孟良崮战役紧密相连的路线。提前联系体验项目——沂蒙红色影视基地的"跟着团长打县城"，确保场景的真实性和安全性。在学生们换好军装后，老师在军装发放处设置了具有年代感的背景板，组织学生们打卡合照，展现他们的英姿。

活动内容：学生首先在行走中感受先辈的艰辛，再在指导人员示范下，参加"跟着团长打县城"项目，最后展示成果分享，并在终点的胜利旗帜下留下合照。学生参加这个项目可将对战役的理解转化为对胜利来之不易的感悟，点燃爱国热情，体验自豪感。

活动二：支前生产体验——为战役胜利注入坚实力量

活动准备：准备相应工具和原料，安排工作人员指导，强调体验与战役胜利的关联。在体验开始前，老师在支前生产体验的传统工具旁，组织学生拿着劳动工具打卡合照。

活动内容：学生分组体验百姓通过这些方式为战役提供物资支持，体会军民一心的力量。体验结束后，学生们站在自己的劳动成果旁合照留念。

活动三：红色演绎——感悟历史与艺术魅力，红色精神伴我行

活动准备：与专业场景打造团队沟通，准备讲解资料，检查场地安全。在学生们进入观看场地前，老师拿着带有灯光效果的红色传承打卡

板，为学生们拍摄充满仪式感的合照。

活动内容：学生观看以孟良崮战役为主题的场景，教师讲解战役战略和英雄故事。观看后组织学生讨论战役精神和感悟，让红色基因在交流中传承和升华，约1小时。观看结束后，在场地出口处，学生们手拉手，在"传承红色基因"的标语下再次合照。

课程单元三：铭记历史，体验战场——深入孟良崮战役核心

研学地点：孟良崮

活动一：纪念馆参观，全面了解战役细节

活动准备：教师提前与纪念馆工作人员协调讲解安排，确定参观路线和重点内容。在纪念馆入口，老师拿着印有纪念馆名字和本次研学标志的打卡板，为学生们拍摄合照，开启参观之旅。

活动内容：学生认真聆听讲解，观察展品，了解各方力量部署、战斗关键节点及战役胜利对全国战局的影响。教师引导学生思考战役背后的战略意义和历史价值，鼓励记录印象深刻内容。参观过程中，在纪念馆的重要展品或场景处，适时安排打卡合照，如在战役地图前、英雄事迹展示区等。参观结束后，在纪念馆出口的纪念雕塑旁，建议再次合照。

活动二：模拟战场体验，感受战争的真实氛围

活动准备：准备模拟战场所需道具（烟雾弹、仿真武器等），确保安全防护措施到位，安排专业指导人员。在模拟战场入口，老师用"模拟战场，英勇无畏"打卡板为学生们拍照，激发他们的斗志。

活动内容：在指导人员带领下，学生分组参与模拟战斗，体验作战紧张、刺激和危险。体验结束后，分享感受，如面对敌人的心理变化、团队协作重要性等，加深对战役理解。模拟战斗结束后，在模拟战场的胜利旗帜下，学生们拍集体合照。

课程单元四：缅怀先烈，传承精神——孟良崮遗址巡礼

研学地点：孟良崮

活动一：参观遗址，追寻战役遗迹

活动准备：教师提前熟悉遗址路线和相关历史背景，准备讲解资料。在遗址入口处，老师拿着"遗址寻踪，缅怀先烈"打卡板，为学生们拍摄

合照，开启这充满敬意的参观。

活动内容：学生在参观中观察遗址地形、工事遗迹等，想象当年战斗场景。教师适时讲解遗址背后故事，如阵地战略意义、战士英勇事迹等，深入了解战役真实面貌。在重要的遗址景点，如指挥所旧址、重要战斗发生地等，安排学生打卡合照。参观结束后，在遗址出口处，学生们带着对先辈的崇敬之情再次合照。

活动二：瞻仰英烈亭，缅怀革命先烈

活动准备：准备鲜花等祭品，确保仪式现场庄严肃穆。学生们手捧鲜花走向英烈亭时，老师用"缅怀先烈，永志不忘"打卡板为他们拍摄合照。

活动内容：学生向英烈敬献鲜花、默哀致敬。教师讲述先烈英勇事迹，鼓励传承弘扬先烈精神。瞻仰仪式结束后，在英烈亭前，学生们整齐列队，再次合照，铭记这庄严时刻。

活动三：瞻仰纪念碑，铭记不朽功勋

活动准备：确保纪念碑周边环境整洁、肃穆。在学生们靠近纪念碑时，老师拿着"不朽功勋，精神永传"打卡板，为学生们拍摄合照。

活动内容：学生环绕纪念碑，观看铭文和浮雕，感受历史。教师引导思考纪念碑传达的精神，鼓励发表感悟。瞻仰结束后，在纪念碑前，学生们留下充满敬仰的合照。瞻仰结束后，组织学生返程。在返程途中，老师收集所有的打卡合照，交给专业制作人员，将这些照片精心制作成一本研学纪念册，记录学生们在这次研学之旅中的每一个精彩瞬间和深刻体验。

师资配备	每班研学指导师1名、带队老师2名、导游1名、安保人员1名、医护人员1名、家长志愿者2名
安全措施	详见《研学旅行安全管理工作方案》《研学旅行应急预案及操作手册》《未成年人监护方法》
研学评价	可采用学生评价、教师评价、研学指导师评价等评价方式
活动经费	指导师同学校财务部门确定，或者学校财务部门同旅行社等服务方商定
研学反思	老师、学生、研学指导师均要反思
纪律要求	1. 统一行动，集中不脱离队伍，随时清点人数；2. 人员密集，注意防踩踏防丢失财物；3. 不与小商贩发生交易，不随意买零食；4. 夏季高温防中暑；5. 景区内不得大声喧哗，要文明研学，服从管理

【案例述评】

1. 课程设计概述

《践行沂蒙精神 传承红色基因》研学课程方案为小学生五六年级的学生量身定制，为期两天，精心规划了包括沂蒙红嫂旅游区、孟良崮战役纪念馆和孟良崮战役遗址等在内的多个研学地点。通过参观学习、情境体验、团队合作等多种形式，让学生全方位、多角度地了解沂蒙抗战历史，深刻理解沂蒙精神的内涵，培养学生的爱国情怀和民族精神。

2. 课程特点

（1）课程主题鲜明，针对性强，设计紧紧围绕"沂蒙精神"这一主题展开，通过一系列与沂蒙抗战紧密相关的活动，使学生深刻体会沂蒙精神的独特魅力和深远影响。

（2）实践性强，注重体验：通过军装体验、支前生产体验、模拟战场体验等活动，让学生亲身参与、亲身体验，从而在实践中加深对历史事件的理解和感悟。

（3）课程设计体现跨学科融合特点，旨在促进学生全面发展和综合素养的提高，通过将历史、语文、军事等多个学科的知识融入研学活动，实现跨学科的学习和整合，拓宽学生视野，培养爱国精神。

3. 课程的创新性

首先是创新情境体验式学习。通过模拟战场、军装体验等情境活动，让学生仿佛置身于历史场景之中，增强学习的沉浸感和代入感，使抽象的历史知识变得直观易懂。其次是团队教育式合作教学方法的使用。课程设计注重团队合作，通过小组合作、集体活动等形式，培养学生的团队协作精神和集体荣誉感，提升他们的沟通能力和组织协调能力。最后是创新个性化学习路径。根据学生的兴趣和认知水平，提供个性化的学习路径和建议，鼓励学生自主探究和合作学习，培养他们的创新思维和解决问题的能力。

4. 案例实施

（1）实施过程。在研学过程中，学生们按照课程安排，依次参观了红嫂纪念馆、沂蒙红色影视基地、孟良崮战役纪念馆和孟良崮战役遗址等地。通过讲解员的讲述和教师的引导，学生们深入了解了沂蒙抗战的历史背景和英雄事迹。同时,他们还积极参与了革命食品制作、军装体验、支前生产体验、模拟战场体验等活动,亲身体验了战争的残酷和沂蒙人民的英勇无畏。

(2) 实施效果。通过实地考察和亲身体验,使学生们对沂蒙抗战历史和沂蒙精神有了更深刻的理解和认识,使学生对知识的掌握也更加牢固。缅怀先烈、传承精神等活动,使学生们的态度更加积极,爱国情怀和民族自豪感得到了显著加强,对中国共产党的朴素感情也得到了加深。在研学过程中,学生们不仅学到了知识,还锻炼了团队协作、沟通协调、自主探究等综合能力,为他们的全面发展奠定了坚实基础。另外,创新性的学习方式极大地激发了学生的学习兴趣和热情,使他们更加主动地学习,形成良好的学习氛围。

5. 效果评估

(1) 评估方法。该研学课程方案采用了多种评估方法,包括学生评价、教师评价、研学指导师评价等。通过问卷调查、访谈、观察记录等方式,可收集学生和教师对研学活动的反馈意见,对课程的实施效果进行全面评估。

(2) 评估结果。从实施效果看,学生和教师对研学活动的满意度普遍较高,认为课程设计合理、内容丰富、形式新颖、效果显著。在研学过程中,学生了解了沂蒙抗战历史和沂蒙精神,对祖国的热爱和对先烈的敬仰之情得到了进一步升华,同时提高了学生的合作意识、团队精神等综合素养。

(3) 改进建议。尽管该研学课程方案取得了显著的成效,但仍存在一些可以改进的地方。例如,可以进一步丰富活动内容,增加更多互动性和趣味性的环节;加强与其他地区的交流合作,共同推动红色文化的传承和弘扬;结合新时代的特点和要求,不断创新研学方式和方法,提高研学活动的吸引力和实效性。同时,还可以利用现代信息技术手段,为学生提供更加便捷、高效的学习体验。

（三）建党精神研学

1. 案例一：

探党建文化　铸研学华章
——党建研学主题设计方案

课程名称	探党建文化　铸研学华章					
设计人		项目组长		学校代表		联系方式
研学对象	小学五六年级学生	研学人数	30	带队老师		联系方式
总课时	两天	研学目的地	中共山东省委秘书处旧址、中共济南乡师支部诞生地、中共济南市委重建纪念地、洛口九烈士纪念碑、中共山东省工委旧址		研学时间	
研学目标	价值体认：通过亲历红色建党主题教育活动，参观中共山东省委秘书处旧址，让学生感受建党历史的氛围，初步形成集体思想，培养对中国共产党的朴素感情，增强学生们的爱国情怀和民族责任感，为自己是中国人感到骄傲； 责任担当：通过参观学习和体验活动，学生学会观察建筑、陈列物品等细节，在教师的引导下思考它们在建党历史上的作用，增强社会责任感和使命感； 问题解决：学生们能够用自己的语言向同伴讲述中共济南市委重建纪念地的大概内容，锻炼口头表达能力，初步形成热爱生活的态度，同时将红色建党精神与日常学习生活结合起来，以实际行动传承先辈们的革命精神，在面对困难和挑战时，保持坚定的信念和顽强的意志					
研学线路	首先到济南市中共山东省委秘书处旧址，参观王尽美等人物的雕像，感受党建的艰难历程。再到中共济南乡师支部诞生地，观看建党电影片段，来到中共济南市委重建纪念地，开展游戏，然后到洛口九烈士纪念碑，为烈士献花，最后抵达中共山东省工委旧址，开展各种红色文化小游戏，加深同学们对党建的印象					
课程链接	人教版《语文》五年级上册《七律·长征》 人教版《语文》六年级上册《丰碑》 人教版《道德与法治》五年级下册《中国有了共产党》 人教版《语文》六年级下册《为人民服务》					
研学方式	考察探究、聆听讲解、团队活动					
研学方法	讲授法、体验法、讨论法、小组合作法					

续表

研学重点	初步认识红色革命文化,学习中国共产党的责任担当;初步了解党在教育等领域开展思政党建工作的重要意义;初步体会中国共产党与当代生活息息相关的紧密联系
研学难点	建党精神的历史性和现实意义;建党精神在我们国家精神传承中的地位与价值

课程内容及实施流程

课程单元一:访秘书处旧居,感往昔风云齐

研学时间:1课时

研学地点:中共山东省委秘书处旧址

负责人:讲解员

步骤一:参观讲解

跟随讲解员,深入了解中共山东党的领导机关在此设秘书处期间的革命活动,包括山东早期党组织创建、发展和斗争的光辉历程,以及王尽美、邓恩铭等革命先驱的事迹。

步骤二:英雄卡片对对碰

参观结束后,进行英雄卡片对对碰游戏,制作一套红色英雄人物卡片,每张卡片上有英雄的名字、照片和主要事迹简介。把卡片打乱,让学生们每人抽取一张,然后通过互相询问对方卡片上英雄的事迹来寻找"对子"(事迹有联系的两张卡片),找到"对子"最多的学生获胜。

步骤三:总结

通过讲解员的讲解以及自己参与游戏过程中的收获,以小组的形式进行感悟与分享。

课程单元二:观建党伟业,寻建党光辉

研学时间:1课时

研学地点:中共济南乡师支部诞生地

负责人:带班老师

步骤一:畅享电影魅力时刻

通过观看《建党伟业》电影片段,全面、直观地感受那段波澜壮阔的历史,领悟党的领导在革命战争中的关键作用。

步骤二：我们都是小演员

在观影过程中同学们认真观看电影中精彩片段，根据自身兴趣与理解自愿报名选择角色，在教师指导下，理解并更好地诠释自己所扮演的角色，营造一个真实的历史场景。

课程单元三：重走革命之路，传承建党之魂

研学时间：1课时

研学地点：中共济南市委重建纪念地

负责人：带班老师

步骤一：我们是小讲解员

将全体成员分成若干小组，各小组推选一名组长进行打卡点抽取，并带领自己的组员到对应打卡点熟悉内容，限时20分钟。该环节结束后，全体人员集合去各打卡点听取对应小组的讲解。

步骤二：收获进手册

将此次活动的收获写进研学手册的收获记录页，教师进行点评与补充，对表现优异的同学颁发文创小产品，让学生们对建党精神留下深刻的印象。

课程单元四：缅怀先烈英魂，体悟建党初心

研学时间：1课时

研学地点：洛口九烈士纪念碑

负责人：讲解员

步骤一：崇碑仰烈

学员们仔细观看烈士生平记录，认识党的责任担当。

步骤二：献花圈，敬烈士

同学们将花圈放置在烈士纪念碑前，表达对烈士的缅怀与哀思，用干净的布轻轻擦拭墓碑上的灰尘，表达对烈士的敬重。

课程单元五：红色征途经艰难，革命精神永相传

研学时间：1课时

研学地点：中共山东省工委旧址

负责人：讲解员

步骤一:观中共一大史,悟先辈凌云志

学员们仔细观看展览墙上的图文介绍、历史文物,初步了解中共一大召开的具体场景、参会人员以及会议对中国党史的重大影响等。

步骤二:知识大富翁

将同学们分成若干小组,每组6人,开展"党史知识大富翁"活动,通过正确回答党史知识来获得前进的机会。最后,小组全员通过且用时最少的获胜,为表现优秀的小组或个人颁发奖品。

师资配置	每班研学指导师1名、带队老师2名、导游1名、安保人员1名、医护人员1名、家长志愿者2名
安全措施	详见《研学旅行安全管理工作方案》《研学旅行应急预案及操作手册)《未成年人监护方法》
研学评价	可采用自我评价法、同学互评法、指导师评价法、家长评价法、广场评价法等多元化评价方式
活动经费	指导师同财务部门确定,或者学校财务部门同旅行社等服务方商定
研学反思	老师、学生均要反思
纪律要求	1. 统一行动,集中不脱离队伍,随时清点人数;2. 人员密集,注意防踩踏,防丢失财物;3. 不与小商贩发生交易,不随便买零食;4. 夏季高温防中暑;5. 景区内不得大声喧哗,要文明研学,服从管理

【案例述评】

1. 课程设计简介

《探党建文化 铸研学华章》是一项面向小学五六年级学生的党建主题研学设计方案,通过参观山东省内多个红色教育基地,引导学生深入了解中国共产党的发展历程,感受建党历史的氛围,培养对中国共产党的朴素感情,增强爱国情怀和民族责任感。课程总课时为两天,研学目的地有中共山东省委秘书处旧址、中共济南乡师支部诞生地、中共济南市委重建纪念地、洛口九烈士纪念碑和中共山东省工委旧址。

2. 案例特点与创新点

本方案的设计能够将历史与现实的紧密结合。课程设计不仅注重历史知识的传授,还强调历史与现实的联系,让学生理解建党精神在当代社会的重要性，增强其责任感和使命感。同时，课程特别关注了多维度教育体验。通过参观、讲解、观影、角色扮演、游戏互动等多种形式，从视觉、听觉、情感等多个维度为学生提供丰富的教育体验，使其更全面地理解和感受红色文化。课程设计还需进行跨学科融合，即融合了历史、语文、道德与法治等多个学科的内容，使学生在学习党建知识的同时能巩固和拓展其他学科的知识。课程活动实施还特别注重情感共鸣与价值观塑造。缅怀先烈、参与互动游戏等活动，可激发学生产生情感共鸣，培养学生尊重历史、热爱祖国的价值观。

本方案采用了互动式学习模式。采用"我是小讲解员"等互动式学习模式，鼓励学生积极参与，不仅增强了他们的口语表达能力和团队协作能力，还加深了他们对历史知识的理解。采用游戏化教学策略，创新性地引入"英雄卡片对对碰""党史知识大富翁"等游戏化教学策略，使学习过程更加生动有趣，可激发学生的学习兴趣和主动性。在活动评价中建立多元化评价体系，包括自我评价、同学互评、指导师评价、家长评价和广场评价在内的多元化评价体系，全面评估学生的学习效果和研学体验，确保评价的公正性和客观性。特别具有创新性的一点是课程设计提出了社区参与与家校合作的方式，邀请家长志愿者参与研学活动，加强家校合作，同时促进社区参与，形成学校、家庭、社会三位一体的教育合力。

3. 案例实施与效果评估

实施课程方案是通过制订详细的研学计划和活动安排，确保每个环节都能够顺利进行。加强师资培训、提高指导师的专业素养和教育教学能力，体现了方案的精心策划与组织及安全管理。制订完善的安全管理工作方案和应急预案，可确保学生在研学过程中的安全；加强安全教育和监管，还能提高学生的安全意识和自我保护能力。另外，还要关注学生在研学过程中的饮食、住宿、交通等细节问题，确保他们的身心健康和研学体验。

效果评估采用多元评价结合的方式，具有更客观全面的优势，如重视学生反馈。通过问卷调查、访谈等方式，可收集学生对研学活动的反馈意见，了解他们的学习效果和研学体验。研学指导师评价很重要，指导师根据学生的表现、参与度和收获情况，需对学生的学习效果进行评价，家长评价也很重要，需要通过邀请家长参与研学活动，收集家长的反馈意见，评估活动的组织和管理情况。另外，实施全方位综合评估方式，就是需综合学生、指导师和家长的反馈意见,以及研学活动的实施情况,对研学效果进行全面评估,同时总结经验教训,为今后的研学活动提供参考和改进方向。

2. 案例二:

追寻红色足迹,传承建党精神
——建党精神研学旅行主题设计方案

课程名称	追寻红色足迹,传承建党精神					
设计人		项目组长		学校代表		联系方式
研学对象	高一年级学生	研学人数	40人	带队老师		联系方式
总课时	两天一晚	研学目的地	中共山东省委秘书处旧址(天下第一泉风景区)、中共济南乡师支部诞生地、中共济南市委重建纪念地(小清河五柳岛)、洛口九烈士纪念碑(百里黄河风景区)、中共山东省工委旧址		研学时间	
研学目标	1. 价值体认:通过参观革命旧址、聆听革命事迹、祭扫烈士纪念碑,深入了解中国共产党早期在济南及山东地区的历史地位和重要作用,强化对中国共产党的认识和感情,增强学生的爱国情怀和革命精神 2. 责任担当:通过模拟支部会议、制作"红色记忆"海报活动,培养学生的团队协作能力和集体荣誉感 3. 问题解决:通过亲身体验革命场景、讲解红色故事等活动,学生将理论知识与实际操作相结合,提高动手能力和实践操作能力,增强学生的社会责任感和历史使命感,为新时代中国特色社会主义事业贡献自己的力量					
研学线路	开营仪式—中共山东省委秘书处旧址—中共济南乡室支部诞生地—中共济南市委重建纪念地—百里黄河风景区洛口九烈士纪念碑—中共山东省工委旧址					
课程链接	人教版《政治》必修三《政治与法治》第一单元"中国共产党的领导" 人教版《中外历史纲要》第七单元"中国共产党成立"					
研学方式	实地参观、考察探究、情景模拟					
研学方法	讲授法、体验法、讨论法、小组合作法					
研学重点	深入理解建党精神内涵;实地感悟历史场景;培养历史思维能力					
研学难点	深入挖掘每个地点的历史背景、人物故事和建党精神的具体体现;构建跨时空的历史链接,理解建党精神内涵					

主题课程单元内容及实施流程

课程单元一：探寻中共山东省委早期足迹

研学时长：3小时

研学地点：中共山东省委秘书处旧址（天下第一泉风景区）

负责人：学校老师、指导师

步骤一：闯关探索

学生分组，拿到寻宝任务单（具有代表性的革命历史文物、革命英雄人物等）在山东省委秘书处旧址内进行探索，找到任务单上事迹、物品或人物馆藏位置，完成闯关。

步骤二：历史事件还原。继续搜集线索、解谜，还原历史场景。

步骤三：分享汇报。小组分享交流，专业讲解员点评任务完成情况。

课程单元二：走进中共济南乡师支部诞生地

研学时长：2小时

研学地点：中共济南乡师支部诞生地

负责人：学校老师、指导师、景区讲解员

活动一：参观济南乡师支部诞生地

参观中共济南乡师支部诞生地，学生通过展览、文物等了解济南乡师支部的成立背景和早期活动，感受早期济南党员在学生群体中传播革命思想的艰辛与重要性。

活动二：模拟体验革命场景

安排互动环节，让学生设计早期党员在学校进行革命宣传的场景，体会建党精神中的开拓创新。

课程单元三：中共济南市委重建纪念地的沉思

研学时长：4小时

研学地点：中共济南市委重建纪念地（小清河五柳岛）

负责人：学校老师、指导师

活动一：红色故事讲解

让学生们提前熟悉五柳岛的历史，化身讲解员，为其他同学讲解五柳岛的历史变迁和红色故事。

活动二：红色记忆海报

学生分组进行小组合作，以组为单位搜集并整理相关历史资料，制作一张旧址的"红色记忆"，海报并进行展示。

课程单元四：洛口九烈士纪念碑前的缅怀

研学时长：3小时

研学地点：洛口九烈士纪念碑（百里黄河风景区）

负责人：学校老师、指导师

活动一：洛口九烈士纪念碑前祭扫

举行祭扫仪式，向烈士敬献花篮，全体默哀。由讲解员讲述洛口九烈士的英勇事迹，让学生深刻体会革命烈士为了党的事业和人民的幸福所作出的牺牲，感受建党精神。

课程单元五：中共山东省工委旧址建党精神追寻

研学时长：3.5小时

研学地点：中共山东省工委旧址

负责人：导师、班主任、景区讲解员

活动一：参观中共山东省工委旧址

通过参观旧址内的陈列和听取讲解，了解山东省工委在不同历史时期的工作重点和成就。

活动二：交流分享会

组织学生开展交流分享活动，结合前两天的参观内容，讨论建党精神在不同历史阶段的具体体现，并要求学生撰写简短的研学心得报告。

师资配置	每班研学指导师1名、带队老师2名、导游1名、安保人员1名、医护人员2名、家长志愿者2名
安全措施	详见《研学旅行安全管理工作方案》《研学旅行应急预案及操作手册》《未成年人监护方法》

续表

研学评价	1. 过程评价：通过观察学生在课程活动中的表现，评价其学习态度、团队合作能力和实践能力； 2. 成果评价：围绕"建党精神"撰写研学报告，通过学生提交的报告，评价学生在研学活动中的收获； 3. 反馈机制：建立学生反馈机制，及时了解学生对课程的意见和建议，以便对课程进行持续改进和优化
活动经费	指导师同财务部门确定，或者学校财务部门同旅行社等服务方商定
研学反思	1. 时间管理方面有待提高，在研学过程中，过于沉浸在某些环节中，导致后续任务时间紧张； 2. 要增加学生的主动性和积极性，不要让他们过于依赖团队成员，要让同学们积极主动地寻求解决问题的方法； 3. 老师对研学的不足地方进行反思，在下次研学过程中进行改正
纪律要求	1. 统一行动，集中不脱离队伍，随时清点人数； 2. 人员密集，注意防踩踏，防丢失财物； 3. 不与小商贩发生交易，不随意买零食； 4. 夏季高温防中暑； 5. 景区内不得大声喧哗，要文明研学，服从管理

【案例述评】

1. 课程设计简介

《追寻红色足迹，传承建党精神》研学旅行主题设计方案，旨在通过实地考察和亲身体验的方式，让高一年级学生深入了解中国共产党早期在济南及山东地区的历史地位和重要作用。课程设计紧密结合人教版《政治》必修三《政治与法治》及《中外历史纲要》的相关内容，围绕建党精神的传承与发扬，精心规划了五大课程单元。

课程为期两天一晚，覆盖了中共山东省委秘书处旧址、中共济南乡师支部诞生地、中共济南市委重建纪念地、洛口九烈士纪念碑及中共山东省工委旧址等多个重要革命历史遗址。通过实地参观、考察探究、情景模拟、仪式参与等多种研学方式，结合讲授法、体验法、讨论法及小组合作法，旨在实现价值体认、责任担当与问题解决三大研学目标。课程设计注重理论与实践的结合，强调学生在研学过程中的主体地位，鼓励他们通过亲身体验和团队合作，深化对建党精神的理解与认识。

2. 案例特点与创新点

主题鲜明，意义深远：课程设计紧扣建党精神，通过追寻红色足迹的方式，让学生身临其境地感受革命历史的厚重与伟大，增强他们的爱国情怀和革命精神。这一主题不仅符合当前时代背景下的教育需求，也有助于培养学生的历史责任感和使命感。

内容丰富，形式多样：五大课程单元各具特色，涵盖了历史遗迹参观、革命场景模拟、红色故事讲解、海报制作等多种活动形式。这些活动不仅丰富了研学内容，也提高了学生的参与度和兴趣。特别是通过模拟支部会议、制作"红色记忆"海报等互动环节，培养了学生的团队协作能力和集体荣誉感。

注重实践，强化体验：课程设计强调学生的实践体验，通过实地考察、亲身体验等方式，让学生将理论知识与实际操作相结合。这种设计不仅提高了学生的动手能力和实践操作能力，也有助于他们更深入地理解建党精神的内涵和实质。

创新评价机制，促进持续发展：课程设计采用了过程评价与成果评价相结合的方式，通过观察学生在课程活动中的表现以及提交的研学报告来评价他们的学习成果。同时，建立了学生反馈机制，以便及时了解学生对课程的意见和建议，为课程的持续改进和优化提供了有力支持。

3. 案例实施与效果评估

在实施过程中，该方案得到了学校、老师和学生的一致好评。学生们通过实地参观和亲身体验，对建党精神有了更深刻的理解和认识。学生们纷纷表示，这次研学旅行不仅让他们了解了革命历史，更激发了他们的爱国情怀和革命精神。

从效果评估来看，该方案在以下几个方面取得了显著成效：

一是知识掌握更加牢固。通过实地参观和亲身体验，学生们对中国共产党早期在济南及山东地区的历史地位和重要作用有了更深刻的认识和理解。他们对革命历史遗迹、革命英雄人物等知识点的掌握更加牢固。

二是学生团队协作能力得到提升。通过小组合作和互动环节的设计，学生们的团队协作能力得到了有效提升。他们学会了如何与他人合作、如何分工协作以及如何共同完成任务。

三是学生的社会责任感和历史使命感增强。通过深入了解革命历史和建党精神,学生们的社会责任感和历史使命感得到了显著增强。他们更加珍惜今天的幸福生活,也更加坚定了为新时代中国特色社会主义事业贡献自己力量的决心和信心。

《追寻红色足迹,传承建党精神》研学旅行主题设计方案在课程设计、案例特点与创新点以及案例实施与效果评估等方面均表现出色。它不仅为学生们提供了一个深入了解革命历史和建党精神的平台,也为学校开展爱国主义教育提供了有益的借鉴和参考。

四、反思和改进

随着研学旅行的不断发展,研学活动的实现路径也日趋多样化,本章从优化研学课程设计方案、提升研学实践体验的角度提出一些改进策略。

(一)基地建设

建设红色文化教育基地可以为研学旅行提供实践场所和教育资源。这些基地可以成为研学课程设计线路中的重要站点,通过实物展示、讲解员讲解等方式,让参与者更直观地了解红色历史和文化。基地建设分为研学基地建设和研学营地建设两部分。红色研学基地建设目前来看尤其需要对山东各地的红色文化资源进行深入挖掘和整合,选取具有代表性的红色遗址、纪念馆、烈士陵园等作为基地建设的基础。在选定基地后,投入资金进行基础设施建设和提升,包括展馆设计、展品陈列、导览系统等,确保基地能够满足研学旅行的教育需求。根据基地特点,开发多样化的教育内容,除了红色故事讲解、互动体验活动外,研学营地建设需要在红色文化资源丰富的地区,选址建设研学营地,为研学团队提供住宿、餐饮、教学等全方位服务,合理规划功能分区,包括教学区、生活区、活动区等,确保研学活动的有序进行。同时,加强营地安全管理,制订应急预案,确保研学团队的人身安全和财产安全,增强研学旅行对中小学在校学生的吸引力和教育效果。

(二) 文创项目开发

开发以红色文化为主题的文传项目,如红色主题文艺作品、红色文创产品等,增强红色文化的传播力和影响力。这些项目可以作为研学旅行的教材或活动内容,通过角色扮演、情景模拟、手工制作等形式,让参与者在体验中学习。具体来说,文传项目开发包括红色文化挖掘与文化研学产品开发两部分。首先要组织专家学者对山东红色文化资源进行深入研究,挖掘其背后的历史故事、精神内涵和时代价值;通过影视作品、文学作品、舞台艺术、文创产品等多种形式,对红色文化进行创意传播,提高其在社会上的知名度和影响力。同时,根据研学目标和学生特点,研发一系列红色文化研学课程,涵盖历史、政治、文化等多个领域;引入互动体验项目,如VR体验、角色扮演等,让参与者更加直观地感受红色文化的魅力。

(三) "互联网+"

利用互联网技术,如虚拟现实(VR)、增强现实(AR)等,创建数字化的红色文化体验,使研学旅行更加生动和互动。例如,可以通过在线平台提供红色文化资源库,让参与者能够随时随地访问学习资源,或者通过开发红色文化相关的移动应用,提供互动式的学习体验。具体来说,可以利用智慧研学平台,发布研学旅行线路、活动安排、注意事项等信息,实现信息的快速传播和共享,开发虚拟研学体验系统,利用VR、AR等技术,让无法亲临现场的参与者也能感受到红色文化的魅力。此外,可以通过数据分析与反馈,针对平台收集参与者的基本信息、研学反馈等数据进行分析,发现研学旅行中的问题和亮点,根据数据分析结果,及时调整研学旅行线路和服务内容,为后续的线路优化和服务改进提供依据。提升参与者的满意度和研学效果。

综上所述,重视基地建设、文创项目与"互联网+"等路径的有机结合和推动发展,可以为山东红色文化资源研学课程活动体验提供更坚实的实现方式。通过路径的持续创新,可以推动山东红色文化资源的有效传承和广泛传播,为青少年提供更加丰富、生动、有教育意义的研学体验。

本章以山东省红色文化资源为例，进行省域内红色文化资源研学课程设计的案例研究。

首先系统地梳理了山东省红色文化资源的分布情况，包括时间、空间和主题三个维度。这一基础性的调研工作为后续的课程设计提供了丰富的素材和灵感来源，有助于设计出更加贴近实际、具有地域特色的研学课程。接着运用 SWOT 分析法，对山东红色文化资源研学课程设计开发的环境进行了全面深入的分析。通过揭示优势、劣势、机会和挑战，为课程设计者提供了一个清晰的战略视野，有助于他们在实践中作出更加明智的决策。接着通过对山东红色文化资源典型性的三大主题六个典型案例的深入剖析，展示了红色文化资源在课程设计中的具体应用和实际效果。该案例的成功实践不仅验证了本章理论研究的正确性，更为其他课程设计者提供了可借鉴的成功经验。

本章通过对山东省红色文化资源研学课程设计的全面研究，深刻揭示了红色文化资源在课程设计中的重要性。研究成果不仅为学术界提供了新的研究视角和思路，更为实践界提供了有力的支持和帮助。展望未来，我们有理由相信，红色文化资源将在研学课程设计中发挥更加重要的作用，为培养新时代具有红色基因和爱国情怀的青少年贡献更大的力量。

当然，在红色文化资源研学课程设计的研究过程中，尽管我们已经取得了一定的成果，但仍然存在一些不足之处，也面临未来的挑战与机遇。以下是对本章不足之处的剖析，以及对未来研究方向的展望。

本章在数据收集和分析方面存在一定的局限性。由于时间、人力等资源的限制，我们未能对山东省内所有的红色文化资源进行详尽的实地调研和考察，导致部分数据可能不够准确或全面。此外，对于红色文化资源研学课程设计的实际效果评估，我们也需要更为科学和系统的方法来进一步验证和完善。

本章在理论深度和创新性方面还有待提升。虽然我们对红色文化资源研学课程设计进行了较为全面的探讨，但在理论构建和创新实践方面仍需进一步努力。例如，如何更深入地挖掘红色文化资源的内在价值，以及如何将其更有效地融入研学课程设计中，都是值得我们深入思考的问题。

针对以上不足之处，我们提出以下未来研究方向和建议：

一是加强实地调研和考察工作，确保数据的准确性和全面性。通过深入了解山东省内各地的红色文化资源情况，为课程设计提供更为丰富和真实的素材。同时，建立红色文化资源数据库，实现资源的共享和利用，为相关研究提供便利。

二是深化理论研究，提升课程设计的创新性和实效性。借鉴国内外先进的研学课程设计理念和方法，结合山东省红色文化资源的实际情况，不断探索和创新课程设计模式。同时，要加强与实践基地、教育机构等的合作与交流，推动红色文化资源研学课程的普及与推广。

三是完善效果评估体系，科学评价课程设计的实际效果。通过建立多维度、全方位的评估指标体系，对课程设计的教学质量、学生满意度等方面进行全面评价，并及时反馈评估结果，为课程设计的优化和改进提供有力支持。

红色文化资源研学课程设计是一个具有深远意义和广阔前景的研究领域。我们相信，在未来的研究过程中，通过不断总结经验、弥补不足、创新实践，我们一定能够推动该领域取得更为丰硕的成果。

附　录

一、教育部等 11 部门关于推进中小学生研学旅行的意见

教育部等 11 部门关于推进中小学生研学旅行的意见

教基一〔2016〕8 号

各省、自治区、直辖市教育厅（教委）、发展改革委、公安厅（局）、财政厅（局）、交通运输厅（局、委）、文化厅（局）、食品药品监督管理局、旅游委（局）、保监局、团委，新疆生产建设兵团教育局、发展改革委、公安局、财务局、交通局、文化广播电视局、食品药品监督管理局、旅游局、团委，各铁路局：

为贯彻落实党的十八大和十八届三中、四中、五中、六中全会精神，深入学习贯彻习近平总书记系列重要讲话精神，秉承"创新、协调、绿色、开放、共享的发展理念"，落实立德树人根本任务，帮助中小学生了解国情、热爱祖国、开阔眼界、增长知识，着力提高他们的社会责任感、创新精神和实践能力，现就推进中小学生研学旅行提出如下意见。

一、重要意义

中小学生研学旅行是由教育部门和学校有计划地组织安排，通过集体旅行、集中食宿方式开展的研究性学习和旅行体验相结合的校外教育活动，是学校教育和校外教育衔接的创新形式，是教育教学的重要内容，是综合实践育人的有效途径。开展研学旅行，有利于促进学生培育和践行社会主义核心价值观，激发学生对党、对国家、对人民的热爱之情；有利于推动全面实施素质教育，创新人才培养模式，引导学生主动适应社会，促

进书本知识和生活经验的深度融合；有利于加快提高人民生活质量，满足学生日益增长的旅游需求，从小培养学生文明旅游意识，养成文明旅游行为习惯。

近年来，各地积极探索开展研学旅行，部分试点地区取得显著成效，在促进学生健康成长和全面发展等方面发挥了重要作用，积累了有益经验。但一些地区在推进研学旅行工作过程中，存在思想认识不到位、协调机制不完善、责任机制不健全、安全保障不规范等问题，制约了研学旅行有效开展。当前，我国已进入全面建成小康社会决胜阶段，研学旅行正处在大有可为的发展机遇期，各地要把研学旅行摆在更加重要的位置，推动研学旅行健康快速发展。

二、工作目标

以立德树人、培养人才为根本目的，以预防为重、确保安全为基本前提，以深化改革、完善政策为着力点，以统筹协调、整合资源为突破口，因地制宜开展研学旅行。让广大中小学生在研学旅行中感受祖国大好河山，感受中华传统美德，感受革命光荣历史，感受改革开放伟大成就，增强对坚定"四个自信"的理解与认同；同时学会动手动脑，学会生存生活，学会做人做事，促进身心健康、体魄强健、意志坚强，促进形成正确的世界观、人生观、价值观，培养他们成为德智体美全面发展的社会主义建设者和接班人。

开发一批育人效果突出的研学旅行活动课程，建设一批具有良好示范带动作用的研学旅行基地，打造一批具有影响力的研学旅行精品线路，建立一套规范管理、责任清晰、多元筹资、保障安全的研学旅行工作机制，探索形成中小学生广泛参与、活动品质持续提升、组织管理规范有序、基础条件保障有力、安全责任落实到位、文化氛围健康向上的研学旅行发展体系。

三、基本原则

——教育性原则。研学旅行要结合学生身心特点、接受能力和实际需要，注重系统性、知识性、科学性和趣味性，为学生全面发展提供良好成长空间。

——实践性原则。研学旅行要因地制宜，呈现地域特色，引导学生走出校园，在与日常生活不同的环境中拓展视野、丰富知识、了解社会、亲近自然、参与体验。

——安全性原则。研学旅行要坚持安全第一，建立安全保障机制，明确安全保障责任，落实安全保障措施，确保学生安全。

——公益性原则。研学旅行不得开展以营利为目的的经营性创收，对贫困家庭学生要减免费用。

四、主要任务

（一）纳入中小学教育教学计划

各地教育行政部门要加强对中小学开展研学旅行的指导和帮助。各中小学要结合当地实际，把研学旅行纳入学校教育教学计划，与综合实践活动课程统筹考虑，促进研学旅行和学校课程有机融合，要精心设计研学旅行活动课程，做到立意高远、目的明确、活动生动、学习有效，避免"只旅不学"或"只学不旅"现象。学校根据教育教学计划灵活安排研学旅行时间，一般安排在小学四年级到六年级、初中一年级到二年级、高中一年级到二年级，尽量错开旅游高峰期。学校根据学段特点和地域特色，逐步建立小学阶段以乡土乡情为主、初中阶段以县情市情为主、高中阶段以省情国情为主的研学旅行活动课程体系。

（二）加强研学旅行基地建设

各地教育、文化、旅游、共青团等部门、组织密切合作，根据研学旅行育人目标，结合域情、校情、生情，依托自然和文化遗产资源、红色教育资源和综合实践基地、大型公共设施、知名院校、工矿企业、科研机构等，遴选建设一批安全适宜的中小学生研学旅行基地，探索建立基地的准入标准、退出机制和评价体系；要以基地为重要依托，积极推动资源共享和区域合作，打造一批示范性研学旅行精品线路，逐步形成布局合理、互联互通的研学旅行网络。各基地要将研学旅行作为理想信念教育、爱国主义教育、革命传统教育、国情教育的重要载体，突出祖国大好风光、民族悠久历史、优良革命传统和现代化建设成就，根据小学、初中、高中不同学段的研学旅行目标，有针对性地开发自然类、历史类、地理类、科技类、人文类、体验类等多种类型的活动课程。教育部将建设研学旅行网站，促进基地课程和学校师生间有效对接。

（三）规范研学旅行组织管理

各地教育行政部门和中小学要探索制定中小学生研学旅行工作规程，

做到"活动有方案,行前有备案,应急有预案"。学校组织开展研学旅行可采取自行开展或委托开展的形式,提前拟定活动计划并按管理权限报教育行政部门备案,通过家长委员会、致家长的一封信或召开家长会等形式告知家长活动意义、时间安排、出行线路、费用收支、注意事项等信息,加强学生和教师的研学旅行事前培训和事后考核。学校自行开展研学旅行,要根据需要配备一定比例的学校领导、教师和安全员,也可吸收少数家长作为志愿者,负责学生活动管理和安全保障,与家长签订协议书,明确学校、家长、学生的责任权利。学校委托开展研学旅行,要与有资质、信誉好的委托企业或机构签订协议书,明确委托企业或机构承担学生研学旅行安全责任。

(四)健全经费筹措机制

各地可采取多种形式、多种渠道筹措中小学生研学旅行经费,探索建立政府、学校、社会、家庭共同承担的多元化经费筹措机制。交通部门对中小学生研学旅行公路和水路出行严格执行儿童票价优惠政策,铁路部门可根据研学旅行需求,在能力许可范围内积极安排好运力。文化、旅游等部门要对中小学生研学旅行实施减免场馆、景区、景点门票政策,提供优质旅游服务。保险监督管理机构会同教育行政部门推动将研学旅行纳入校方责任险范围,鼓励保险企业开发有针对性的产品,对投保费用实施优惠措施。鼓励通过社会捐赠、公益性活动等形式支持开展研学旅行。

(五)建立安全责任体系

各地要制订科学有效的中小学生研学旅行安全保障方案,探索建立行之有效的安全责任落实、事故处理、责任界定及纠纷处理机制,实施分级备案制度,做到层层落实,责任到人。教育行政部门负责督促学校落实安全责任,审核学校报送的活动方案(含保单信息)和应急预案。学校要做好行前安全教育工作,负责确认出行师生购买意外险,必须投保校方责任险,与家长签订安全责任书,与委托开展研学旅行的企业或机构签订安全责任书,明确各方安全责任。旅游部门负责审核开展研学旅行的企业或机构的准入条件和服务标准。交通部门负责督促有关运输企业检查学生出行的车、船等交通工具。公安、食品药品监管等部门加强对研学旅行涉及的住宿、餐饮等公共经营场所的安全监督,依法查处运送学生车辆的交通违法行为。保险监督管理机构负责指导保险行业提供并优化校方责任险、旅行社责任险等相关产品。

五、组织保障

（一）加强统筹协调

各地要成立由教育部门牵头，发改、公安、财政、交通、文化、食品药品监管、旅游、保监和共青团等相关部门、组织共同参加的中小学生研学旅行工作协调小组，办事机构可设在地方校外教育联席会议办公室，加大对研学旅行工作的统筹规划和管理指导，结合本地实际情况制订相应工作方案，将职责层层分解落实到相关部门和单位，定期检查工作推进情况，加强督查督办，切实将好事办好。

（二）强化督查评价

各地要建立健全中小学生参加研学旅行的评价机制，把中小学组织学生参加研学旅行的情况和成效作为学校综合考评体系的重要内容。学校要在充分尊重个性差异、鼓励多元发展的前提下，对学生参加研学旅行的情况和成效进行科学评价，并将评价结果逐步纳入学生学分管理体系和学生综合素质评价体系。

（三）加强宣传引导

各地要在中小学广泛开展研学旅行实验区和示范校创建工作，充分培育、挖掘和提炼先进典型经验，以点带面，整体推进。教育部将遴选确定部分地区为全国研学旅行实验区，积极宣传研学旅行的典型经验。各地要积极创新宣传内容和形式，向家长宣传研学旅行的重要意义，向学生宣传"读万卷书、行万里路"的重大作用，为研学旅行工作营造良好的社会环境和舆论氛围。

教育部　国家发展改革委　公安部

财政部　交通运输部　文化部

食品药品监管总局　国家旅游局　保监会

共青团中央　中国铁路总公司

2016 年 11 月 30 日

二、国家旅游局：《研学旅行服务规范》

随着我国旅游业的发展，研学旅行已经成为教育旅游市场的热点。为了规范研学旅行服务流程，提升服务质量，引导和推动研学旅行健康发展，国家旅游局发布《国家旅游局公告（2016年37号）》，表示《研学旅行服务规范》（LB/T 054-2016）行业标准已经国家旅游局批准，2017年5月1日起实施。

研学旅行服务规范

（国家旅游局2016年12月19日发布）

1 范围

本标准规定了研学旅行服务的术语和定义、总则、服务提供方基本要求、人员配置、研学旅行产品、研学旅行服务项目、安全管理、服务改进和投诉处理。

本标准适用于中华人民共和国境内组织开展研学旅行活动的旅行社和教育机构。

2 规范性引用文件

下列文件对于本文件的应用是必不可少的。凡是注日期的引用文件，仅所注日期的版本适用于本文件。凡是不注日期的引用文件，其最新版本（包括所有的修改单）适用于本文件。

GB/T 10001 标志用公共信息图形符号

GB/T 15971 导游服务规范

GB/T 16890 水路客运服务质量要求

GB/T 31380 旅行社等级的划分与评定

GB/T 31710 休闲露营地建设与服务规范

LB/T 004 旅行社国内旅游服务规范

LB/T 008 旅行社服务通则

3 术语和定义

下列术语和定义适用于本标准。

3.1 研学旅行 study travel

研学旅行是以中小学生为主体对象，以集体旅行生活为载体，以提升学生素质为教学目的,依托旅游吸引物等社会资源,进行体验式教育和研究性学习的一种教育旅游活动。

3.2 研学导师 study tutor

在研学旅行过程中,具体制定或实施研学旅行教育方案,指导学生开展各类体验活动的专业人员。

3.3 研学营地 study camp

研学旅行过程中学生学习与生活的场所。

3.4 主办方 organizer

有明确研学旅行主题和教育目的的研学旅行活动组织方。

3.5 承办方 undertaker

与研学旅行活动主办方签订合同,提供教育旅游服务的旅行社。

3.6 供应方 supplier

与研学旅行活动承办方签订合同,提供旅游地接、交通、住宿、餐饮等服务的机构。

4 总则

4.1 研学旅行活动的主办方、承办方和供应方应遵循安全第一的原则,全程进行安全防控工作,确保活动安全进行。

4.2 研学旅行活动应寓教于游,着力培养学生的综合素质能力。

4.3 研学旅行活动应面向以中小学生为主体的全体学生,保障每个学生都能享有均等的参与机会。

5 服务提供方基本要求

5.1 主办方

5.1.1 应具备法人资质。

5.1.2 应对研学旅行服务项目提出明确要求。

5.1.3 应有明确的安全防控措施、教育培训计划。

5.1.4 应与承办方签订委托合同,按照合同约定履行义务。

5.2 承办方

5.2.1 应为依法注册的旅行社。

5.2.2 符合 LB/T 004 和 LB/T 008 的要求,宜具有 AA 及以上等级,并符合 GB/T 31380 的要求。

5.2.3 连续三年内无重大质量投诉、不良诚信记录、经济纠纷及重大安全责任事故。

5.2.4　应设立研学旅行的部门或专职人员，宜有承接 100 人以上中小学生旅游团队的经验。

5.2.5　应与供应方签订旅游服务合同，按照合同约定履行义务。

5.3　供应方

5.3.1　应具备法人资质。

5.3.2　应具备相应经营资质和服务能力。

5.3.3　应与承办方签订旅游服务合同，按照合同约定履行义务。

6　人员配置

6.1　主办方人员配置

6.1.1　应至少派出一人作为主办方代表，负责督导研学旅行活动按计划开展。

6.1.2　每 20 位学生宜配置一名带队老师，带队老师全程带领学生参与研学旅行各项活动。

6.2　承办方人员配置

6.2.1　应为研学旅行活动配置一名项目组长，项目组长全程随团活动，负责统筹协调研学旅行各项工作。

6.2.2　应至少为每个研学旅行团队配置一名安全员，安全员在研学旅行过程中随团开展安全教育和防控工作。

6.2.3　应至少为每个研学旅行团队配置一名研学导师，研学导师负责制订研学旅行教育工作计划，在带队老师、导游员等工作人员的配合下提供研学旅行教育服务。

6.2.4　应至少为每个研学旅行团队配置一名导游人员，导游人员负责提供导游服务，并配合相关工作人员提供研学旅行教育服务和生活保障服务。

7　研学旅行产品

7.1　产品分类

研学旅行产品按照资源类型分为知识科普型、自然观赏型、体验考察型、励志拓展型、文化康乐型。

a）知识科普型：主要包括各种类型的博物馆、科技馆、主题展览、动物园、植物园、历史文化遗产、工业项目、科研场所等资源；

b）自然观赏型：主要包括山川、江、湖、海、草原、沙漠等资源；

c）体验考察型：主要包括农庄、实践基地、夏令营营地或团队拓展基地等资源；

d）励志拓展型：主要包括红色教育基地、大学校园、国防教育基地、军营等资源；

e）文化康乐型：主要包括各类主题公园、演艺影视城等资源。

7.2　产品设计

承办方应根据主办方需求，针对不同学段特点和教育目标，设计研学旅行产品。

a）承办方应根据主办方需求，针对不同学段特点和教育目标，设计研学旅行产品；

b）小学一至三年级参与研学旅行时，宜设计以知识科普型和文化康类型资源为主的产品，并以乡土乡情研学为主；

c）小学四至六年级参与研学旅行时，宜设计以知识科普型、自然观赏型和励志拓展型资源为主的产品，并以县情市情研学为主；

d）初中年级参与研学旅行时，宜设计以知识科普型、体验考察型和励志拓展型资源为主的产品，并以县情市情省情研学为主；

e）高中年级参与研学旅行时，宜设计以体验考察型和励志拓展型资源为主的产品，并以省情国情研学为主。

7.3　产品说明书

旅行社应制作并提供研学旅行产品说明书，产品说明书除应符合《中华人民共和国旅游法》和 LB/T008 中有关规定外，还应包括以下内容：

a）研学旅行安全防控措施；

b）研学旅行教育服务项目及评价方法；

c）未成年人监护办法。

8　研学旅行服务项目

8.1　教育服务

8.1.1　教育服务计划

承办方和主办方应围绕学校相关教育目标，共同制订研学旅行教育服务计划，明确教育活动目标和内容，针对不同学龄段学生提出相应学时要求，其中每天体验教育课程项目或活动时间应不少于 45 分钟。

8.1.2 教育服务项目

教育服务项目可分为：

a）健身项目：以培养学生生存能力和适应能力为主要目的的服务项目，如徒步、挑战、露营、拓展、生存与自救训练等；

b）健手项目：以培养学生自理能力和动手能力为主要目的的服务项目，如综合实践、生活体验训练、内务整理、手工制作等项目；

c）健脑项目：以培养学生观察能力和学习能力为主要目的的服务项目，如类参观、游览、讲座、诵读、阅读等；

d）健心项目：以培养学生的情感能力和践行能力为主要目的的服务项目，如思想品德养成教育活动以及团队游戏、情感互动、才艺展示等。

8.1.3 教育服务流程

教育服务流程宜包括：

a）在出行前，指导学生做好准备工作，如阅读相关书籍、查阅相关资料、制订学习计划等；

b）在旅行过程中，组织学生参与教育活动项目，指导学生撰写研学日记或调查报告；

c）在旅行结束后，组织学生分享心得体会，如组织征文展示、分享交流会等。

8.1.4 教育服务设施及教材

教育服务设施及教材要求如下：

a）应设计不同学龄段学生使用的研学旅行教材，如研学旅行知识读本；

b）应根据研学旅行教育服务计划，配备相应的辅助设施，如电脑、多媒体、各类体验教育设施或教具等。

8.1.5 研学旅行教育服务应由研学导师主导实施，由导游员和带队老师等共同配合完成。

8.1.6 应建立教育服务评价机制，对教育服务效果进行评价，持续改进教育服务。

8.2 交通服务

8.2.1 应按照以下要求选择交通方式：

a）单次路程在400公里以上的，不宜选择汽车，应优先选择铁路、航

空等交通方式;

b）选择水运交通方式的，水运交通工具应符合 GB/T 16890 的要求，不宜选择木船、划艇、快艇;

c）选择汽车客运交通方式的，行驶道路不宜低于省级公路等级，驾驶人连续驾车不得超过 2 小时，停车休息时间不得少于 20 分钟。

8.2.2 应提前告知学生及家长相关交通信息，以便其掌握乘坐交通工具的类型、时间、地点以及需准备的有关证件。

8.2.3 宜提前与相应交通部门取得工作联系，组织绿色通道或开辟专门的候乘区域。

8.2.4 应加强交通服务环节的安全防范，向学生宣讲交通安全知识和紧急疏散要求，组织学生安全有序乘坐交通工具。

8.2.5 应在承运全程随机开展安全巡查工作，并在学生上、下交通工具时清点人数，防范出现滞留或走失。

8.2.6 遭遇恶劣天气时，应认真研判安全风险，及时调整研学旅行行程和交通方式。

8.3 住宿服务

8.3.1 应以安全、卫生和舒适为基本要求，提前对住宿营地进行实地考察，主要要求如下:

a）应便于集中管理;

b）应方便承运汽车安全进出、停靠;

c）应有健全的公共信息导向标识，并符合 GB/T 10001 的要求;

d）应有安全逃生通道。

8.3.2 应提前将住宿营地相关信息告知学生和家长，以便做好相关准备工作。

8.3.3 应详细告知学生入住注意事项，宣讲住宿安全知识，带领学生熟悉逃生通道。

8.3.4 应在学生入住后及时进行首次查房，帮助学生熟悉房间设施，解决相关问题。

8.3.5 宜安排男、女学生分区（片）住宿，女生片区管理员应为女性。

8.3.6 应制定住宿安全管理制度，开展巡查、夜查工作。

8.3.7 选择在露营地住宿时还应达到以下要求:

a）露营地应符合 GB/T 31710 的要求；

b）应在实地考察的基础上，对露营地进行安全评估，并充分评价露营接待条件、周边环境和可能发生的自然灾害对学生造成的影响；

c）应制定露营安全防控专项措施，加强值班、巡查和夜查工作。

8.4 餐饮服务

8.4.1 应以食品卫生安全为前提，选择餐饮服务提供方。

8.4.2 应提前制定就餐座次表，组织学生有序进餐。

8.4.3 应督促餐饮服务提供方按照有关规定，做好食品留样工作。

8.4.4 应在学生用餐时做好巡查工作，确保餐饮服务质量。

8.5 导游讲解服务

8.5.1 导游讲解服务应符合 GB/T 15971 的要求。

8.5.2 应将安全知识、文明礼仪作为导游讲解服务的重要内容，随时提醒引导学生安全旅游、文明旅游。

8.5.3 应结合教育服务要求，提供有针对性、互动性、趣味性、启发性和引导性的讲解服务。

8.6 医疗及救助服务

8.6.1 应提前调研和掌握研学营地周边的医疗及救助资源状况。

8.6.2 学生生病或受伤，应及时送往医院或急救中心治疗，妥善保管就诊医疗记录。返程后，应将就诊医疗记录复印并转交家长或带队老师。

8.6.3 宜聘请具有职业资格的医护人员随团提供医疗及救助服务。

9 安全管理

9.1 安全管理制度

主办方、承办方及供应方应针对研学旅行活动，分别制定安全管理制度，构建完善有效的安全防控机制。研学旅行安全管理制度体系包括但不限于以下内容：

a）研学旅行安全管理工作方案；

b）研学旅行应急预案及操作手册；

c）研学旅行产品安全评估制度；

d）研学旅行安全教育培训制度。

9.2 安全管理人员

承办方和主办方应根据各项安全管理制度的要求，明确安全管理责任人员及其工作职责,在研学旅行活动过程中安排安全管理人员随团开展安全管理工作。

9.3 安全教育

9.3.1 工作人员安全教育

应制订安全教育和安全培训专项工作计划,定期对参与研学旅行活动的工作人员进行培训。培训内容包括:安全管理工作制度、工作职责与要求、应急处置规范与流程等。

9.3.2 学生安全教育

学生安全教育要求如下:

a)应对参加研学旅行活动的学生进行多种形式的安全教育;

b)应提供安全防控教育知识读本;

c)应召开行前说明会,对学生进行行前安全教育;

d)应在研学旅行过程中对学生进行安全知识教育,根据行程安排及具体情况及时进行安全提示与警示,强化学生安全防范意识。

9.4 应急预案

主办方、承办方及供应方应制定和完善包括:地震、火灾、食品卫生、治安事件、设施设备突发故障等在内的各项突发事件应急预案,并定期组织演练。

10 服务改进

LB/T 054-2016

承办方应对各方面反馈的质量信息及时进行汇总分析,明确产品中的主要缺陷,找准发生质量问题的具体原因,通过健全制度、加强培训、调整供应方、优化产品设计、完善服务要素和运行环节等措施,持续改进研学旅行服务质量。

11 投诉处理

11.1 承办方应建立投诉处理制度,并确定专职人员处理相关事宜。

11.2 承办方应公布投诉电话、投诉处理程序和时限等信息。

11.3 承办方应及时建立投诉信息档案和回访制度。

三、中小学生研学旅行服务合同(示范文本)(略)

参考文献

[1] 刘永春，冯小叶．胶东红色遗迹与旅游开发研究［M］．北京：中共党史出版社，2015．

[2] 王彬，李岑虎．北京市红色研学旅行课程指南［M］．北京：旅游教育出版社，2021．

[3] 王洪叶．贵州红色文化资源与地域发展研究［M］．成都：西南交通大学出版社，2015．

[4] 王晓燕，韩新．研学实践教育课程设计指南［M］．西安：陕西人民教育出版社，2022．

[5] 魏本权，汲广运．沂蒙红色文化研究［M］．济南：山东人民出版社，2014．

[6] 谢金土．研学旅行在绍兴［M］．杭州：浙江科学技术出版社，2020．

[7] 周振国，高海生．红色旅游基本理论研究［M］．北京：社会科学文献出版社，2008．

[8] 朱传世．研学旅行设计［M］．北京：中国发展出版社，2019．

[9] 祝胜华，何永生．研学旅行课程体系探索与践行［M］．武汉：华中科技大学出版社，2018．

[10] 白玲，李建周．传统评价模式与形成性考核评价概况分析［J］．考试周刊，2011（11）．

[11] 陈翠．大别山红色研学旅行课程设计与开发［J］．红色文化资源研究，2019（12）．

[12] 陈丁娜．国内外关于研究性学习的研究现状分析［J］．综合实践活动研究，2010（1）．

[13] 陈喜林．云浮青少年红色历史研学基地课程设计研究——以梁家庄园黄公祠为例［J］．广东教育（职教版），2022．

［14］蒋施瑞，孙莹炜．红色文化研究综述与简评［J］．文教资料，2020（5）．

［15］李国荣．论红色文化资源在语文教学中的运用［J］．中学语文，2019（10）．

［16］李星．基于区域特色的红色研学旅行课程体系构建研究——以邯郸市为例［J］．邯郸学院学报，2023（3）．

［17］廖纪元，郭辉雄．综合实践活动年级主题研学旅行课程的开发与实施［J］．辽宁教育，2020（3）．

［18］林启信．初中"红色教育研学旅行"实践研究［J］．求知导刊，2020（2）．

［19］刘继玲，刘海南．中小学研学旅行课程评价初探［J］．中小学信息技术教育，2020（11）．

［20］刘锡邦．主题探究式学习的特点及实践应用［J］．教书育人：校长参考，2018（11）．

［21］卢丽珍．红色教育研学旅行校本课程开发研究［J］．广西教育，2020（8）．

［22］麻钱钱，卢丽刚，李曦．基于"两微一端"的红色文化传播［J］．湖南行政学院学报，2018（7）．

［23］马蕾．基于项目式学习的红色文化研学旅行课程设计——以"天山脚下的纪念"为例［J］．地理教学，2022（2）．

［24］孟初薇．研学旅行课程内容设置方法及其注意点［J］．江苏教育研究，2018（12）．

［25］任跃辉．京津冀红色研学资源的价值挖掘与利用［J］．中学地理教学参考，2023（12）．

［26］唐俪瑜，黄小亚．基于"体验学习圈"理论的红色研学基地课程设计［J］．当代旅游，2020（10）．

［27］田阳敏．有效开展红色研学综合实践活动的教育实践［J］．辽宁教育，2020（3）．

［28］王静．红色文化融入研学旅行的探究——以广安市红色文化研学旅行发展为例［J］．旅游纵览，2022（5）．

［29］王秋萍．运用闽西红色文化资源，提升研学德育活动实效［J］．

中学课程资源，2019（1）.

［30］王欣，王志伟. 地方红色文化资源融入思政课的路径研究［J］. 新西部，2020（3）.

［31］王兴波. 从红色文化中汲取道德建设的正能量［J］. 人民论坛，2017（11）.

［32］王占利. 中国红色旅游业发展的问题与对策［J］. 人民论坛旬刊，2012（5）.

［33］王兆峰. 长征国家文化公园红色研学旅行的逻辑理路与铸魂育人机制［J］. 湘潭大学学报（哲学社会科学版），2024（5）.

［34］吴世嵩. 具身认知视域下中学生红色研学旅行的开发与设计探究——以传承石林红色文化为例［J］. 文山学院学报，2022（6）.

［35］夏健君. 道德与法治本土红色文化资源开发例谈［J］. 中小学德育，2023（6）.

［36］许辉. 红色文化资源在高校思想政治教育中的实践路径——以镇江市为例［J］. 太原城市职业技术学院学报，2018（10）.

［37］许萍. 山西省开展红色文化研学旅行的优势分析［J］. 现代职业教育，2018（11）.

［38］闫俊霞. 河北省红色旅游资源整合与研学旅行设计研究——以西柏坡为例［J］. 职业教育，2023（7）.

［39］杨本俊. 皖西红色文化研学旅行设计［J］. 皖西学院学报，2021（10）.

［40］于秀楠. 中小学生研学旅行活动课程的探索与研究［J］. 课程教育研究，2018（1）.

［41］袁金萍. 高中生物课堂教学理念探究［J］. 理科考试研究：高中版，2015（2）.

［42］张根应. 激励性评价的内涵及其策略［J］. 基础教育研究，2012（10）.

［43］张丽丽. 河北红色文化资源融入高校思政课教学的价值与路径研究［J］. 华北理工大学学报（社会科学版），2024（1）.

［44］张琳洁. 红色文化在当代大学生中的传承价值与实践思考分析［J］. 中国民族博览，2020（7）.

[45] 张沙, 鲍中义. 红色研学旅行的教育功能、困境及实现路径研究 [J]. 遵义师范学院学报, 2024 (4).

[46] 张泰城. 论红色文化资源的分类 [J]. 中国井冈山干部学院学报, 2017 (1).

[47] 赵珑. 红色文化校本课程开发的价值及其实现途径 [J]. 教学与管理: 中学版, 2017 (7).

[48] 周卓行, 赵世俊. 中学生研学旅行中的生涯教育 [J]. 江苏教育, 2017 (10).

[49] 朱晓进. 进一步加强我国红色文化资源的保护和利用 [J]. 民主, 2019 (4).

[50] 庄永策. 传承红色基因, 实施"红色研学"课程 [J]. 江苏教育, 2023 (2).

[51] https://news.bandao.cn/news_html/201409/20140917/news_20140917_2453910.shtml.

[52] http://dag.shandong.gov.cn/articles/4673C70/202106/0063087a-2093-4d9d-8842-cd6b0e79ae87.shtml.

[53] http://whhly.shandong.gov.cn/art/2024/2/28/art_100553_10335479.html.

[54] https://www.sdmuseum.com/art/2022/11/29/art_270339_8981.html.

后　记

在撰写本书的过程中，我经历了从初步探索到深入实践，再到总结提炼的完整心路历程。此刻，当书稿即将付梓之际，我心中既有如释重负的轻松，也有对过往努力的感慨与对未来的期待。

红色文化资源，作为中华民族宝贵的精神财富，承载着党的光辉历程、革命先烈的英勇事迹和伟大的民族精神。如何将这些资源有效地融入研学课程中，让学生在实地探访、亲身体验中感悟历史、传承精神，是我一直思考的问题。撰写本书，既是对这一思考的探索，也是对红色文化资源教育价值的一次深入挖掘。

在创作过程中，我深入调研了多个红色文化资源点，与当地的讲解员、教育工作者进行了深入的交流与探讨。他们的热情与专业，让我更加深刻地理解了红色文化资源的丰富内涵和教育意义。同时，我也积极借鉴了国内外研学课程设计的先进理念和方法，力求在保持红色文化原汁原味的基础上，创新课程设计思路，提升课程的趣味性和实效性。

书中，我详细阐述了红色文化资源研学课程的设计原则、目标定位、内容选择、实施策略以及评价体系等方面。通过具体的案例分析和实践反思，展示了红色文化资源研学课程在实际操作中的可行性和有效性。这些案例既有成功的经验分享，也有面对挑战时的应对策略，旨在为广大教育工作者提供一份可借鉴、可操作的实践指南。

然而，我深知，任何一部著作都不可能尽善尽美，在撰写的本书过程中，我也遇到了不少困难和挑战。比如，如何平衡红色文化资源的真实性与课程的趣味性；如何确保课程设计既能满足学生的学习需求，又能符合教育教学的规范要求。这些问题都需要在实践中不断探索和完善。因此，我期待本书的出版能够引发更多教育工作者和学者的关注与讨论，共同推动红色文化资源研学课程的创新与发展。

最后，我要感谢在本书撰写过程中给予我支持和帮助的所有人；感谢我的家人，他们的理解和鼓励是我前行的动力；感谢我的同事和朋友，他们的建议和反馈帮助我不断完善自己的思路；感谢所有参与案例调研和实践的教育工作者和学生们，他们的实践经验为本书提供了宝贵的素材和灵感。

展望未来，我将继续致力于红色文化资源的教育价值挖掘与课程设计研究，期待与更多的同行携手共进，共同为培养具有红色基因、时代担当的新时代青少年贡献自己的力量。

李　颖
2025 年 1 月